Bleymüller/Weißbach/Dörre
Übungen zur Statistik für Wirtschaftswissenschaftler

Übungen zur Statistik für Wirtschaftswissenschaftler

von

Prof. Dr. Josef Bleymüller

Prof. Dr. Rafael Weißbach

Dr. Achim Dörre

Verlag Franz Vahlen München

Prof. Dr. **Josef Bleymüller** war Direktor des Instituts für Ökonometrie und Wirtschaftsstatistik der Universität Münster. Prof. Dr. **Rafael Weißbach** ist Inhaber des Lehrstuhls für Statistik und Ökonometrie am Institut für Volkswirtschaftslehre der Universität Rostock. Dr. **Achim Dörre** ist wissenschaftlicher Mitarbeiter am Lehrstuhl für Statistik und Ökonometrie am Institut für Volkswirtschaftslehre der Universität Rostock.

ISBN Print: 978 3 8006 5873 2
ISBN E-Book: 978 3 8006 5874 9

Satz: Fotosatz Buck
Zweikirchener Str. 7, 84036 Kumhausen
Druck und Bindung: Druckhaus Nomos
In den Lissen 12, 76547 Sinzheim
Umschlaggestaltung: Ralph Zimmermann – Bureau Parapluie
Gedruckt auf säurefreiem, alterungsbeständigem Papier
(hergestellt aus chlorfrei gebleichtem Zellstoff)

Vorwort

Wir lernen durch Irren und Fehlen
und werden Meister durch Übung,
ohne zu merken, wie es zugegangen ist.
Christoph Martin Wieland (1733–1813)

Dieses Übungsbuch ergänzt das Lehrbuch

Bleymüller, J. und Weißbach, R. (2015): *Statistik für Wirtschaftswissenschaftler*, Vahlen.

und die dazugehörige Formelsammlung

Bleymüller, J. und Weißbach, R. (2015): *Statistische Formeln und Tabellen*, Vahlen.

Die Einteilung der Kapitel erfolgt entsprechend dem Lehrbuch und bietet Stoff, um die behandelten Themen und Konzepte stufenweise zu erarbeiten. Zu allen 140 Aufgaben sind ihre ausführlichen Lösungswege angegeben.

Die Konzeption der Übungsaufgaben zielt auf eine umfassende Abdeckung der im Lehrbuch vermittelten Inhalte bei gleichzeitiger Berücksichtigung ansteigender Schwierigkeit und Komplexität. Angewandte Statistik als Studienfach ist untrennbar mit mathematischen Grundtechniken verknüpft und lässt sich daher ideal durch aktive Übung aneignen.

Es ist beabsichtigt, dass viele Aufgaben einen authentischen Kontext besitzen, aber fiktive Daten enthalten, um einerseits eine potenzielle inhaltliche Motivation für die statistischen Verfahren und Konzepte anzubieten und andererseits Rechnungen an vielen Stellen zu vereinfachen. Im Vordergrund steht daher die Entwicklung eines soliden Verständnisses statistischer Methoden mit praktischem Bezug.

Die Übungsaufgaben basieren zu einem Teil auf dem ursprünglichen Übungsmaterial des Lehrbuchs (bis einschließlich der 17. Auflage), das überarbeitet wurde. Neben vollständig neu erstellten entstammen zahlreiche Aufgaben den Übungsveranstaltungen in den Grundlagenfächern der Statistik, die in den vergangenen Jahren an der Wirtschafts- und Sozialwissenschaftlichen Fakultät der Universität Rostock durchgeführt wurden.

Letztere Übungsaufgaben wurden so kontinuierlich überarbeitet und ergänzt. In diesem Sinne sei den folgenden Personen gedankt: Liane Buchmann, Edelmiro Ricabal Delgado, Alexander Kremer, Benjamin Strohner, Gordon Frank und Lena Ullrich.

Ganz besonderer Dank gilt Ann-Josephine Thieme für ihre wertvollen konstruktiven Ratschläge sowie ihren unermüdlichen Ehrgeiz bei der kritischen Durchsicht des Manuskripts.

Wir danken außerdem Herrn Dennis Brunotte und dem Verlag Franz Vahlen für die langjährige Zusammenarbeit.

Rostock, Dezember 2018

Josef Bleymüller
Rafael Weißbach
Achim Dörre

Inhaltsverzeichnis

1. Einführung

Aufgabe 1.1

Ermitteln Sie anhand des Statistischen Jahrbuchs 2017 für die Bundesrepublik Deutschland folgende statistische Angaben:

(a) Prozentanteil der Bevölkerung der Bundesrepublik Deutschland im Jahr 2015 mit einem Mindestalter von 65 Jahren

(b) Bruttowertschöpfung des Baugewerbes im Jahr 2016

(c) prozentuale Veränderung des Verbrauchs an Fleisch und Fleischerzeugnissen je Einwohner und Jahr (in kg) zwischen 2001 und 2015

(d) Produktion von Bier aus Malz (ohne alkoholfreies Bier) und Zahl der produzierten Zigaretten in der Bundesrepublik im Jahr 2016

(e) Anzahl der zugelassenen ambulanten Pflegedienste im Jahr 2015

Aufgabe 1.2

Handelt es sich bei den folgenden statistischen Gesamtheiten um Bestands- oder Bewegungsmassen?

(a) Schüler und Schülerinnen einer Gesamtschule

(b) Geburten in einem Landkreis

(c) Fahrzeuge eines Unternehmens

(d) Maschinenausfälle in einer Werkstatt

(e) Anmeldungen in einem Einwohnermeldeamt

(f) wartende Kunden an einer Kasse

Aufgabe 1.3

Der Bestand eines Halbfabrikats betrug am Wochenanfang 6318 und am Wochenende 7480 Stück. Für diesen Zeitraum wurde ein Lagerzugang von 3620 Stück festgestellt. Wie hoch war der Lagerabgang in dieser Woche? In der folgenden Tabelle sind die Angaben weiterer Wochen gegeben. Ergänzen Sie alle fehlenden Stückzahlen.

Bestand Wochenbeginn	Lagerzugang	Lagerabgang	Bestand Wochenende
6318	3620		7480
7480		3746	5030
	2750	1920	
	1633	3000	

Aufgabe 1.4

Die folgende Tabelle zeigt einen Ausschnitt aus einer Erhebung im Rahmen einer bundesweiten Studie:

Name	Anzahl Beschäftigte	Jahresumsatz (in Mio. Euro)	Eigenkapital-Anteil (in %)	Bonitätsklasse
GrunwoldPearson GmbH	26	3,56	21,7	ausgezeichnet
TechnikPerfekt AG	17	25,92	11,9	sehr gut
Kimonade UG	3	0,08	70,0	ausreichend
⋮	⋮	⋮	⋮	⋮
TRT Tiefbau GmbH	115	15,07	25,4	gut

(a) Benennen Sie alle vorliegenden Merkmale und deren Skalenniveau.

(b) Welches Skalenniveau ergibt sich, wenn die Unternehmen in eine Rangfolge bzgl. ihrer Jahresumsätze gestellt werden und welche Information geht dabei verloren?

Aufgabe 1.5

Geben Sie für die folgenden Merkmale an, ob sie diskret oder stetig sind.

(a) Kraftstoffverbrauch eines Pkws auf 100 km

(b) Zeitspanne, die zur Ausführung einer bestimmten Arbeit benötigt wird

(c) Zahl der pro Stunde in einem Geschäft eintreffenden Kunden

(d) Grundstücksgröße

(e) Stimmenzahl einer Partei in einem Wahlbüro

Aufgabe 1.6

Auf welche Skalen sind die folgenden Transformationen ohne Informationsverlust anwendbar, wenn $a, b > 0$?

(a) $x^* = bx^2, x > 0$

(b) $x^* = a + bx$

(c) $x^* = bx$

Lösungen

Lösung zu Aufgabe 1.1

Das Statistische Jahrbuch 2017 enthält folgende Angaben:

(a) 21,1 %

(b) 134,6 Mrd. Euro

(c) $(88{,}2 - 87{,}9) / 87{,}9 \cdot 100\,\% = 0{,}34\,\%$

(d) Produktion von Bier aus Malz (ohne alkoholfreies Bier): 83139 Tsd. Hektoliter
Zahl der produzierten Zigaretten: 167750 Mio. Stk.

(e) 13323 zugelassene ambulante Pflegedienste

Lösung zu Aufgabe 1.2

Das entscheidende Kriterium für Bestandsmassen ist, dass sie zu gewissen Zeit*punkten* erfasst werden. Bewegungsmassen können dagegen nur in Zeit*räumen* sinnvoll gemessen werden. So ist bspw. die Gesamtheit der Schüler und Schülerinnen einer Gesamtschule (Teilaufgabe (a)) zu einem gewissen Zeitpunkt eindeutig definiert, während die Geburten in einem Landkreis (Teilaufgabe (b)) nicht zu einem Zeitpunkt, sondern in einem Zeitraum (z. B. Woche, Monat, Jahr) erfasst werden können. In der Regel sind Bewegungsmassen mit einem bestimmten Ereignis (z. B. Geburt, Maschinenausfall, Anmeldung) verknüpft, während Bestandsmassen sich auf einen Zustand beziehen.

(a) Bestandsmasse

(b) Bewegungsmasse

(c) Bestandsmasse

(d) Bewegungsmasse

(e) Bewegungsmasse

(f) Bestandsmasse

Lösung zu Aufgabe 1.3

Der Lagerabgang x wird mittels der Fortschreibungsformel bestimmt:

$$6318 + 3620 - x = 7480$$
$$\Rightarrow x = 6318 + 3620 - 7480 = 2458$$

Es wird ein Lagerabgang in Höhe von 2458 festgestellt. Alle weiteren fehlenden Werte werden analog bestimmt:

Bestand Wochenbeginn	Lagerzugang	Lagerabgang	Bestand Wochenende
6318	3620	2458	7480
7480	1296	3746	5030
5030	2750	1920	5860
5860	1633	3000	4493

Lösung zu Aufgabe 1.4

(a) Gegeben sind die folgenden Merkmale:
- *Name* (Nominalskala)
- *Anzahl Beschäftigte* (Verhältnisskala)
- *Jahresumsatz* (Verhältnisskala)
- *Eigenkapital-Anteil* (Verhältnisskala)
- *Bonitätsklasse* (Ordinalskala)

(b) Durch die Bildung einer Rangfolge anhand des Jahresumsatzes entsteht ein ordinalskaliertes Merkmal. Bei einer Rangfolge wird die Information über die absolute Höhe des Umsatzes und das Ausmaß des Abstands zwischen den Unternehmen hinsichtlich des Umsatzes aufgegeben.

Lösung zu Aufgabe 1.5

Entscheidend für die Unterteilung in die Merkmalsarten ist, ob das betrachtete Merkmal nur bestimmte Ausprägungen oder – zumindest in einem bestimmten Intervall – jeden beliebigen Wert annehmen kann. Im ersteren Fall ist das Merkmal diskret, im letzteren stetig.

(a) stetig

(b) stetig

(c) diskret

(d) stetig

(e) diskret

Lösung zu Aufgabe 1.6

Informationsverlust tritt auf, wenn nach der Durchführung einer Transformation bestimmte Eigenschaften der ursprünglichen Skala nicht mehr erfüllt sind. Dies wird in allen drei gegebenen Fällen überprüft.

(a) Ordinalskala
Durch die Quadrierung von x wird die Information der Abstände zwischen den Ausprägungen verzerrt; somit ist diese Transformation auf Intervallskalen (und folglich auf Verhältnisskalen) nicht anwendbar.
Sofern ein ordinalskaliertes Merkmal mit positiven Zahlenwerten angegeben ist, erhält die angegebene Transformation die Information über die Rangfolge.

(b) Ordinalskala, Intervallskala
Da eine lineare Transformation vorliegt, bleibt die Information über die Abstände zwischen Ausprägungen nach der Transformation unter Beachtung der Skalierung mit b erhalten.
Sofern ein ordinalskaliertes Merkmal mit positiven Zahlenwerten angegeben ist, erhält die angegebene Transformation die Information über die Rangfolge.

(c) Ordinalskala, Intervallskala, Verhältnisskala
Diese Transformation ist ein Sonderfall der Transformation in Teilaufgabe (b) mit $a = 0$ und entspricht einer Skalierung mit b und ist auf alle gegebenen Skalen ohne Informationsverlust anwendbar.

2. Empirische Verteilungen

Aufgabe 2.1

Für einen Handwerksbetrieb wird im Rahmen einer Beratung die Anzahl der täglich eintreffenden Aufträge erfasst. Für die 20 Werktage eines ausgewählten Monats ergeben sich die folgenden Einzelwerte.

Tag	1	2	3	4	5	6	7	8	9	10
Aufträge	4	1	2	6	4	0	1	0	4	3
Tag	11	12	13	14	15	16	17	18	19	20
Aufträge	5	2	2	1	3	4	1	4	7	5

(a) Benennen Sie das untersuchte Merkmal, den Merkmalsträger und die Merkmalsskalierung.

(b) Erstellen Sie aus den gegebenen Einzelwerten eine Häufigkeitstabelle inkl. der relativen Häufigkeiten.

(c) Bestimmen und zeichnen Sie die empirische Verteilungsfunktion.

Aufgabe 2.2

Eine Immobilienmaklerin betrachtet für das vergangene Jahr die Anzahl der von ihr erfolgreich abgeschlossenen Vermittlungen je Arbeitswoche.

x_i	h_i
0	20
1	15
2	9
3	5
4	1

(a) Ordnen Sie die Begriffe Merkmal, Merkmalsträger und Merkmalsausprägung(en) der gegebenen Situation zu.

(b) Stellen Sie die Häufigkeitsverteilung der erfolgreich abgeschlossenen Vermittlungen inkl. der relativen Häufigkeiten und kumulierten relativen Häufigkeiten in einer Tabelle dar.

(c) Erstellen Sie ein Stabdiagramm zur Darstellung der relativen Häufigkeitsverteilung.

Aufgabe 2.3

Der Betreiber eines kostenpflichtigen Parkplatzes erstellt monatlich eine Übersicht der täglich ausgestellten Strafzettel. Die folgende Tabelle enthält die entsprechenden Werte für den aktuellen Monat.

Strafzettel	Mo	Di	Mi	Do	Fr	Sa	So
Woche 1	–	–	3	1	6	3	25
Woche 2	7	4	22	4	10	23	22
Woche 3	13	2	23	19	4	12	26
Woche 4	11	9	11	17	5	25	23
Woche 5	20	4	1	8	–	–	–

(a) Benennen Sie Merkmal, Merkmalsträger und die Merkmalsskalierung.

(b) Prinzipiell könnte aus diesen Einzelwerten eine Tabelle der absoluten und relativen Häufigkeiten erstellt werden. Erläutern Sie, warum dies in der gegebenen Situation zwar technisch möglich, aber inhaltlich nicht sinnvoll ist.

(c) Unterteilen Sie die Anzahl der ausgestellten Strafzettel in die Klassen 1–5, 6–10, 11–15, …, 26–30 und erstellen Sie die entsprechende Häufigkeitsverteilung sowie ein Histogramm.

Aufgabe 2.4

Eine Maklerin analysiert den Immobilienmarkt einer bestimmten Stadt und interessiert sich vorrangig für die Verteilung der Kaufpreise. Die folgende Tabelle zeigt die Ergebnisse ihrer Recherche (Kaufpreisangaben in Tsd. Euro).

Kaufpreis von	bis	Anzahl
0	200	4
200	300	8
300	400	26
400	500	10
500	1000	2

(a) Benennen Sie Merkmal, Merkmalsträger und die Merkmalsskalierung.

(b) Ordnen Sie die Klassenunter- und obergrenzen in die formale Notation klassifizierter Daten ein.

(c) Erstellen Sie ein Histogramm und das zugehörige Häufigkeitspolygon.

(d) Bestimmen Sie die empirische Verteilungsfunktion. Nutzen Sie die so konstruierte Funktion, um den Anteil der Immobilien mit einem Kaufpreis von höchstens 350000 Euro zu ermitteln.

Aufgabe 2.5

An der Lebensmittelkasse eines Kaufhauses werden die Rechnungsbeträge von den ersten 100 Kunden des Tages erfasst. Es ergibt sich die folgende Häufigkeitsverteilung.

Rechnungsbetrag in Euro	Anzahl der Rechnungen
bis 10	16
über 10 bis 20	48
über 20 bis 40	27
über 40 bis 80	9

(a) Stellen Sie die empirische Verteilungsfunktion der Rechnungsbeträge grafisch dar.

(b) Erstellen Sie ein Histogramm für die Verteilung der Rechnungsbeträge.

Aufgabe 2.6

Die Lebensdauern von 1000 Motoren weisen die folgende Verteilung auf.

Lebensdauer in Jahren	Anzahl der Motoren
bis 2	33
über 2 bis 4	276
über 4 bis 6	404
über 6 bis 8	237
über 8 bis 10	50

(a) Stellen Sie die Häufigkeitsverteilung und die empirische Verteilungsfunktion grafisch dar.

(b) Bestimmen Sie den Anteil der Motoren mit einer Lebensdauer von mehr als 5 Jahren.

Lösungen

Lösung zu Aufgabe 2.1

(a) Das untersuchte Merkmal ist die Anzahl der eingehenden Aufträge; der Merkmalsträger in der gegebenen Darstellung ist der Arbeitstag. Das Merkmal besitzt eine Verhältnisskala.

(b) Zur Erstellung der Häufigkeitstabelle werden aus den gegebenen Einzelwerten die Häufigkeiten ermittelt:

x_i	h_i	f_i	F_i
0	2	0,10	0,10
1	4	0,20	0,30
2	3	0,15	0,45
3	2	0,10	0,55
4	5	0,25	0,80
5	2	0,10	0,90
6	1	0,05	0,95
7	1	0,05	1,00

(c) Die empirische Verteilungsfunktion wird unter Verwendung der kumulierten relativen Häufigkeiten ermittelt:

$$F(x) = \begin{cases} 0{,}00 & x < 0 \\ 0{,}10 & 0 \le x < 1 \\ 0{,}30 & 1 \le x < 2 \\ 0{,}45 & 2 \le x < 3 \\ 0{,}55 & 3 \le x < 4 \\ 0{,}80 & 4 \le x < 5 \\ 0{,}90 & 5 \le x < 6 \\ 0{,}95 & 6 \le x < 7 \\ 1{,}00 & 7 \le x \end{cases}$$

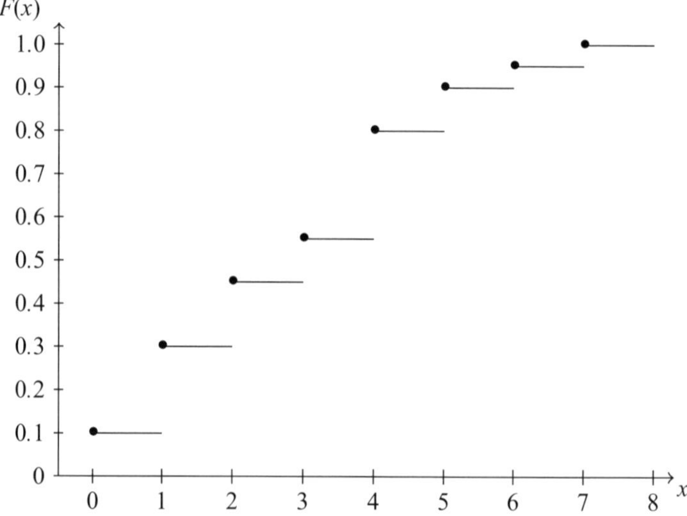

Lösung zu Aufgabe 2.2

(a) In der gegebenen Situation ist das Merkmal die Anzahl der erfolgreich abgeschlossenen Vermittlungen, die Merkmalsträger sind die Arbeitswochen und die zugehörigen Merkmalsausprägungen sind durch die natürlichen Zahlen einschließlich der Null gegeben.

(b) Die Häufigkeitsverteilung wird anhand der gegebenen absoluten Häufigkeiten bestimmt:

x_i	h_i	f_i	F_i
0	20	0,40	0,40
1	15	0,30	0,70
2	9	0,18	0,88
3	5	0,10	0,98
4	1	0,02	1,00

(c) Stabdiagramm:

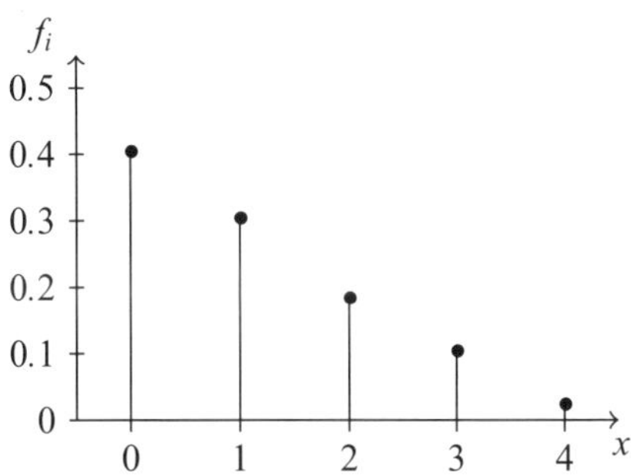

Lösung zu Aufgabe 2.3

(a) Untersucht wird das Merkmal *ausgestellte Strafzettel*, das am Merkmalsträger *Wochentag* gemessen wird. Das Merkmal besitzt eine Verhältnisskala.

(b) Die Erstellung einer Häufigkeitsverteilung für die $N = 30$ gegebenen Einzelwerte a_i ist technisch möglich, indem deren Häufigkeiten direkt ausgezählt werden. Auf diesem Weg sind die relativen und kumulierten relativen Häufigkeiten bestimmbar. Allerdings liegen aufgrund der hohen Spannweite der Einzelwerte viele unterschiedliche Ausprägungen vor, weshalb die meisten gebildeten absoluten Häufigkeiten lediglich 1 oder 2 sind. In diesem Sinn würde eine Häufigkeitsverteilung keine wesentliche Zusammenfassung der Einzelwerte bedeuten. Eine strikte Trennung nahe beieinander liegender Merkmalsausprägungen ist zudem im gegebenen Kontext nicht überzeugend.

(c) Die Häufigkeitsverteilung wird durch Zählen der gegebenen Einzelwerte bestimmt:

x_i^u	x_i^o	Δx_i	h_i	f_i
1	5	4	10	0,333
6	10	4	5	0,167
11	15	4	4	0,133
16	20	4	3	0,100
21	25	4	7	0,233
26	30	4	1	0,033

Da alle Klassenbreiten gleich sind, können die Säulenhöhen des Histogramms mit den Klassenhäufigkeiten gleichgesetzt werden:

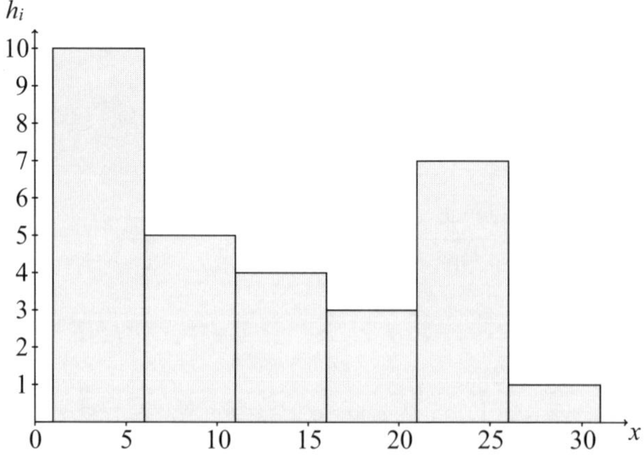

Lösung zu Aufgabe 2.4

(a) Das untersuchte Merkmal ist der Kaufpreis von Immobilien, wobei die Merkmalsträger die Immobilien sind. Die Immobilienpreise besitzen eine Verhältnisskala und liegen in der gegebenen Situation in klassifizierter (und somit ordinaler) Form vor.

(b) Es liegen $k = 5$ Klassen vor, deren Unter- und Obergrenzen gegeben sind. Notiert werden diese und die Klassenbreiten Δx_i wie folgt:

$$\begin{array}{lll} x_1^u = 0 & x_1^o = 200 & \Delta x_1 = 200 \\ x_2^u = 200 & x_2^o = 300 & \Delta x_2 = 100 \\ x_3^u = 300 & x_3^o = 400 & \Delta x_3 = 100 \\ x_4^u = 400 & x_4^o = 500 & \Delta x_4 = 100 \\ x_5^u = 500 & x_5^o = 1000 & \Delta x_5 = 500 \end{array}$$

(c) Histogramm inklusive Häufigkeitspolygon:

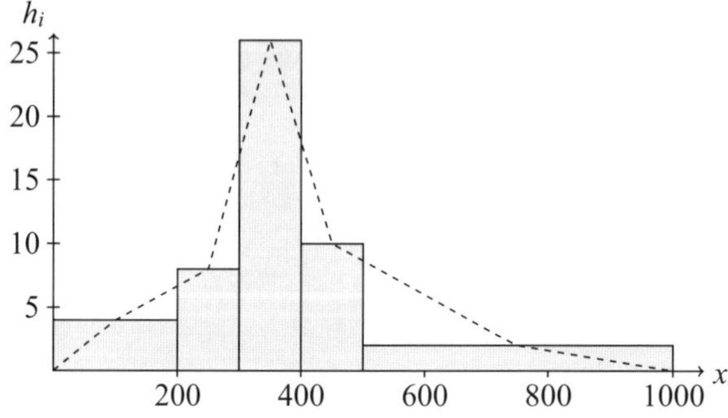

(d) Die empirische Verteilungsfunktion wird mittels der kumulierten relativen Häufigkeiten ermittelt:

x_i^u	x_i^o	Δx_i	h_i	f_i	F_i
0	200	200	4	0,08	0,08
200	300	100	8	0,16	0,24
300	400	100	26	0,52	0,76
400	500	100	10	0,20	0,96
500	1000	500	2	0,04	1,00

Da klassifizierte Daten vorliegen, wird die Annahme getroffen, dass sich die Merkmalsausprägungen *innerhalb* der Klassen gleichmäßig verteilen. Grafisch entspricht dies der linearen Verbindung der kumulierten relativen Häufigkeiten innerhalb der Klassen, denn so wächst die kumulierte Häufigkeit proportional innerhalb jeder einzelnen Klasse, wie es bei einer perfekten Gleichverteilung der Fall wäre.
Die so gebildete empirische Verteilungsfunktion hat die folgende Form.

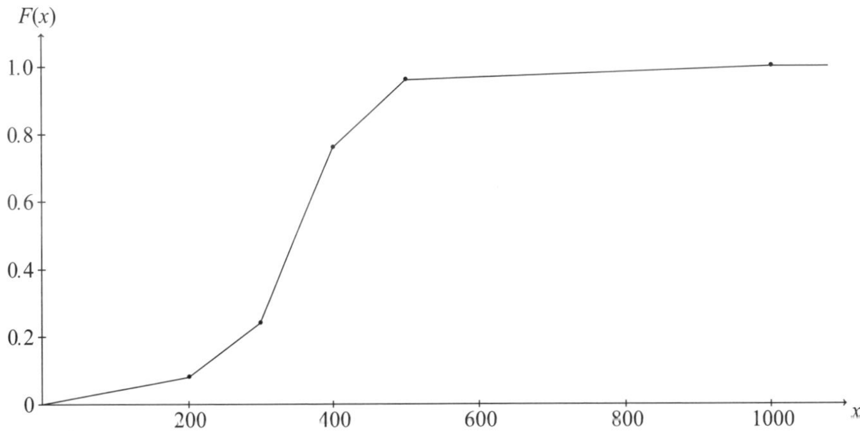

Gesucht ist der Anteil der Immobilien mit einem Kaufpreis von höchstens 350000 Euro. Dies entspricht der kumulierten relativen Häufigkeit zur Merkmalsausprägung 350. Da diese innerhalb der dritten Klasse (300, 400) liegt, wird der gesuchte Wert mittels der entsprechenden Teilstrecke der empirischen Verteilungsfunktion bestimmt. Es gilt $F_2 = 0{,}24$ und $F_3 = 0{,}76$. Der Wert $x = 350$ befindet sich genau in der Mitte der dritten Klasse, d. h. auf der Hälfte der Strecke zwischen 0,24 und 0,76. Somit ist der approximierte Wert von $F(350)$ gegeben durch

$$F(350) \approx 0{,}24 + 0{,}5 \cdot (0{,}76 - 0{,}24) = 0{,}5.$$

Demnach ist der Anteil der Immobilien mit einem Kaufpreis von höchstens 350000 Euro etwa 50 %.

Lösung zu Aufgabe 2.5

(a) Zur Bestimmung der empirischen Verteilungsfunktion wird zunächst die Häufigkeitsverteilung in der folgenden Tabelle dargestellt.

i	Rechnungsbetrag in Euro	h_i	H_i	F_i
1	bis 10	16	16	0,16
2	über 10 bis 20	48	64	0,64
3	über 20 bis 40	27	91	0,91
4	über 40 bis 80	9	100	1,00

Die empirische Verteilungsfunktion wird mittels der kumulierten relativen Häufigkeiten gebildet.

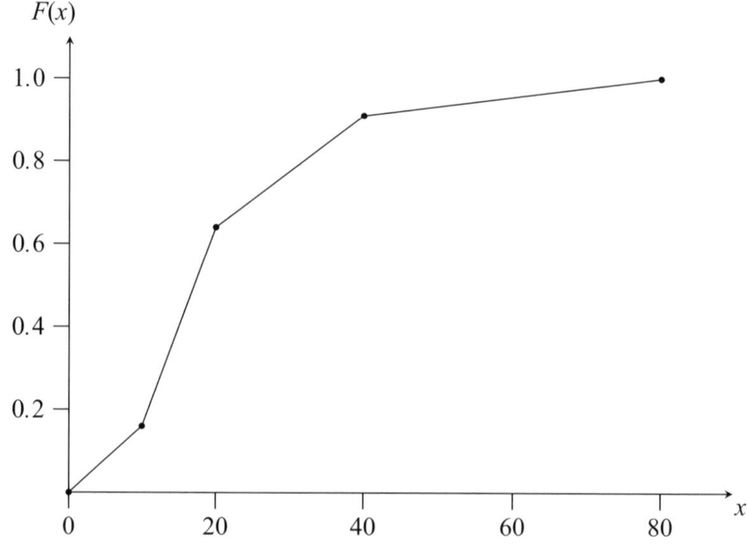

(b) Das Histogramm wird unter Verwendung der gegebenen Klasseneinteilung und der absoluten Häufigkeiten erstellt. Hierbei ist zu beachten, dass aufgrund der unterschiedlichen Klassenbreiten die Säulenhöhen angepasst werden, sodass sich eine flächenproportionale Darstellung ergibt. Allgemein gilt für Histogramme, dass sich die Säulenhöhe einer Klasse aus der Klassenbreite Δx_i, der Klassenhäufigkeit h_i und einem Proportionalitätsfaktor a wie folgt ergibt:

$$h_i^* = \frac{h_i}{a \cdot \Delta x_i}$$

Wird für die erste Klasse die Klassenhäufigkeit $h_1 = 16$ als die Säulenhöhe gewählt, so ergibt sich nach Umstellung

$$a = \frac{h_i}{h_i^* \cdot \Delta x_i} = \frac{16}{16 \cdot 10} = 0{,}1.$$

Die verbleibenden Säulenhöhen können mittels der allgemeinen Formel bestimmt werden und lauten:

$$h_2^* = \frac{h_2}{a \cdot \Delta x_2} = \frac{48}{0{,}1 \cdot 10} = 48, \qquad h_3^* = \frac{27}{0{,}1 \cdot 20} = 13{,}5, \qquad h_3^* = \frac{9}{0{,}1 \cdot 40} = 2{,}25$$

Somit ergibt sich das folgende Histogramm.

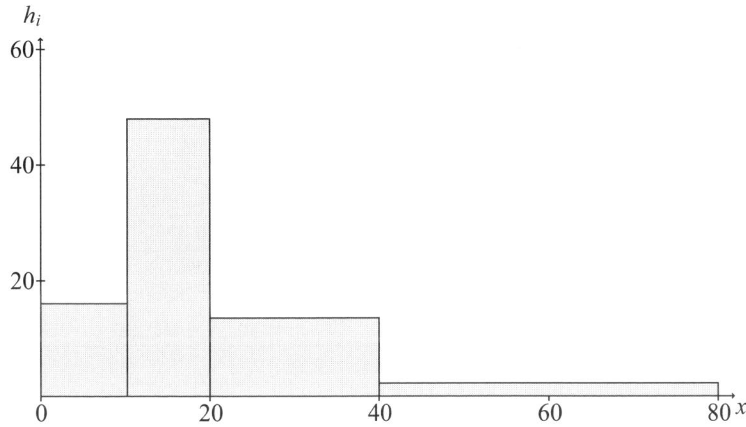

Lösung zu Aufgabe 2.6

(a) Es werden zunächst die kumulierten absoluten Häufigkeiten H_i und daraus die kumulierten relativen Häufigkeiten $F_i = H_i / N$ bestimmt:

i	Lebensdauer in Jahren	H_i	F_i
1	bis 2	33	0,033
2	bis 4	309	0,309
3	bis 6	713	0,713
4	bis 8	950	0,950
5	bis 10	1000	1,000

Darüber hinaus kann das Histogramm zur grafischen Darstellung der Häufigkeitsverteilung verwendet werden. In der folgenden Darstellung wird hierbei die in der Aufgabenstellung gegebene Klasseneinteilung beibehalten. Da so konstante Klassenbreiten vorliegen, können die Klassenhäufigkeiten als Säulenhöhen verwendet werden.

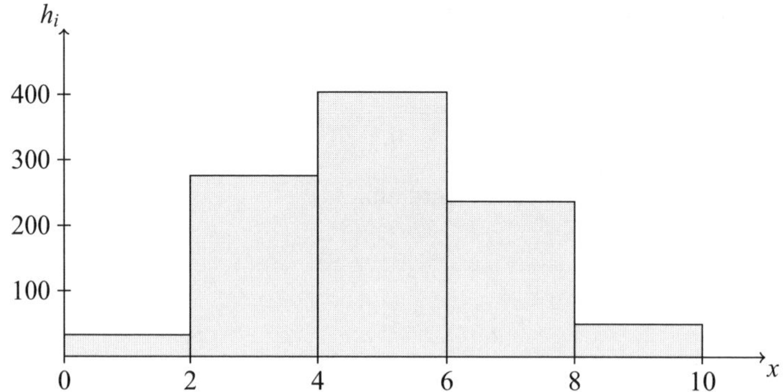

Unter Verwendung der kumulierten relativen Häufigkeiten wird die empirische Verteilungsfunktion erstellt. Da es sich um klassifizierte Daten handelt und für diese eine gleichmäßige Verteilung der Merkmalsträger innerhalb der Klassen angenommen wird, ist die empirische Verteilungsfunktion als stetiger Linienzug dargestellt.

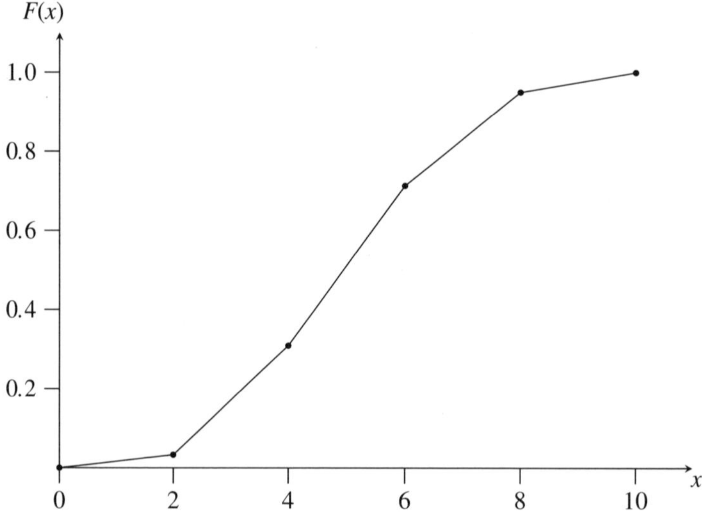

(b) Da die Häufigkeiten in klassifizierter Form vorliegen, kann der gesuchte korrekte Anteil nicht exakt ermittelt werden und wird stattdessen angenähert. Der Wert $x = 5$ liegt innerhalb der Klasse (4, 6). Der zugehörige gesuchte Anteil wird unter Verwendung der empirischen Verteilungsfunktion grafisch bestimmt.

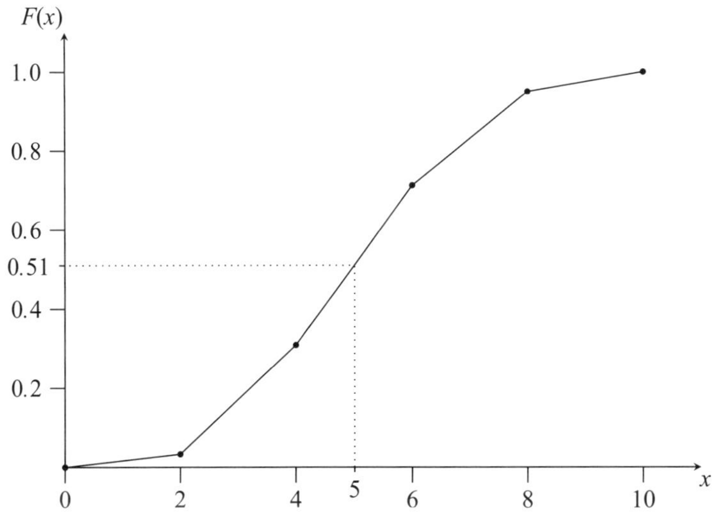

Der Anteil der Motoren mit einer Lebensdauer von mehr als 5 Jahren beträgt demnach etwa 1 – 0,51 = 0,49 bzw. 49 %.

3. Mittelwerte

Aufgabe 3.1

An einem Bankschalter wird in 10-Minuten-Intervallen die Anzahl ankommender Kunden gezählt. Für 40 derartige Zeitintervalle werden folgende Beobachtungen erfasst:

0	0	1	3	4	1	2	2	1	1
1	2	3	0	2	0	1	3	1	2
2	0	1	1	6	1	0	2	3	1
1	4	2	3	2	0	3	0	1	2

Bestimmen Sie die Häufigkeitsverteilung und ermitteln Sie das arithmetische Mittel, den Modus und den Median der Kundenankünfte.

Aufgabe 3.2

Eine Immobilienmaklerin betrachtet für das vergangene Jahr die Anzahl der von ihr erfolgreich abgeschlossenen Vermittlungen je Arbeitswoche.

x_i	h_i
0	19
1	16
2	8
3	4
4	1

Bestimmen und interpretieren Sie das arithmetische Mittel, den Median und den Modus für die Anzahl der erfolgreich abgeschlossenen Vermittlungen je Arbeitswoche.

Aufgabe 3.3

In einer Studie werden die jährlichen Bildungsausgaben von Familienhaushalten verschiedener Bundesländer in Deutschland verglichen. Die folgende Tabelle stellt die Ergebnisse für jeweils 5 zufällig ausgewählte Familienhaushalte je Land dar (Angaben in Tsd. Euro).

	Haushalt Nr.				
Land	1	2	3	4	5
A	15	16	14	16	14
B	10	12	8	9	11
C	17	12	4	16	6

(a) Bestimmen Sie separat für jedes Land das arithmetische Mittel und den Median der Bildungsausgaben.

(b) Bestimmen Sie nun für alle vorliegenden Werte zusammen das arithmetische Mittel.

(c) Stellen Sie die Ergebnisse grafisch dar und vergleichen Sie auf diese Weise die Länder hinsichtlich der Bildungsausgaben.

Aufgabe 3.4

Eine Maklerin analysiert den Immobilienmarkt in Aachen und interessiert sich vorrangig für die Verteilung der Kaufpreise. Die folgende Tabelle zeigt die Ergebnisse ihrer Recherche (Kaufpreisangaben in Tsd. Euro).

Kaufpreis von	bis	Anzahl
0	200	6
200	300	20
300	400	12
400	500	9
500	1000	3

Berechnen und interpretieren Sie das arithmetische Mittel und den Median der Kaufpreise.

Aufgabe 3.5

Die folgende Tabelle zeigt die Anzahl der beruflich relevanten E-Mails eines Angestellten über einen Zeitraum von 4 Wochen.

E-Mails	Mo	Di	Mi	Do	Fr
Woche 1	5	1	1	6	8
Woche 2	9	7	1	3	9
Woche 3	3	0	7	10	9
Woche 4	3	3	0	2	8

(a) Berechnen Sie das arithmetische Mittel der Anzahl täglich anfallender E-Mails über den gesamten betrachteten Zeitraum.

(b) Unterteilen Sie die Anzahlen der täglichen E-Mails in die Klassen 0–2, 3–5, 6–8, 9–11 und erstellen Sie anschließend die zugehörige Häufigkeitsverteilung.

(c) Berechnen Sie auf Grundlage der klassifizierten Darstellung aus (b) das arithmetische Mittel der täglich anfallenden E-Mails. Vergleichen Sie dieses Ergebnis mit dem arithmetischen Mittel aus (a). Wie erklären Sie sich den Unterschied der Ergebnisse?

Aufgabe 3.6

Die jährliche Zuwachsrate der Produktion eines bestimmten Smoothie-Mixers entwickelte sich in 5 Jahren wie folgt.

Jahr	Zuwachsrate in Prozent
1	10
2	20
3	5
4	8
5	15

Wie groß ist die durchschnittliche jährliche Zuwachsrate für den gesamten Zeitraum?

Aufgabe 3.7

Die Inhaberin eines Aktienportfolios betrachtet dessen jährliche relative Wertänderungen im Verlauf von 4 Jahren:

Jahr	Wertänderung
2014	+20 %
2015	–5 %
2016	+10 %
2017	+0 %

(a) Berechnen Sie die durchschnittliche Wertänderung als geometrisches Mittel der jährlichen Wertänderungen.

(b) Berechnen Sie das arithmetische Mittel der Wertänderungen.

(c) Vergleichen Sie die beiden berechneten Mittel und erläutern Sie, inwiefern das geometrische Mittel im gegebenen Kontext inhaltlich sinnvoll ist.

Lösungen

Lösung zu Aufgabe 3.1

Es sind $N = 40$ Einzelwerte $a_1, a_2, \ldots, a_{40}$ gegeben, für die die folgende Häufigkeitsverteilung bestimmt wird:

x_i	h_i	f_i	F_i
0	8	0,200	0,200
1	13	0,325	0,525
2	10	0,250	0,775
3	6	0,150	0,925
4	2	0,050	0,975
5	0	0,000	0,975
6	1	0,025	1,000
Σ	40	1,000	–

Das arithmetische Mittel ist

$$\mu = \frac{1}{N}\sum_{i=1}^{k} x_i h_i = \frac{65}{40} = 1{,}625.$$

Interpretation: Im Durchschnitt kommen 1,65 Kunden je 10-Minuten-Zeitintervall an.

Modus: 1 Kundenankunft (häufigste Ausprägung)

Median: 1 Kundenankunft (da 50 % der kleinsten Einzelwerte kleiner oder gleich 1 sind)

Lösung zu Aufgabe 3.2

Das arithmetische Mittel lautet

$$\mu = \frac{1}{N}\sum_{i=1}^{k} x_i h_i = \frac{48}{48} = 1.$$

Je Arbeitswoche erzielte die Maklerin durchschnittlich eine erfolgreich abgeschlossene Vermittlung.

Der Median beträgt 1, da 50 % der gegebenen Einzelwerte kleiner oder gleich 1 sind. Ebenso sind 50 % der gegebenen Werte größer oder gleich 1. Somit erzielte die Maklerin in 50 % der Arbeitswochen höchstens eine bzw. mindestens eine erfolgreiche Vermittlung.

Der Modus der wöchentlich erfolgreich abgeschlossenen Vermittlungen ist 0. In der relativen Mehrheit der Arbeitswochen erzielte die Maklerin demnach keine erfolgreiche Vermittlung.

Lösung zu Aufgabe 3.3

(a) Ergebnisse je Land:

Land	arithm. Mittel μ	Median Me
A	15	15
B	10	10
C	11	12

(b) Das arithmetische Mittel aller vorliegenden Werte ist identisch mit dem arithmetischen Mittel der Gruppenmittel:

$$\mu = \frac{1}{3}(15 + 10 + 11) = 12$$

(c) Eine Möglichkeit der anschaulichen Darstellung der arithmetischen Mittel ist folgende:

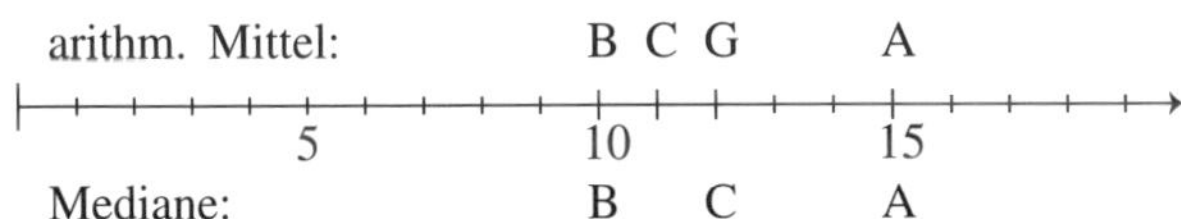

Es ist zu erkennen, dass sich die Gruppenmittel um das Gesamtmittel verteilen. Die arithmetischen Mittel der Länder B und C liegen unterhalb des Gesamtmittels, während das von Land A oberhalb liegt. Ein ähnliches Bild ergibt sich für die Mediane. Diese ergeben dieselbe Reihenfolge der Länder und sind im Fall von Land B und A identisch mit dem arithmetischen Mittel. Dies ist alternativ ohne Rechnung daran zu erkennen, dass die Einzelwerte in Land A und B symmetrisch um deren Mittelwert verteilt sind. Der Median von Land C liegt dagegen oberhalb dessen arithmetischen Mittels und auf gleicher Höhe mit dem Gesamtmittel.

Lösung zu Aufgabe 3.4

Die gegebenen Werte liegen in klassifizierter Form vor. Zur Berechnung des arithmetischen Mittels werden daher Klassenrepräsentanten x'_i als jeweilige Mittelwerte der Klassen gebildet. In der folgenden Tabelle sind darüber hinaus die kumulierten relativen Häufigkeiten dargestellt.

Kaufpreis von	bis	x'_i	h_i	F_i
0	200	100	6	0,12
200	300	250	20	0,52
300	400	350	12	0,76
400	500	450	9	0,94
500	1000	750	3	1,00

Das arithmetische Mittel wird berechnet als

$$\mu = \frac{1}{N}\sum_{i=1}^{k} x_i h_i = \frac{1}{50}(100 \cdot 6 + 250 \cdot 20 + 350 \cdot 12 + 450 \cdot 9 + 750 \cdot 3) = 322.$$

Der Median liegt innerhalb der Klasse $200 \leq x \leq 300$, da in dieser der kumulierte relative Anteil von 50 % erstmals überschritten wird. Zur genaueren Bestimmung wird innerhalb dieser Klasse eine lineare Interpolation durchgeführt:

$$\text{Me} = x_i^u + \frac{0{,}5 - F(x_i^u)}{F(x_i^o) - F(x_i^u)} \cdot (x_i^o - x_i^u) = 200 + \frac{0{,}50 - 0{,}12}{0{,}52 - 0{,}12} \cdot (300 - 200) = 295$$

Der mittlere Kaufpreis der betrachteten Immobilien liegt somit bei 295 Tsd. Euro, während der durchschnittliche Kaufpreis bei 322 Tsd. Euro liegt. Somit liegt eine asymmetrische Verteilung vor.

Lösung zu Aufgabe 3.5

(a) Aus den gegebenen $N = 20$ Einzelwerten wird das arithmetische Mittel berechnet:

$$\mu = \frac{1}{20}(5 + 1 + 1 + \cdots + 8) = 4{,}75$$

Interpretation: Pro Tag fallen durchschnittlich 4,75 beruflich relevante E-Mails an.

(b) Einteilung entsprechend den Klassen und die zugehörige Häufigkeitsverteilung:

x_i^u	x_i^o	h_i
0	2	6
3	5	5
6	8	5
9	11	4

(c) Zur Berechnung des arithmetischen Mittels werden die Klassenrepräsentanten 1, 4, 7 und 10 verwendet:

$$\mu = \frac{1}{20}(1 \cdot 6 + 4 \cdot 5 + 7 \cdot 5 + 10 \cdot 4) = \frac{1}{20}(6 + 20 + 35 + 40) = 5{,}05$$

Entsprechend der klassifizierten Darstellung der gegebenen Einzelwerte ergibt sich ein arithmetisches Mittel von 5,05. Die in (a) berechnete durchschnittliche Anzahl der beruflich relevanten E-Mails weicht von dieser Zahl ab. Grundsätzlich kann durch die Klassierung eines Merkmals ein anderes arithmetisches Mittel resultieren, da Information durch die Vergröberung der Werte verloren geht. Die Berechnung des arithmetischen Mittels unter Verwendung klassifizierter Daten kann insofern als Approximation des exakten arithmetischen Mittels aufgefasst werden. Sofern die Einteilung in Klassen ausgewogen an die vorliegenden Werte angepasst ist, unterscheiden sich die berechneten arithmetischen Mittel in der Regel jedoch nicht wesentlich.

Lösung zu Aufgabe 3.6

Die durchschnittliche jährliche Zuwachsrate p wird über den durchschnittlichen Wachstumsfaktor G, das geometrische Mittel der einzelnen Wachstumsfaktoren q_i ($i = 1, \ldots, 5$), berechnet:

$$G = \sqrt[5]{q_1 \cdot q_2 \cdot q_3 \cdot q_4 \cdot q_5} = \sqrt[5]{1{,}10 \cdot 1{,}20 \cdot 1{,}05 \cdot 1{,}08 \cdot 1{,}15} = 1{,}11475$$

Somit ist die durchschnittliche jährliche Zuwachsrate $p = (G - 1) \cdot 100\,\% = 11{,}475\,\%$ $\approx 11{,}5\,\%$.

Lösung zu Aufgabe 3.7

(a) Für die Berechnung des geometrischen Mittels werden die Prozentangaben p_i in Wachstumsfaktoren $q_i = 1 + p_i / 100$ umgerechnet. Es ergibt sich:

$$G = \sqrt[4]{q_1 \cdot q_2 \cdot q_3 \cdot q_4} = \sqrt[4]{1{,}20 \cdot 0{,}95 \cdot 1{,}10 \cdot 1{,}00} \approx 1{,}058216$$

(b) Das arithmetische Mittel beträgt

$$\mu = \frac{1}{4}(0{,}20 - 0{,}05 + 0{,}10 + 0{,}00) = 0{,}0625.$$

(c) Die durchschnittliche jährliche Wertänderung ist gemessen am geometrischen Mittel etwa 5,8 %, während das arithmetische Mittel einen jährlichen Zuwachs von 6,25 % angibt.

Das geometrische Mittel ist im Kontext von (finanziellen) Zuwächsen oft aussagekräftiger als das arithmetische Mittel, da mit letzterem dynamische Aspekte vernachlässigt werden. Würde nämlich die Inhaberin des Aktienportfolios statt in die Aktien in eine Anlage mit festem jährlichem Zins investieren, so müsste dieser gerade $G - 1 \approx 5{,}8\,\%$ betragen, damit diese Anlage dieselbe Wertänderung $G^4 = (1{,}058216)^4 \approx 1{,}254 = 25{,}4\,\%$ im betrachteten Zeitraum erreicht. Dagegen führt eine konstant verzinste Anlage mit Zinssatz $\mu = 6{,}25\,\%$ zu einer abweichenden Wertsteigerung von $(1 + \mu)^4 \approx 1{,}274$, d. h. 27,4 %.

4. Streuungsmaße

Aufgabe 4.1

Gegeben sind die folgenden 10 Einzelwerte von Monatskaltmieten in Euro eines Wohnviertels.

300	250	400	500	250
600	300	300	450	400

Bestimmen Sie für die gegebenen Kaltmieten die Varianz, Standardabweichung, mittlere absolute Abweichung und Spannweite.

Aufgabe 4.2

Es wird die Lebensdauer von Unternehmen (d. h. die Dauer zwischen der Gründung und der Auflösung bzw. Insolvenz eines Unternehmens) untersucht. Die folgenden Einzelwerte werden beobachtet.

Unternehmen Nr. i	Rechtsform	Lebensdauer (in Jahren)
1	AG	2,5
2	AG	4,1
3	AG	1,8
4	AG	7,2
5	AG	4,4
6	GmbH	4,5
7	GmbH	6,7
8	GmbH	8,4
9	GmbH	4,8
10	GmbH	5,6

(a) Berechnen Sie die Spannweite und die Varianz der Lebensdauern separat für alle gegebenen AGs und GmbHs. Vergleichen Sie die Ergebnisse.

(b) Bestimmen Sie das arithmetische Mittel und die Varianz aller gegebenen Lebensdauern unter Vernachlässigung der Rechtsform.

Aufgabe 4.3

In einer Studie werden die jährlichen Bildungsausgaben von Familienhaushalten verschiedener Bundesländer in Deutschland verglichen. Die folgende Tabelle stellt die Ergebnisse für jeweils 5 zufällig ausgewählte Familienhaushalte je Land dar (Angaben in Tsd. Euro).

	Haushalt Nr.				
Land	1	2	3	4	5
A	15	16	14	16	14
B	10	12	8	9	11
C	17	12	4	16	6

(a) Bestimmen Sie separat für jedes Land die Varianz und Standardabweichung.

(b) Berechnen Sie die mittlere absolute Abweichung für alle gegebenen Werte.

Aufgabe 4.4

Von 10 vergebenen Krediten einer Bank sind die folgenden Informationen gegeben.

Kredit *i*	Kredithöhe (in Euro)	Restlaufzeit (in Jahren)	Zinssatz
1	20 000	2	5,9 %
2	130 000	5	3,2 %
3	180 000	17	2,9 %
4	250 000	25	2,7 %
5	70 000	3	4,3 %
6	120 000	4	3,4 %
7	350 000	8	2,3 %
8	210 000	10	4,1 %
9	170 000	10	2,5 %
10	50 000	6	5,0 %

(a) Nennen Sie die vorliegenden Merkmale, deren Skalierung und den Merkmalsträger.

(b) Bestimmen Sie für die Restlaufzeiten die Spannweite und die Varianz.

(c) Bestimmen Sie für die Kredithöhen die Quartile und erstellen Sie einen Box-Plot.

(d) Rechnen Sie die Angaben der Kredithöhen in die Einheit *Tsd. Euro* um und berechnen Sie anschließend die Varianz und Standardabweichung. Wie lauten demnach die Varianz und Standardabweichung der Kredithöhen in *Euro*?

Aufgabe 4.5

Gegeben sind die folgenden zwei Grundgesamtheiten I und II.

I	2	6	6	18
II	102	106	106	118

(a) Berechnen Sie für die beiden Gesamtheiten Varianz, Standardabweichung, Variationskoeffizient, die mittlere absolute Abweichung und Spannweite. Vergleichen Sie die Ergebnisse.

(b) Standardisieren Sie anschließend beide Grundgesamtheiten und prüfen Sie, ob jeweils $\mu_Z = 0$ und $\sigma_Z^2 = 1$ gilt.

Lösungen

Lösung zu Aufgabe 4.1

Für die Bestimmung der Streuungsmaße wird das arithmetische Mittel benötigt:

$$\mu = \frac{1}{10}(300 + 250 + \cdots + 400) = 375$$

Somit ergeben sich für die $N = 10$ gegebenen Einzelwerte:

$$\sigma^2 = \frac{1}{10}\sum_{i=1}^{10}(a_i - \mu)^2 = \frac{1}{10}((75)^2 + (125)^2 + \cdots + (-25)^2) = 12125$$

$$\sigma = \sqrt{\sigma^2} \approx 110{,}11$$

$$\text{MAD} = \frac{1}{10}\sum_{i=1}^{10}|a_i - \mu| = \frac{1}{10}(75 + 125 + \cdots + 25) = 95$$

Die Spannweite beträgt $a_{[10]} - a_{[1]} = 600 - 250 = 350$.

Lösung zu Aufgabe 4.2

(a) Im Falle der AGs beträgt die Spannweite $a_{[N]} - a_{[1]} = 7{,}2 - 1{,}8 = 5{,}4$. Die Varianz berechnet sich als

$$\mu = \frac{1}{5}(2{,}5 + 4{,}1 + 1{,}8 + 7{,}2 + 4{,}4) = 4{,}00$$

$$\sigma^2 = \frac{1}{5}\sum_{i=1}^{5}(a_i - \mu)^2 = \frac{1}{5}((-1{,}5)^2 + (0{,}1)^2 + \cdots + (0{,}4)^2) = \frac{17{,}5}{5} = 3{,}5$$

Dagegen ist die Spannweite bzgl. der GmbHs 3,9 Jahre und die Varianz ist

$$\mu = \frac{1}{5}(4{,}5 + 6{,}7 + 8{,}4 + 4{,}8 + 5{,}6) = 6{,}00$$

$$\sigma^2 = \frac{1}{5}\sum_{i=1}^{5}(a_i - \mu)^2 = \frac{1}{5}((-1{,}5)^2 + (-1{,}3)^2 + \cdots + (-0{,}4)^2) = \frac{10{,}1}{5} = 2{,}02$$

Die größere Varianz der Lebensdauern der AGs belegt, dass diese eine größere Streuung als die der GmbHs aufweisen.

(b) Das arithmetische Mittel aller gegebenen Lebensdauern kann direkt unter Verwendung aller gegebenen Werte ermittelt werden. Alternativ wird es als gewichtetes Mittel der beiden arithmetischen Mittel bestimmt:

$$\mu = \frac{N_1\mu_1 + N_2\mu_2}{N_1 + N_2} = \frac{5 \cdot 4 + 5 \cdot 6}{5 + 5} = \frac{50}{10} = 5$$

Für die Varianz aller gegebenen Lebensdauern gilt ebenso unter Verwendung der Aggregationsformel:

$$\sigma^2 = \frac{N_1\sigma_1^2 + N_2\sigma_2^2}{N_1 + N_2} + \frac{N_1(\mu_1 - \mu)^2 + N_2(\mu_2 - \mu)^2}{N_1 + N_2}$$
$$= \frac{5 \cdot 3{,}5 + 5 \cdot 2{,}02}{10} + \frac{5 \cdot (4-5)^2 + 5 \cdot (6-5)^2}{10} = 3{,}76$$

Die Varianz der Lebensdauern bezogen auf alle gegebenen Werte ist somit größer als die in (a) separat berechneten Varianzen.

Lösung zu Aufgabe 4.3

(a) Berechnungen für Land A:

$$\mu_A = \frac{1}{5}(15+16+14+16+14) = 15$$
$$\sigma_A^2 = \frac{1}{5}\sum_{i=1}^{5}(a_i - 15)^2 = 0{,}8$$
$$\sigma_A = \sqrt{\sigma_A^2} \approx 0{,}89$$

Berechnungen für Land B:

$$\mu_B = \frac{1}{5}(10+12+8+9+11) = 10$$
$$\sigma_B^2 = \frac{1}{5}\sum_{i=1}^{5}(a_i - 10)^2 = 2$$
$$\sigma_B = \sqrt{\sigma_B^2} \approx 1{,}41$$

Berechnungen für Land C:

$$\mu_C = \frac{1}{5}(17+12+4+16+6) = 11$$
$$\sigma_C^2 = \frac{1}{5}\sum_{i=1}^{5}(a_i - 11)^2 = 27{,}2$$
$$\sigma_C = \sqrt{\sigma_C^2} \approx 5{,}22$$

(b) Das arithmetische Mittel aller Werte beträgt (15 + 10 +11) / 3 = 12. Die mittlere absolute Abweichung ist somit:

$$\text{MAD} = \frac{1}{15}\sum_{i=1}^{15}|a_i - 12| = \frac{1}{15}(3+4+\cdots+6) = 3{,}2$$

Lösung zu Aufgabe 4.4

(a) Es liegen die Merkmale *Kredithöhe* (Verhältnisskala), *Restlaufzeit* (Verhältnisskala) und *Zinssatz* (Verhältnisskala) vor. Der betrachtete Merkmalsträger ist in der gegebenen Situation der Kredit bzw. die Kreditverträge der Bank. Insbesondere könnten mehrere Kreditverträge derselben Person oder demselben Unternehmen zugeordnet sein.

(b) Die Spannweite der Restlaufzeiten beträgt 25 – 2 = 23 Jahre. Berechnungen:

$$\mu = \frac{1}{10}(2+5+\cdots+6) = 9$$

$$\sigma^2 = \frac{1}{10}\sum_{i=1}^{10}(a_i - \mu)^2 = 45{,}8$$

(c) Für die Bestimmung der Quartile werden die gegebenen Kredithöhen (in Tsd. Euro) zunächst aufsteigend sortiert:

20, 50, 70, 120, 130, 170, 180, 210, 250, 350

Für die gegebenen Einzelwerte werden die Quartile bestimmt, indem der jeweils höchste Einzelwert ermittelt wird, für den $F_i \leq 0{,}25$ bzw. $F_i \leq 0{,}75$ gilt. Somit sind das untere und obere Quartil $Q_1 = 50$ und $Q_3 = 210$. Das mittlere Quartil, d. h. der Median, ist

$$Q_2 = \text{Me} = \frac{1}{2}\left(a_{\left[\frac{N}{2}\right]} + a_{\left[\frac{N}{2}+1\right]}\right) = \frac{1}{2}(130+170) = 150$$

Box-Plot:

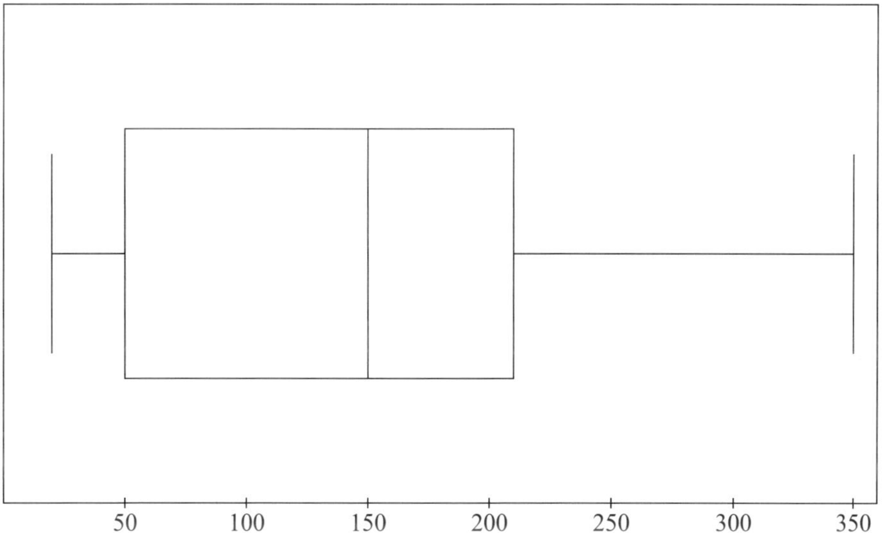

(d) Berechnungen:

$$\mu_{\text{Tsd}} = \frac{1}{10}(20+130+\cdots+50) = 155$$

$$\sigma^2_{\text{Tsd}} = \frac{1}{10}\sum_{i=1}^{10}(a_i - \mu)^2 = 8925$$

$$\sigma_{\text{Tsd}} = \sqrt{\sigma^2} \approx 94{,}472$$

Da die Umrechnung von Euro in Tsd. Euro einer Skalierung mit dem Faktor 1000 entspricht, können die Varianz und Standardabweichung der Kredithöhen in Euro nun direkt ermittelt werden:

$$\sigma^2 = (1000)^2 \cdot \sigma^2_{\text{Tsd}} = 8925000000$$
$$\sigma = 1000 \cdot \sigma_{\text{Tsd}} \approx 94472$$

Lösung zu Aufgabe 4.5

(a) Berechnungen für Grundgesamtheit I:
Varianz:

$$\mu_{\text{I}} = \frac{1}{N_1}\sum_{i=1}^{N_1} a_i = \frac{32}{4} = 8$$
$$\sigma^2_{\text{I}} = \frac{1}{N_1}\sum_{i=1}^{N_1} (a_i - \mu_{\text{I}})^2 = \frac{144}{4} = 36$$

Standardabweichung: $\sigma_{\text{I}} = \sqrt{36} = 6$

Der Variationskoeffizient ist daher $VC_{\text{I}} = \frac{\sigma_{\text{I}}}{\mu_{\text{I}}} \cdot 100\% = 75\%$.

Die mittlere absolute Abweichung beträgt

$$\text{MAD}_{\text{I}} = \frac{1}{N_1}\sum_{i=1}^{N_1} |a_i - \mu_{\text{I}}| = \frac{20}{4} = 5,$$

während die Spannweite $R_{\text{I}} = a_{[N_1]} - a_{[1]} = 18 - 2 = 16$ ist.

Berechnungen für Grundgesamtheit II:
Varianz:

$$\mu_{\text{II}} = \frac{1}{N_2}\sum_{i=1}^{N_2} a_i = \frac{432}{4} = 108$$
$$\sigma^2_{\text{II}} = \frac{1}{N_2}\sum_{i=1}^{N_2} (a_i - \mu_{\text{II}})^2 = \frac{32}{4} = 36$$

Standardabweichung: $\sigma_{\text{II}} = \sqrt{36} = 6$

Der Variationskoeffizient ist daher $VC_{\text{II}} = \frac{\sigma_{\text{II}}}{\mu_{\text{II}}} \cdot 100\% = 5{,}56\%$.

Die mittlere absolute Abweichung beträgt

$$\text{MAD}_{\text{II}} = \frac{1}{N_2}\sum_{i=1}^{N_2} |a_i - \mu_{\text{II}}| = \frac{20}{4} = 5,$$

während die Spannweite $R_{\text{II}} = a_{[N_2]} - a_{[1]} = 118 - 102 = 16$ ist.

Es ist zu erkennen, dass sowohl die Varianz, die Standardabweichung, die mittlere absolute Abweichung als auch die Spannweite in beiden Grundgesamtheiten identisch sind. Dies liegt daran, dass sich die Einzelwerte der Grundgesamtheiten bis auf eine Differenz bzw. Lageverschiebung von 100 gleichen.

(b) Die Standardisierung erfolgt mittels der Umrechnung $z_i = (a_i - \mu) / \sigma$ für alle Einzelwerte einer Grundgesamtheit unter Verwendung des zugehörigen arithmetischen Mittels μ und der Standardabweichung σ. Die standardisierten Grundgesamtheiten lauten folglich:

I	–1,00	–0,33	–0,33	1,67
II	–1,00	–0,33	–0,33	1,67

Da die standardisierten Grundgesamtheiten übereinstimmen, genügt es, die zu prüfenden Eigenschaften für I zu zeigen. Es gilt:

$$\mu_Z = \frac{1}{4}(-1{,}00 - 0{,}33 - 0{,}33 + 1{,}67) = 0$$

$$\sigma_Z^2 = \frac{1}{4}\sum_{i=1}^{N_1}(z_i - \mu_Z)^2 = \frac{1}{4}\left(1 + \frac{1}{9} + \frac{1}{9} + \frac{25}{9}\right) = 1$$

5. Wahrscheinlichkeitsrechnung I

Aufgabe 5.1

Eine Münze wird dreimal geworfen und bei jedem Wurf das Ergebnis (Kopf oder Zahl) notiert. Beschreiben Sie den Ereignisraum dieses Zufallsexperiments.

Aufgabe 5.2

In einer Schachtel liegen 6 USB-Sticks, darunter 2 defekte. Es werden 2 USB-Sticks nacheinander zufällig und ohne Zurücklegen ausgewählt und ihr Zustand überprüft.

(a) Stellen Sie den Ereignisraum dieses Zufallsexperiments grafisch dar.

(b) Wie viele Elementarereignisse enthält der Ereignisraum insgesamt? Wie viele von diesen Elementarereignissen entsprechen dem Ereignis, dass mindestens ein defekter USB-Stick gezogen wird?

Aufgabe 5.3

Zwei ideale Würfel werden geworfen. Wie groß ist die Wahrscheinlichkeit,

(a) eine Augensumme von 7 zu erhalten,

(b) eine Augensumme von höchstens 11 zu erhalten?

Aufgabe 5.4

Jemand bewirbt sich bei zwei Firmen A und B. Die Wahrscheinlichkeit der Annahme seiner Bewerbung schätzt er bei Firma A mit 0,5 und bei Firma B mit 0,6 ein. Weiterhin rechnet er mit einer Wahrscheinlichkeit von 0,3, von beiden Firmen angenommen zu werden. Wie groß ist die Wahrscheinlichkeit, von wenigstens einer der beiden Firmen eine Zusage zu erhalten?

Aufgabe 5.5

Die Eingangstür eines Kaufhauses wird innerhalb von jeweils fünf Minuten mit einer Wahrscheinlichkeit von 0,9 von mindestens 4 Kunden passiert und mit einer Wahrscheinlichkeit von 0,6 von höchstens 6 Kunden. Wie groß ist die Wahrscheinlichkeit, dass innerhalb der nächsten fünf Minuten 4, 5 oder 6 Kunden das Kaufhaus betreten?

Lösungen

Lösung zu Aufgabe 5.1

Das Ergebnis eines einzelnen Münzwurfs ist entweder Kopf (K) oder Zahl (Z). Zur Beschreibung des Ereignisraums bei drei aufeinander folgenden Münzwürfen können diese einzelnen Ergebnisse entsprechend kombiniert werden:

$$S = \{\text{KKK}, \text{KKZ}, \text{KZK}, \text{KZZ}, \text{ZKK}, \text{ZKZ}, \text{ZZK}, \text{ZZZ}\}$$

Bei diesem Ereignisraum wird die genaue Reihenfolge der einzelnen Münzwürfe berücksichtigt. Würde stattdessen etwa gezählt, wie häufig Kopf innerhalb der 3 Würfe auftritt, wäre die Reihenfolge vernachlässigt und der Ereignisraum $S = \{0, 1, 2, 3\}$.

Lösung zu Aufgabe 5.2

(a) Darstellung des Ereignisraums:

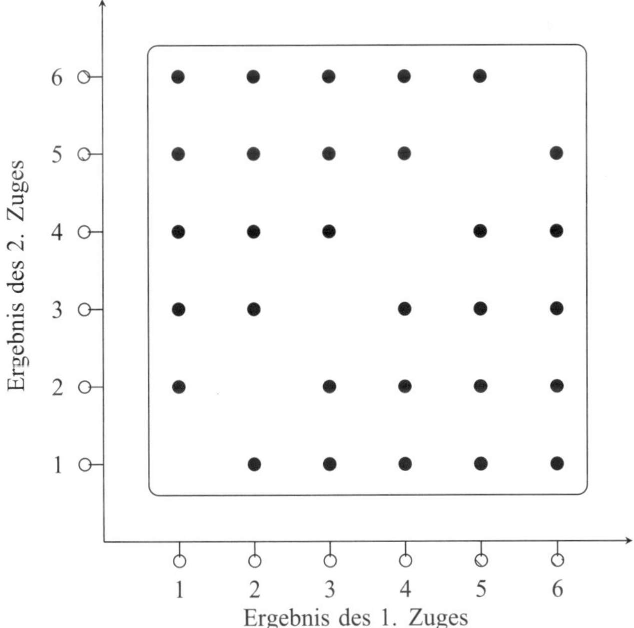

Jeder Punkt entspricht dem Ausgang einer zweifachen Ziehung ohne Zurücklegen, wobei die Koordinaten eines Punktes den Nummern der gezogenen USB-Sticks entsprechen. Somit repräsentiert zum Beispiel der oberste linke Punkt mit den Koordinaten (1, 6) das Ereignis, dass im ersten Zug USB-Stick Nr. 1 und im zweiten Zug USB-Stick Nr. 6 gezogen wurde.

Da die USB-Sticks ohne Zurücklegen gezogen werden, kann derselbe USB-Stick nicht zweimal nacheinander gezogen werden, weshalb es keine Punkte auf der Diagonalen gibt. In der Darstellung wurde speziell angenommen, dass die USB-Sticks 5 und 6 die beiden fehlerhaften sind.

(b) Durch einfaches Zählen aller dargestellten Punkte ergeben sich insgesamt 30 Elementarereignisse. Das Ereignis, dass mindestens ein defekter USB-Stick in der zweifachen Ziehung enthalten ist, entspricht grafisch allen Punkten, deren erste oder zweite Koordinate 5 oder 6 beträgt. Dies trifft auf genau 18 Punkte zu.

Lösung zu Aufgabe 5.3

(a) Ereignis A: *Die Augensumme beträgt 7.*
Betrachtet werden alle Einzelereignisse, die zu einer Augensumme von 7 führen:

$$A = \{(1,6)\} \cup \{(2,5)\} \cup \{(3,4)\} \cup \{(4,3)\} \cup \{(5,2)\} \cup \{(6,1)\}$$

Da jedes Einzelereignis mit einer Wahrscheinlichkeit von $\frac{1}{6} \cdot \frac{1}{6} = \frac{1}{36}$ eintritt, gilt:

$$\begin{aligned} \mathrm{W(A)} &= \mathrm{W}(\{(1,6)\}) + \mathrm{W}(\{(2,5)\}) + \mathrm{W}(\{(3,4)\}) + \mathrm{W}(\{(4,3)\}) + \mathrm{W}(\{(5,2)\}) + \mathrm{W}(\{(6,1)\}) \\ &= 6 \cdot \frac{1}{36} = \frac{1}{6} \end{aligned}$$

(b) Ereignis B: *Die Augensumme beträgt höchstens 11.*
Die maximale Augensumme beträgt 12. Somit ist die Wahrscheinlichkeit von Ereignis B gleich der Gegenwahrscheinlichkeit von Ereignis $\overline{B}$: *Die Augensumme beträgt 12.*

$$\mathrm{W}(B) = 1 - \mathrm{W}(\overline{B}) = 1 - \mathrm{W}\big(\{(6,6)\}\big) = 1 - \frac{1}{36} = \frac{35}{36}$$

Diese Wahrscheinlichkeit kann auch direkt ermittelt werden, indem die Wahrscheinlichkeiten aller Einzelereignisse, bei denen die Augensumme höchstens 11 beträgt, aufsummiert werden. Allerdings ist dieser Weg wesentlich aufwändiger.

Lösung zu Aufgabe 5.4

Die beschriebene Situation wird zunächst mittels mathematischer Symbole der Mengenlehre dargestellt.

Notation	Ereignis	Wahrscheinlichkeit
A	Firma A nimmt die Bewerbung an	$\mathrm{W}(A) = 0{,}5$
B	Firma B nimmt die Bewerbung an	$\mathrm{W}(B) = 0{,}6$
$A \cap B$	beide Firmen nehmen die Bewerbung an	$\mathrm{W}(A \cap B) = 0{,}3$
C	mindestens eine Firma nimmt die Bewerbung an	$\mathrm{W}(C)$

Es ist $C = A \cup B$ und unter Anwendung des Additionssatzes gilt

$$\mathrm{W}(C) = \mathrm{W}(A \cup B) = \mathrm{W}(A) + \mathrm{W}(B) - \mathrm{W}(A \cap B) = 0{,}5 + 0{,}6 - 0{,}3 = 0{,}8.$$

Die gesuchte Wahrscheinlichkeit, von mindestens einer der beiden Firmen eine Zusage zu erhalten, beträgt demnach 0,8 bzw. 80 %.

Alternativ kann die Lösung über eine Vierfeldertafel gefunden werden:

		Bewerbung A Erfolg	Bewerbung A Misserfolg
Bewerbung B	Erfolg	0,3	0,3
	Misserfolg	0,2	0,2

Die gesuchte Wahrscheinlichkeit wird auf diesem Weg ermittelt als 0,3 + 0,3 + 0,2 = 0,8.

Lösung zu Aufgabe 5.5

Notation	Ereignis	Wahrscheinlichkeit
Ereignis A:	mindestens 4 Kunden	$W(A) = 0{,}9$
Ereignis B:	höchstens 6 Kunden	$W(B) = 0{,}6$
Ereignis C:	4, 5 oder 6 Kunden	$W(C)$

Gesucht ist $W(C)$. Da in jedem Fall A oder B eintritt, ergibt deren Vereinigung den gesamten Ereignisraum, d. h. $A \cup B = S$. Somit ist $W(A \cup B) = W(S) = 1$. Weiterhin ist $C = A \cap B$. Aus dem Additionssatz folgt

$$W(C) = W(A \cap B) = W(A) + W(B) - W(A \cup B) = 0{,}9 + 0{,}6 - 1 = 0{,}5.$$

Die gesuchte Wahrscheinlichkeit beträgt somit 0,5 bzw. 50 %.

Alternativ kann die gesuchte Wahrscheinlichkeit mit der folgenden Argumentation gefunden werden. Das Gegenereignis von A – d. h., dass 1, 2 oder 3 Kunden das Kaufhaus betreten – ist eine Teilmenge von B und besitzt die Wahrscheinlichkeit

$$W(\overline{A}) = 1 - W(A) = 1 - 0{,}9 = 0{,}1.$$

Ereignis C tritt genau dann ein, wenn Ereignis B eintritt, aber nicht $\overline{A}$, da in diesem Fall genau 4, 5 oder 6 Kunden das Kaufhaus betreten. Somit folgt

$$W(C) = W(B \setminus \overline{A}) = W(B) - W(\overline{A}) = 0{,}6 - 0{,}1 = 0{,}5.$$

6. Wahrscheinlichkeitsrechnung II

Aufgabe 6.1

Zwei Studentinnen versuchen unabhängig voneinander, die gleiche Statistik-Aufgabe zu lösen, wobei jede mit einer Lösungswahrscheinlichkeit von 0,6 arbeitet. Wie groß ist die Wahrscheinlichkeit, dass mindestens eine der Studentinnen das richtige Ergebnis findet?

Aufgabe 6.2

Am Anfang seines Studiums glaubt ein Student, dass er dieses mit einer Wahrscheinlichkeit von 0,7 erfolgreich beenden wird. Mit erfolgreich abgeschlossenem Studium beträgt die Wahrscheinlichkeit, einen gewünschten Job zu erhalten, 0,8; ohne Studienabschluss dagegen 0,1. Wie groß ist die Wahrscheinlichkeit, dass der Student den Job erhalten wird? Zeichnen Sie das der Aufgabenstellung entsprechende Baumdiagramm.

Aufgabe 6.3

Ein Vertreter kauft jedes Jahr einen Pkw des Typs A oder des Typs B. Die Wahrscheinlichkeit, dass er im nächsten Jahr denjenigen Typ wählt, den er zur Zeit fährt, beträgt 0,7. Angenommen, er fährt zur Zeit den Typ A. Wie groß ist die Wahrscheinlichkeit, dass er im übernächsten Jahr wieder den Typ A erwirbt? Entwerfen Sie das zugehörige Baumdiagramm. Wie lautet die allgemeine Lösung, wenn die Wahrscheinlichkeit nicht 0,7, sondern allgemein w beträgt?

Aufgabe 6.4

Auf zwei verschiedenen Fließbändern wird der gleiche Typ Monitor gefertigt, wobei das erste Fließband 20 % und das zweite 80 % der Gesamtproduktion liefert. Bei Fließband 1 beträgt der Ausschussanteil 10 %, bei Fließband 2 genau 5 %. Aus der Gesamtproduktion wird ein Monitor zufällig ausgewählt. Wie groß ist die Wahrscheinlichkeit dafür, dass dieser Monitor auf Fließband 1 bzw. 2 gefertigt wurde, wenn festgestellt wird,

(a) dass er von einwandfreier Qualität ist,

(b) dass er defekt ist?

Aufgabe 6.5

In einem Turnier spielen die letzten verbleibenden 4 Teams im K.o.-System um den 1. Platz. In jeder Spielrunde treten jeweils 2 der Teams aufeinander und das jeweilige Verlierer-Team scheidet aus dem Wettkampf aus, während das Sieger-Team in die nächste Spielrunde gelangt. Die folgende Tabelle zeigt die Wahrscheinlichkeiten für alle möglichen Paarungen. (Zum Beispiel ist die Wahrscheinlichkeit, dass Team B gegen C gewinnt, sofern sie gegeneinander antreten, genau 0,8 = 80 %.)

Wahrscheinlichkeit X gewinnt gegen Y		Y: A	B	C	D
X	A	–	0,50	0,70	0,70
	B	0,50	–	0,80	0,20
	C	0,30	0,20	–	0,30
	D	0,30	0,80	0,70	–

In der ersten Spielrunde tritt Team A gegen Team B an und Team C gegen Team D.

(a) Stellen Sie mit einem Baumdiagramm alle möglichen Turnierverläufe dar.

(b) Mit welcher Wahrscheinlichkeit wird Team A das Turnier gewinnen?

(c) Beweisen Sie, dass der Turniersieg von Team A stochastisch unabhängig vom Ausgang des Matches von C gegen D ist.

(d) Berechnen Sie die bedingte Wahrscheinlichkeit dafür, dass Team C das Turnier gewinnt unter der Bedingung, dass es in die zweite Spielrunde gelangt. Berechnen Sie anschließend die unbedingte Wahrscheinlichkeit, dass Team C das Turnier gewinnt.

Lösungen

Lösung zu Aufgabe 6.1

Es wird die folgende Notation festgelegt:

Ereignis A:	Studentin 1 findet die Lösung
Ereignis B:	Studentin 2 findet die Lösung
Ereignis C:	mindestens eine der Studentinnen findet die Lösung

Gesucht ist W(C). Ereignis C tritt genau dann ein, wenn A oder B eintritt. Es gilt daher $C = A \cup B$. Da die Ereignisse A und B voneinander unabhängig sind, gilt $W(A \cap B) = W(A) \cdot W(B) = 0{,}6 \cdot 0{,}6 = 0{,}36$ für die Wahrscheinlichkeit, dass beide Studentinnen das richtige Ergebnis ermitteln. Schließlich folgt nach dem Additionssatz:

$$W(C) = W(A \cup B) = W(A) + W(B) - W(A \cap B) = 0{,}6 + 0{,}6 - 0{,}36 = 0{,}84$$

Die Wahrscheinlichkeit, dass mindestens eine der Studentinnen das richtige Ergebnis findet, beträgt 84 %.

Lösung zu Aufgabe 6.2

Betrachtet werden die Ereignisse E: *erfolgreicher Abschluss des Studiums* und A: *Der gewünschte Job wird erreicht.* Alle möglichen Pfade des Zufallsexperiments sind im folgenden Baumdiagramm dargestellt.

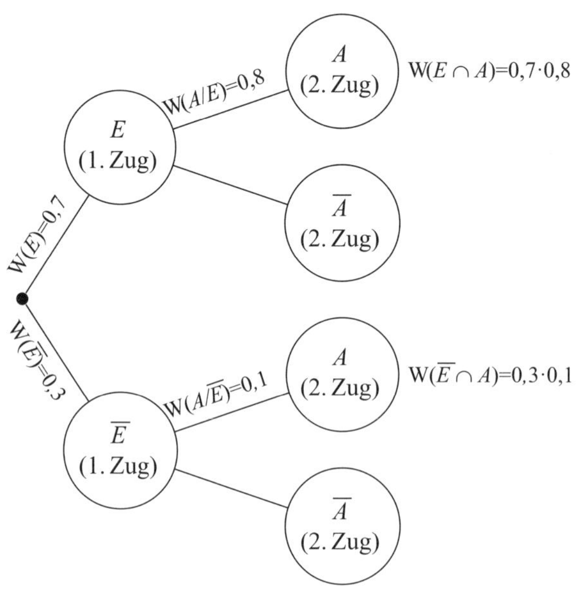

Es gilt allgemein $A = (E \cap A) \cup (\overline{E} \cap A)$. Da die Ereignisse $(E \cap A)$ und $(\overline{E} \cap A)$ disjunkt sind, folgt

$$W(A) = W(E \cap A) + W(\overline{E} \cap A),$$

wobei gilt:

$$W(E \cap A) = W(E) \cdot W(A / E) = 0,7 \cdot 0,8 = 0,56$$
$$W(\overline{E} \cap A) = W(\overline{E}) \cdot W(A / \overline{E}) = 0,3 \cdot 0,1 = 0,03$$

Damit ergibt sich

$$W(A) = 0,56 + 0,03 = 0,59.$$

Die Wahrscheinlichkeit, dass der Student den gewünschten Job erhält, beträgt 59 %.

Lösung zu Aufgabe 6.3

Für die folgenden Jahre $i = 1$ und $i = 2$ werden die folgenden Ereignisse definiert:

Ereignis A_i: Vertreter fährt im Jahr i den Typ A.
Ereignis B_i: Vertreter fährt im Jahr i den Typ B.

Gesucht ist $W(A_2)$. Da B_1 das Gegenereignis von A_1 ist, gilt $W(A_2) = W(A_1 \cap A_2) + W(B_1 \cap A_2)$, wobei

$$W(A_1 \cap A_2) = W(A_1) \cdot W(A_2 / A_1) = 0,7 \cdot 0,7 = 0,49$$

und

$$\mathrm{W}(B_1 \cap A_2) = \mathrm{W}(B_1) \cdot \mathrm{W}(A_2 / B_1) = 0,3 \cdot 0,3 = 0,09.$$

Damit ergibt sich $\mathrm{W}(A_2) = 0,49 + 0,09 = 0,58$.

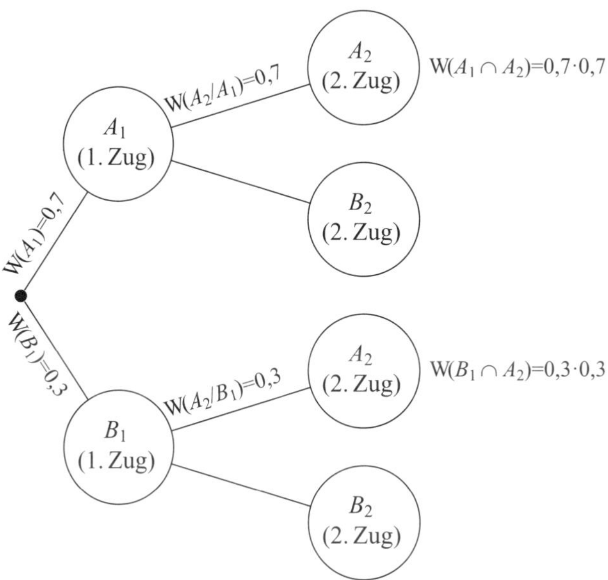

Der Vertreter erwirbt im übernächsten Jahr Typ A genau dann, wenn er entweder zweimal in Folge denselben Typ beibehält (d. h. im Folgejahr Typ A erwirbt und auch im Jahr darauf) oder wenn er zweimal in Folge den Typ wechselt (im Folgejahr Wechsel zu Typ B und daraufhin Wechsel zu Typ A). Es bezeichne w die Wahrscheinlichkeit des Typ-Wechsels, dann ist die allgemeine Lösung daher gegeben durch

$$\mathrm{W}(A_2) = (1-w)^2 + w^2 = 2w^2 - 2w + 1 = 2w(w-1) + 1,$$

denn die Wahrscheinlichkeit des zweimaligen Wechsels ist gerade $w \cdot w = w^2$ und die Wahrscheinlichkeit, dass der Typ zweimal in Folge nicht gewechselt wird, beträgt $(1 - w) \cdot (1 - w) = (1 - w)^2$.

Lösung zu Aufgabe 6.4

Zunächst werden die relevanten Ereignisse wie folgt definiert.

Ereignis B_1: Der Monitor wurde auf Fließband 1 gefertigt.
Ereignis B_2: Der Monitor wurde auf Fließband 2 gefertigt.
Ereignis G: Der Monitor ist von einwandfreier Qualität.

Laut Aufgabentext betragen die Ausschussanteile der Fließbänder 10 % bzw. 5 %. Im Kontext der Wahrscheinlichkeitsrechnung bedeutet dies formal

$$\mathrm{W}(\overline{G}\,/\,B_1) = 0{,}10 \quad \text{und} \quad \mathrm{W}(\overline{G}\,/\,B_2) = 0{,}05$$

bzw. $\mathrm{W}(G\,/\,B_1) = 0{,}90$ und $\mathrm{W}(G\,/\,B_2) = 0{,}95$.

(a) Gesucht ist $\mathrm{W}(B_1\,/\,G)$ bzw. die Gegenwahrscheinlichkeit $\mathrm{W}(B_2\,/\,G)$. Nach dem Theorem von Bayes gilt:

$$\mathrm{W}(B_1\,/\,G) = \frac{\mathrm{W}(B_1)\cdot\mathrm{W}(G\,/\,B_1)}{\mathrm{W}(B_1)\cdot\mathrm{W}(G\,/\,B_1)+\mathrm{W}(B_2)\cdot\mathrm{W}(G\,/\,B_2)} = \frac{0{,}2\cdot 0{,}9}{0{,}2\cdot 0{,}9+0{,}8\cdot 0{,}95} \approx 0{,}19$$

$$\mathrm{W}(B_2\,/\,G) = 1-\mathrm{W}(B_1\,/\,G) = 1-0{,}19 \approx 0{,}81$$

Die Wahrscheinlichkeit, dass ein funktionstüchtiger Monitor an Fließband 1 gefertigt wurde, beträgt somit etwa 0,19. Mit einer Wahrscheinlichkeit von ca. 0,81 stammt er von Fließband 2.

(b) Gesucht ist $\mathrm{W}(B_1\,/\,\overline{G})$ bzw. die Gegenwahrscheinlichkeit $\mathrm{W}(B_2\,/\,\overline{G})$. Erneut nach dem Theorem von Bayes erhalten wir:

$$\mathrm{W}(B_1\,/\,\overline{G}) = \frac{\mathrm{W}(B_1)\cdot\mathrm{W}(\overline{G}\,/\,B_1)}{\mathrm{W}(B_1)\cdot\mathrm{W}(\overline{G}\,/\,B_1)+\mathrm{W}(B_2)\cdot\mathrm{W}(\overline{G}\,/\,B_2)} = \frac{0{,}2\cdot 0{,}1}{0{,}2\cdot 0{,}1+0{,}8\cdot 0{,}05} \approx 0{,}33$$

$$\mathrm{W}(B_2\,/\,\overline{G}) = 1-\mathrm{W}(B_1\,/\,\overline{G}) = 1-0{,}33 \approx 0{,}67$$

Unter der Voraussetzung, dass der zufällig ausgewählte Monitor defekt ist, wurde er mit Wahrscheinlichkeit 0,33 auf dem ersten Fließband und mit der Gegenwahrscheinlichkeit 0,67 auf dem zweiten Fließband gefertigt.

Lösung zu Aufgabe 6.5

(a) Baumdiagramm der möglichen Turnierverläufe:

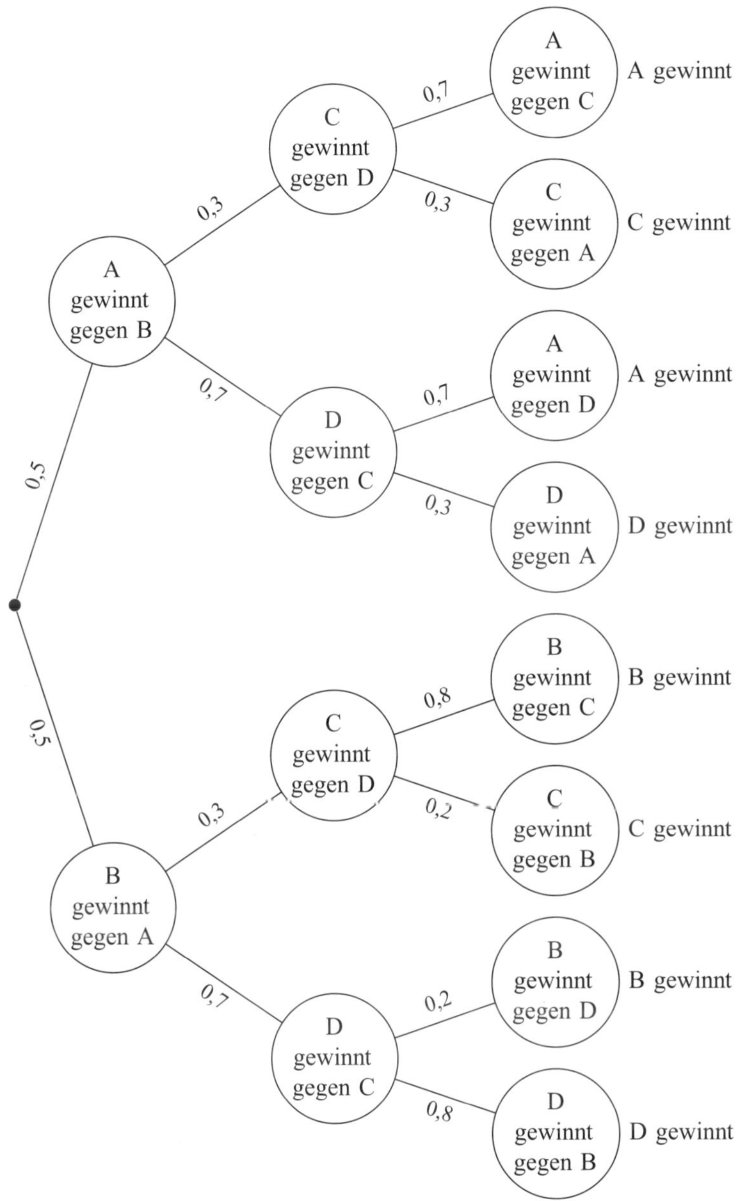

(b) Die Wahrscheinlichkeit kann anhand des Baumdiagramms bestimmt werden. Damit A das Turnier gewinnt, ist zunächst der Sieg gegen B erforderlich. Anschließend tritt A gegen den Sieger des Matches *C gegen D* an. Dementsprechend ist ein Sieg gegen C oder D erforderlich. Im Folgenden wird allgemein der Sieger eines beliebigen Matches *X gegen Y* mit M_{XY} notiert; z. B. bedeutet die Schreibweise $M_{AC} = C$, dass Team C als Sieger aus dem potenziellen Match *A gegen C* hervorgeht. Das Ereignis A sei darüber hinaus definiert als der Turniersieg von Team A. Es ergibt sich entsprechend den Pfaden des Baumdiagramms:

$$\begin{aligned} W(A) &= W(M_{AB} = A) \cdot W(M_{CD} = C) \cdot W(M_{AC} = A) \\ &\quad + W(M_{AB} = A) \cdot W(M_{CD} = D) \cdot W(M_{AD} = A) \\ &= 0{,}5 \cdot 0{,}3 \cdot 0{,}7 + 0{,}5 \cdot 0{,}7 \cdot 0{,}7 \\ &= 0{,}35 \end{aligned}$$

Die Wahrscheinlichkeit, dass Team A das Turnier gewinnt, beträgt somit 0,35 = 35 %.

(c) Es gilt:

$$\begin{aligned} W(A / M_{CD} = C) &= W(M_{AB} = A) \cdot W(M_{AC} = A) = 0{,}5 \cdot 0{,}7 = 0{,}35 \\ W(A / M_{CD} = D) &= W(M_{AB} = A) \cdot W(M_{AD} = A) = 0{,}5 \cdot 0{,}7 = 0{,}35 \end{aligned}$$

Da $W(A) = 0{,}35$, ist somit gezeigt, dass

$$W(A / M_{CD} = C) = W(A) \quad \text{und} \quad W(A / M_{CD} = D) = W(A)$$

Somit ist der Turniersieg von A unabhängig vom Ausgang M_{CD} des Matches von C gegen D.

(d) Sei C das Ereignis, dass Team C das Turnier gewinnt. Das Ereignis, dass Team C die zweite Runde erreicht, ist gleichbedeutend damit, dass C siegreich aus dem Match gegen D hervorgeht. Somit gilt für die gesuchte bedingte Wahrscheinlichkeit:

$$\begin{aligned} W(C / M_{CD} = C) &= W(M_{CA} = C) \cdot W(M_{AB} = A) + W(M_{CB} = C) \cdot W(M_{AB} = B) \\ &= 0{,}3 \cdot 0{,}5 + 0{,}2 \cdot 0{,}5 \\ &= 0{,}25 \end{aligned}$$

Die gesuchte bedingte Wahrscheinlichkeit beträgt 0,25 = 25 %.
Für den Zusammenhang der bedingten und unbedingten Wahrscheinlichkeit des Turniersiegs von Team C gilt allgemein:

$$W(C) = W(C \cap M_{CD} = C) + W(C \cap M_{CD} = D)$$

Da $W(C \cap M_{CD} = D) = 0$ und darüber hinaus

$$W(C \cap M_{CD} = C) = W(C / M_{CD} = C) \cdot W(M_{CD} = C),$$

folgt

$$W(C) = 0{,}25 \cdot 0{,}3 = 0{,}075$$

Die unbedingte Wahrscheinlichkeit, dass C das Turnier gewinnt, beträgt somit 0,075 = 7,5 %.

7. Zufallsvariablen I (Eindimensionale Zufallsvariablen)

Aufgabe 7.1

Die Anzahl der in einer Reparaturwerkstatt pro Stunde abgefertigten Pkw besitzt die folgende Wahrscheinlichkeitsverteilung.

Anzahl der Pkw x_i	Wahrscheinlichkeit $W(X = x_i) = f(x_i)$
0	0,5
1	0,3
2	0,2

(a) Zeichnen Sie die gegebene Wahrscheinlichkeitsfunktion und weisen Sie die charakteristischen Eigenschaften einer Wahrscheinlichkeitsfunktion nach.

(b) Bestimmen Sie den Erwartungswert und die Varianz der pro Stunde reparierten Pkw.

Aufgabe 7.2

In einer Lieferung von 8 Strommessgeräten befinden sich 2 defekte. Es werden $n = 3$ Stück nacheinander ohne Zurücklegen der Lieferung entnommen. Mit X werde die Anzahl der fehlerhaften Geräte in dieser Ziehung bezeichnet.

(a) Ermitteln Sie die Wahrscheinlichkeitsfunktion und die Verteilungsfunktion von X und stellen Sie diese grafisch dar.

(b) Berechnen Sie den Erwartungswert $E(X)$ und die Varianz $Var(X)$.

Aufgabe 7.3

Für einen Supermarkt wird das Merkmal *Kundenzufriedenheit* mit den Ausprägungen {1, 2, 3, 4} definiert, wobei eine Kardinalskala angenommen wird. Im Vorfeld einer Studie werden zwei unterschiedliche Wahrscheinlichkeitsfunktionen für dieses Merkmal in Betracht gezogen:

$$f_1(x) = \begin{cases} 0,25 & \text{für } x \in \{1,2,3,4\} \\ 0 & \text{für alle anderen } x \end{cases} \qquad f_2(x) = \begin{cases} a \cdot x & \text{für } x \in \{1,2,3,4\} \\ 0 & \text{für alle anderen } x \end{cases}$$

(a) Bestimmen Sie den Wert von a, sodass f_2 eine Wahrscheinlichkeitsfunktion ist.

(b) Berechnen Sie für beide Wahrscheinlichkeitsfunktionen $E(X)$, $Var(X)$ und $W(3 \leq X \leq 4)$.

(c) Für die Kunden werden die folgenden durchschnittlichen Einkaufsbeträge in Abhängigkeit von der Kundenzufriedenheit angenommen.

x	durchschnittlicher Einkaufsbetrag (in Euro)
1	0
2	4
3	20
4	40

Berechnen Sie unter Annahme von f_1 den durchschnittlichen Einkaufsbetrag eines zufällig ausgewählten Kunden.

Aufgabe 7.4

Es sei die folgende Wahrscheinlichkeitsdichte $f(x)$ einer Zufallsvariablen X gegeben.

$$f(x) = \begin{cases} 2x & \text{für } 0 \leq x \leq 1 \\ 0 & \text{für alle anderen } x \end{cases}$$

(a) Zeigen Sie, dass $f(x)$ tatsächlich eine Dichtefunktion ist.

(b) Bestimmen Sie die Verteilungsfunktion.

(c) Stellen Sie die Dichtefunktion und die Verteilungsfunktion grafisch dar.

(d) Bestimmen Sie die folgenden Wahrscheinlichkeiten:
   (i) $W(0{,}2 \leq X \leq 0{,}6)$
   (ii) $W(X > 0{,}7)$

Aufgabe 7.5

Gegeben ist die folgende Dichtefunktion $f(x)$ einer Zufallsvariablen X:

$$f(x) = \begin{cases} -0{,}006x^2 + 0{,}06x & \text{für } 0 \leq x \leq 10 \\ 0 & \text{für alle anderen } x \end{cases}$$

Berechnen Sie den Erwartungswert und die Varianz von X.

Aufgabe 7.6

In einem kleinen Unternehmen wird der Gewinn X je Auftrag (in Tsd. Euro) mittels der folgenden Dichtefunktion stochastisch modelliert:

$$f(x) = \begin{cases} 0{,}10 - 0{,}005x & \text{für } 0 \leq x \leq 20 \\ 0 & \text{für alle anderen } x \end{cases}$$

(a) Stellen Sie f grafisch dar und weisen Sie nach, dass f tatsächlich eine Dichtefunktion ist. Wie hoch ist der maximal mögliche Gewinn je Auftrag?

(b) Bestimmen Sie die Verteilungsfunktion und berechnen Sie die Wahrscheinlichkeit dafür, dass der Gewinn eines Auftrags zwischen 5000 und 10000 Euro liegt.

(c) Erläutern Sie den Begriff der Standardisierung und bestimmen Sie diese für X. Zeichnen Sie die Dichtefunktion der standardisierten Zufallsvariable.

Aufgabe 7.7

In einem Kino werden die Besucher auf Gruppenbasis betrachtet, wobei jede Gruppe aus einer gewissen Anzahl X von Personen besteht. Jedes Kinoticket kostet 8 Euro, weshalb der Ticketumsatz Y je Gruppe $y = g(x) = 8x$ beträgt. Die Wahrscheinlichkeitsfunktion von X ist in der folgenden Tabelle dargestellt.

x	$f(x)$
1	0,10
2	0,40
3	0,25
4	0,20
5	0,05

(a) Bestimmen Sie den Erwartungswert von X und den Erwartungswert von Y. Die Varianz von X betrage 1. Bestimmen Sie die Varianz von Y.

(b) Zusätzlich zu den Ticketpreisen können die Umsätze für Getränke und Popcorn berücksichtigt werden. Aus Erfahrung ist bekannt, dass diese in Abhängigkeit von der Gruppengröße zusätzlich zum Ticketumsatz genau $1{,}5x^2$ Euro betragen. Stellen Sie die Wahrscheinlichkeitsfunktion des Gesamtumsatzes Y_G je Gruppe grafisch dar und bestimmen Sie dessen Erwartungswert.

Lösungen

Lösung zu Aufgabe 7.1

(a) Die Wahrscheinlichkeitsfunktion kann grafisch auf folgende Weise dargestellt werden:

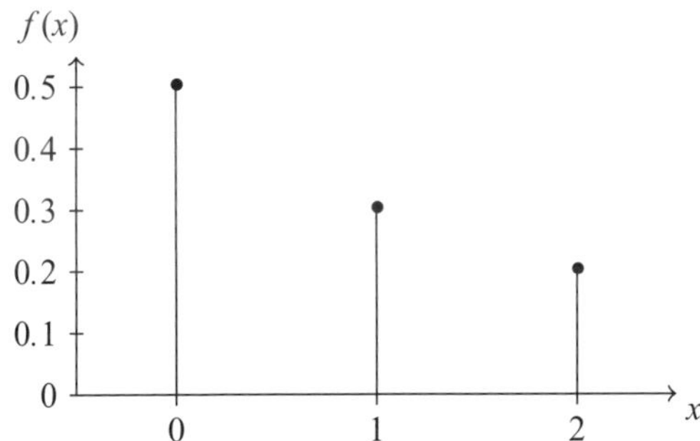

Die Wahrscheinlichkeitsfunktion erfüllt die Eigenschaft der Nichtnegativität, d.h. $f(x) \geq 0$ für alle x, sowie

$$\sum_i f(x_i) = f(0) + f(1) + f(2) = 0{,}5 + 0{,}3 + 0{,}2 = 1,$$

weshalb es sich tatsächlich um eine gültige Wahrscheinlichkeitsfunktion handelt.

(b) Der Erwartungswert und die Varianz werden wie folgt bestimmt:

$$\mathrm{E}(X) = \sum_i x_i f(x_i) = 0 \cdot 0{,}5 + 1 \cdot 0{,}3 + 2 \cdot 0{,}2 = 0{,}7$$

$$\mathrm{Var}(X) = \sum_i x_i^2 f(x_i) - [\mathrm{E}(X)]^2 = 0 \cdot 0{,}5 + 1 \cdot 0{,}3 + 4 \cdot 0{,}2 - (0{,}7)^2 = 1{,}1 - (0{,}7)^2 = 0{,}61$$

Lösung zu Aufgabe 7.2

(a) Die Zufallsvariable X besitzt die Ausprägungen 0,1 und 2. Die zugehörigen Wahrscheinlichkeiten können mit den Grundregeln der Kombinatorik bzw. anhand eines Baumdiagramms ermittelt werden. So tritt etwa die Ausprägung 0 auf, wenn in allen drei Zügen kein defektes Gerät gezogen wird. Die Wahrscheinlichkeit, im ersten Zug ein funktionstüchtiges Gerät zu ziehen, beträgt 6/8. Danach befinden sich noch 7 Geräte in der Lieferung, von denen 2 defekt sind. Dementsprechend ist die Wahrscheinlichkeit, im zweiten Zug ein funktionstüchtiges Gerät zu ziehen, gerade 5/7. Im dritten Zug beträgt die Wahrscheinlichkeit 4/6, da von den verbleibenden 6 Geräten 4 funktionstüchtig sind. Insgesamt ergibt sich somit

$$f(0) = \mathrm{W}(X = 0) = \frac{6}{8} \cdot \frac{5}{7} \cdot \frac{4}{6} = \frac{120}{336} = \frac{20}{56}.$$

Auf ähnlichem Weg können die Wahrscheinlichkeiten für die Ausprägungen $x = 1$ und $x = 2$ bestimmt werden.

Tabelle der Wahrscheinlichkeiten:

x	$\mathrm{W}(X = x) = f(x)$	$\mathrm{W}(X \leq x) = F(x)$
0	20/56 = 0,3571	0,3571
1	30/56 = 0,5358	0,8929
2	6/56 = 0,1071	1,0000

grafische Darstellung:

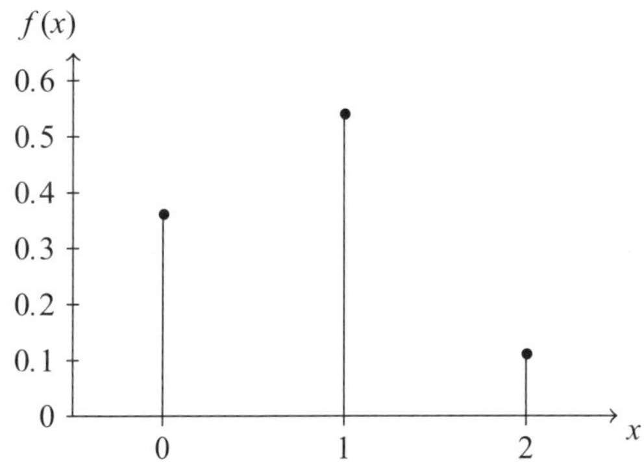

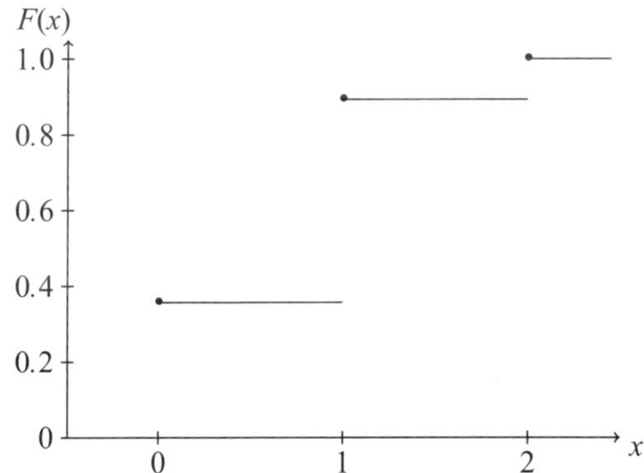

(b) Berechnung:

$$\mathrm{E}(X) = \sum_i x_i f(x_i) = 0{,}75$$

$$\mathrm{Var}(X) = \sum_i x_i^2 f(x_i) - [\mathrm{E}(X)]^2 = 27/28 - 0{,}75^2 = 0{,}4018$$

Lösung zu Aufgabe 7.3

(a) Damit f_2 eine Wahrscheinlichkeitsfunktion ist, muss $\sum_i f_2(x_i) = 1$ gelten. Für allgemeines a ist

$$\sum_i f_2(x_i) = \sum_{i=1}^{4} a \cdot x_i = a + 2a + 3a + 4a = 10a.$$

Somit folgt aus $10a = 1$, dass $a = 0{,}1$. Zweitens muss $f_2(x) \geq 0$ für alle x gelten, was bei $a = 0{,}1$ erfüllt ist.

(b) Berechnung der Erwartungswerte $E(X) = \sum_i x_i f(x_i)$:

$$\sum_i x_i f_1(x_i) = \sum_{i=1}^{4} x_i \cdot 0{,}25 = 0{,}25 + 0{,}5 + 0{,}75 + 1{,}0 = 2{,}5$$

$$\sum_i x_i f_2(x_i) = \sum_{i=1}^{4} x_i \cdot 0{,}1 \cdot x_i = 0{,}1 + 0{,}4 + 0{,}9 + 1{,}6 = 3{,}0$$

Berechnung der Varianzen $\operatorname{Var}(X) = \sum_i [x_i - E(X)]^2 f(x_i)$:

$$\sum_i [x_i - E(X)]^2 f_1(x_i) = \sum_{i=1}^{4} [x_i - 2{,}5]^2 \cdot 0{,}25 = 0{,}25 \cdot (2{,}25 + 0{,}25 + 0{,}25 + 2{,}25) = 1{,}25$$

$$\sum_i [x_i - E(X)]^2 f_2(x_i) = \sum_{i=1}^{4} [x_i - 3]^2 \cdot 0{,}1 \cdot x_i = 0{,}1 \cdot (4 + 2 + 0 + 4) = 1{,}00$$

Berechnung von $W(3 \le X \le 4)$:

$$\text{für } f_1: \quad W(3 \le X \le 4) = f_1(3) + f_1(4) = 0{,}25 + 0{,}25 = 0{,}5$$
$$\text{für } f_2: \quad W(3 \le X \le 4) = f_2(3) + f_2(4) = 0{,}3 + 0{,}4 = 0{,}7$$

(c) Sei Y der zufällige durchschnittliche Einkaufsbetrag eines Kunden. Zu berechnen ist der Erwartungswert von Y unter Beachtung von X. Die Wahrscheinlichkeitsverteilung von Y ergibt sich direkt aus der Wahrscheinlichkeitsverteilung von X in dem Sinne, dass jeder Ausprägung von Y genau eine Ausprägung von X gegenübersteht. Es bezeichne g die zugehörige Funktion, sodass $y_i = g(x_i)$; dann gilt

$$W(Y = y_i) = W(Y = g(x_i)) = W(X = x_i).$$

Somit erhält man:

$$E(Y) = \sum_{i=1}^{4} W(Y = y_i) \cdot y_i = 0{,}25 \cdot 0 + 0{,}25 \cdot 4 + 0{,}25 \cdot 20 + 0{,}25 \cdot 40 = 16$$

Der durchschnittliche Einkaufsbetrag eines zufällig ausgewählten Kunden beträgt 16 Euro.

Lösung zu Aufgabe 7.4

(a) Es gilt, dass $f(x) \ge 0$ für alle x und

$$\int_0^1 f(x)\,dx = \int_0^1 2x\,dx = \left[x^2\right]_0^1 = 1.$$

Somit sind alle charakteristischen Eigenschaften einer Dichtefunktion erfüllt.

(b) Die Verteilungsfunktion wird mittels Integration der Dichtefunktion gebildet:

$$F(x) = \int_0^x f(v)\,dv = \begin{cases} 0 & \text{für } x < 0 \\ x^2 & \text{für } 0 \le x \le 1 \\ 1 & \text{für } x > 1 \end{cases}$$

(c) grafische Darstellung:

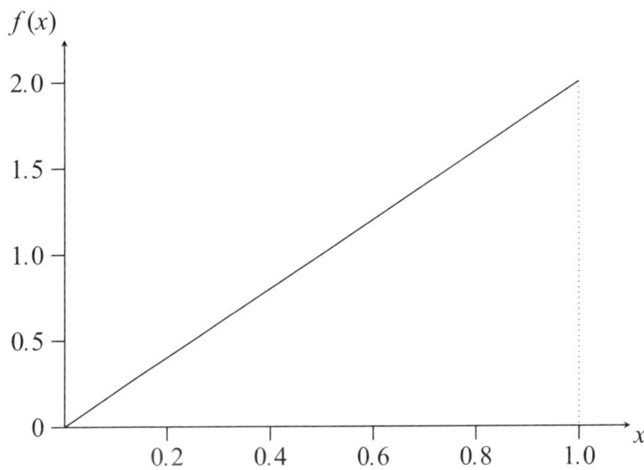

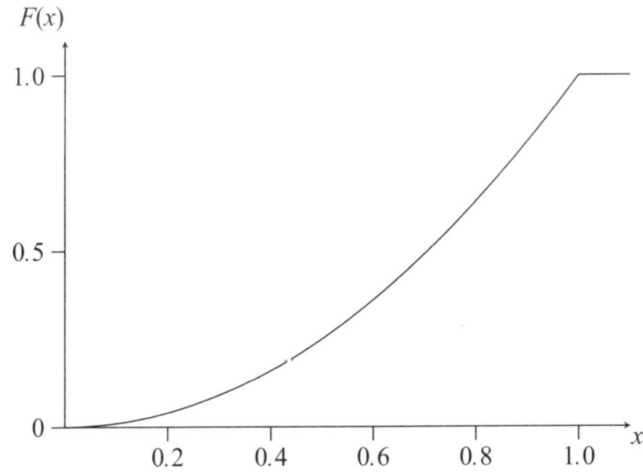

(d) Die Wahrscheinlichkeiten werden berechnet, indem die Fläche unter der Dichtefunktion auf den entsprechenden Intervallen berechnet wird. Äquivalent kann die bereits ermittelte Verteilungsfunktion verwendet werden:

(i) $\mathrm{W}(0{,}2 \leq X \leq 0{,}6) = \int_{0,2}^{0,6} 2x\,dx = [x^2]_{0,2}^{0,6} = F(0{,}6) - F(0{,}2) = 0{,}36 - 0{,}04 = 0{,}32$

(ii) $\mathrm{W}(X > 0{,}7) = \int_{0,7}^{1} 2x\,dx = [x^2]_{0,7}^{1} = F(1{,}0) - F(0{,}7) = 1 - 0{,}49 = 0{,}51$

Lösung zu Aufgabe 7.5

Der Erwartungswert wird anhand der allgemeinen Formel für stetige Zufallsvariablen ermittelt:

$$\begin{aligned} E(X) &= \int_{x_u}^{x_o} xf(x)\,dx = \int_0^{10} x(-0{,}006x^2 + 0{,}06x)\,dx = \int_0^{10} (-0{,}006x^3 + 0{,}06x^2)\,dx \\ &= [-0{,}0015x^4 + 0{,}02x^3]_0^{10} = -15 + 20 = 5 \end{aligned}$$

Daraufhin kann die Varianz bestimmt werden

$$\begin{aligned} \mathrm{Var}(X) &= \int_{x_u}^{x_o} x^2 f(x)\,dx - [E(X)]^2 = \int_0^{10} x^2(-0{,}006x^2 + 0{,}06x)\,dx - 5^2 \\ &= \int_0^{10} (-0{,}006x^4 + 0{,}06x^3)\,dx - 25 = [-0{,}0012x^5 + 0{,}015x^4]_0^{10} - 25 \\ &= -120 + 150 - 25 = 5. \end{aligned}$$

Lösung zu Aufgabe 7.6

(a) grafische Darstellung von $f(x)$:

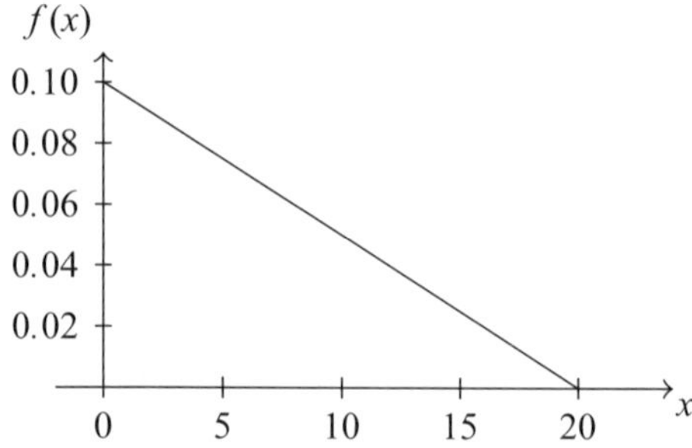

Für den Nachweis, dass f eine Dichtefunktion ist, wird erstens geprüft, dass alle Werte der Dichtefunktion nichtnegativ sind: $f(x) \geq 0$ für alle x (erfüllt). Zweitens beträgt die Gesamtfläche unter der Dichtefunktion genau 1:

$$\int_0^{20} f(x)\,dx = \int_0^{20} 0{,}10 - 0{,}005x\,dx = \left[0{,}10x - 0{,}0025x^2\right]_0^{20} = (2-1) - (0-0) = 1$$

Der maximale Gewinn je Auftrag liegt in dieser Modellierung bei 20 Tsd. Euro, da die Funktionswerte der Dichtefunktion außerhalb von $0 \leq x \leq 20$ Null sind.

(b) Die Verteilungsfunktion wird mittels Integration bestimmt:

$$F(x) = \int_0^x f(v)\,dv = 0{,}1x - 0{,}0025x^2$$

Die gesuchte Wahrscheinlichkeit wird wie folgt berechnet:

$$W(5 \leq X \leq 10) = F(10) - F(5) = 0{,}3125$$

Mit einer Wahrscheinlichkeit von 31,25 % liegt der Gewinn eines Auftrags zwischen 5000 und 10000 Euro.

(c) Die Standardisierung einer Zufallsvariablen stellt eine Transformation in eine andere Zufallsvariable dar, die den Erwartungswert 0 und die Varianz 1 besitzt. Sie kann allgemein wie folgt bestimmt werden:

$$Z = \frac{X - \mu}{\sigma}$$

Für die konkrete Ausführung in der gegebenen Situation werden daher der Erwartungswert und die Standardabweichung von X benötigt:

$$\mathrm{E}(X) = \int_0^{20} xf(x)\,dx = \int_0^{20} 0{,}1x - 0{,}005x^2\,dx = \left[0{,}05x^2 - 0{,}001667x^3\right]_0^{20} = 6{,}67$$

$$\mathrm{Var}(X) = \int_0^{20} x^2 \cdot f(x)\,dx - \left[\mathrm{E}(X)\right]^2 = 66{,}67 - (6{,}67)^2 \approx 22{,}22$$

$$\sigma(X) = \sqrt{\mathrm{Var}(X)} \approx \sqrt{22{,}22} \approx 4{,}714$$

Die Standardisierung von X lautet folglich

$$Z = \frac{X - 6{,}67}{4{,}714}$$

und hat die folgende Dichtefunktion:

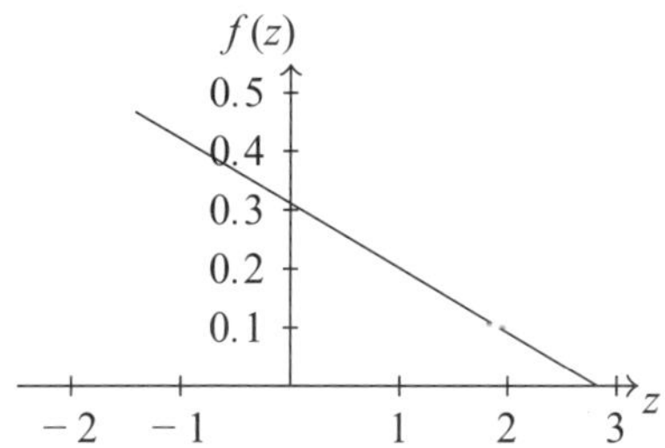

Für die Bestimmung der Dichtefunktion wird berücksichtigt, dass sich der Definitionsbereich (nicht jedoch die Form) der Dichtefunktion durch die Standardisierung verändert und ebenso der Wertebereich angepasst wird.

Lösung zu Aufgabe 7.7

(a) Erwartungswert der Gruppengröße und des Ticketumsatzes je Gruppe:

$$\mathrm{E}(X) = \sum_i x_i f(x_i) = 1 \cdot 0{,}10 + 2 \cdot 0{,}40 + 3 \cdot 0{,}25 + 4 \cdot 0{,}20 + 5 \cdot 0{,}05 = 2{,}7$$

$$\mathrm{E}(Y) = \sum_i y_i f(y_i) = \sum (8x_i) f(x_i) = 8 \cdot 0{,}10 + 16 \cdot 0{,}40 + 24 \cdot 0{,}25 + 32 \cdot 0{,}20 + 40 \cdot 0{,}05$$
$$= 21{,}6$$

Da Y eine lineare Transformation von X darstellt, kann die Varianz von Y direkt mittels der Varianz von X bestimmt werden:

$$\text{Var}(Y) = \text{Var}(8 \cdot X) = 8^2 \cdot \text{Var}(X) = 64 \cdot 1 = 64$$

(b) Die Verteilung von Y_G wird zunächst tabellarisch mittels der Formel $y_G = 8x + 1{,}5x^2$ ermittelt:

x	$f(x)$	y_G
1	0,10	9,5
2	0,40	22,0
3	0,25	37,5
4	0,20	56,0
5	0,05	77,5

Der Erwartungswert kann anschließend wie folgt berechnet werden:

$$\text{E}(Y_G) = \sum_i y_G f(y_G) = 9{,}5 \cdot 0{,}10 + 22{,}0 \cdot 0{,}40 + 37{,}5 \cdot 0{,}25 + 56{,}0 \cdot 0{,}20 + 77{,}5 \cdot 0{,}05 = 34{,}2$$

grafische Darstellung der Wahrscheinlichkeitsfunktion des Gesamtumsatzes Y_G je Gruppe:

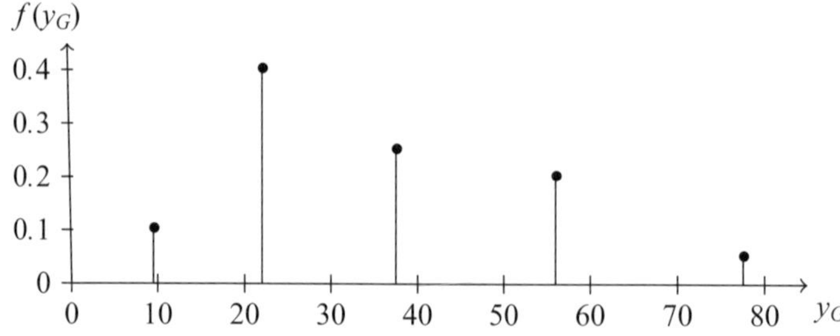

8. Zufallsvariablen II (Zweidimensionale Zufallsvariablen)

Aufgabe 8.1

Im Rahmen einer bundesweiten Studie werden Privathaushalte hinsichtlich ihrer Ausstattung mit Pkw untersucht. Die Befragung ergibt die folgenden Anteile nach Haushaltsgröße.

	Anzahl der Pkw		
Haushaltsgröße	0	1	2
1	0,10	0,10	0,00
2	0,08	0,24	0,08
3	0,03	0,18	0,09
4	0,01	0,05	0,04

(a) Bestimmen Sie die Wahrscheinlichkeit dafür, dass ein zufällig ausgewählter Haushalt aus 2 Personen besteht und mit einem Pkw ausgestattet ist.

(b) Bestimmen Sie die Randverteilung des Merkmals *Haushaltsgröße*. Bestimmen Sie auf dieser Grundlage die Anzahl der Haushalte, wenn insgesamt 85 Millionen Menschen in Deutschland wohnen.

(c) Geben Sie die bedingte Verteilung der Anzahl der Pkw für alle Haushalte der Größe 2 an.

Aufgabe 8.2

Zwei Zufallsvariablen X und Y besitzen die folgende gemeinsame Verteilung.

		Y		
		4	0	2
X	4	1/8	1/4	1/8
	5	3/16	1/16	1/4

Zeigen Sie, dass X und Y voneinander stochastisch abhängig, aber nicht korreliert sind. Erläutern Sie, weshalb dies kein Widerspruch ist.

Aufgabe 8.3

Der TÜV einer Kreisstadt überprüfte in einer Woche 400 Pkw. Die Kontrolle ergab die folgende zweidimensionale Häufigkeitsverteilung der Variablen X (Zahl der Beanstandungen) und Y (Alter der Pkw in Jahren).

		Y			
		2	4	6	Σ
X	0	100	80	50	230
	1	10	40	40	90
	2	10	30	20	60
	3	0	10	10	20
	Σ	120	160	120	400

Es wird nun genau einer von den 400 Pkw zufällig ausgewählt von diesem die zugehörigen Ausprägungen von X und Y betrachtet. Berechnen und interpretieren Sie:

(a) die gemeinsame Wahrscheinlichkeitsfunktion $f(x_i, y_j)$,

(b) die Randverteilungen von X und Y,

(c) die bedingte Verteilung $f(x_i / 4)$,

(d) E(X) und E(Y) sowie Var(X) und Var(Y),

(e) E(X/4) und Var(X/4) und

(f) Cov(X, Y) sowie $\varrho(X,Y)$.

Aufgabe 8.4

Ein psychologischer Test besteht aus zwei Testeinheiten, die nacheinander absolviert werden. Von Interesse ist vor allem die Dauer, die Personen zur Lösung des Tests benötigen. Es ist bekannt, dass für eine zufällig ausgewählte Person die Bearbeitungsdauer X der ersten Testeinheit einen Erwartungswert von $E(X) = 2600$ Sekunden bei einer Varianz von $Var(X) = 250$ beträgt und die Bearbeitungsdauer Y der zweiten Testeinheit einen Erwartungswert von $E(Y) = 1850$ Sekunden bei einer Varianz von $Var(Y) = 300$ beträgt. Weiterhin ist die Kovarianz $Cov(X, Y) = 136$.

Wie groß sind Erwartungswert und Varianz der Gesamtbearbeitungsdauer des Tests einer zufällig ausgewählten Person?

Aufgabe 8.5

Es wird eine Maschine betrachtet, die zwei besonders störanfällige Bauteile besitzt. Sei X die Anzahl der Ausfälle pro Tag des ersten Bauteils und Y die Anzahl der Ausfälle pro Tag des zweiten Bauteils. Es wird angenommen, dass X und Y jeweils nur die Werte 0,1 und 2 annehmen können.

(a) Geben Sie für die beschriebene Situation eine gemeinsame Wahrscheinlichkeitsfunktion an, für die sich ein Korrelationskoeffizient $\varrho(X,Y) = 0$ ergibt.

(b) Geben Sie eine gemeinsame Wahrscheinlichkeitsfunktion an, für die der Korrelationskoeffizient $\varrho(X,Y) = 1$ ist.

Lösungen

Lösung zu Aufgabe 8.1

Es sei X die Haushaltsgröße und Y die Anzahl der Pkw eines zufällig ausgewählten Haushalts.

(a) Die gesuchte Wahrscheinlichkeit entspricht der gemeinsamen relativen Häufigkeit von $X = 2$ und $Y = 1$ und ist somit $W(X = 2, Y = 1) = f_{22} = 0{,}24$.

(b) Gesucht ist die Randverteilung von X, die durch zeilenweise Addition der gegebenen relativen Anteile gebildet wird:

Haushaltsgröße	f_i
1	0,20
2	0,40
3	0,30
4	0,10

Sei a die Anzahl der Haushalte. Dann gilt folgende Beziehung zwischen a, den Anteilen f_i und der Gesamtanzahl der Einwohner:

$$\begin{aligned}85\text{ Mio.} &= 1\cdot a\cdot 0{,}20+2\cdot a\cdot 0{,}40+3\cdot a\cdot 0{,}30+4\cdot a\cdot 0{,}10\\ &=(0{,}20+0{,}80+0{,}90+0{,}40)\cdot a\\ &=2{,}3a\end{aligned}$$

Somit umfasst ein Haushalt im Durchschnitt 2,3 Menschen. Somit folgt

$$a=\frac{85\text{ Mio.}}{2{,}3}\approx 36{,}96\text{ Mio.}$$

Nach dieser Rechnung gibt es etwa 37 Millionen Haushalte.

(c) Die gesuchte bedingte Verteilung kann durch Betrachtung der Zeile $X = 2$ nach der allgemeinen Formel ermittelt werden:

$$f(y_j/2)=\frac{f(2,y_j)}{f_X(2)}$$

Es ergeben sich die relativen Häufigkeiten

$$f(0/2)=\frac{0{,}08}{0{,}40}=0{,}2,\qquad f(1/2)=\frac{0{,}24}{0{,}40}=0{,}6\quad\text{und}\quad f(2/2)=\frac{0{,}08}{0{,}40}=0{,}2.$$

Somit besitzen etwa 60 % aller Haushalte der Größe 2 genau einen Pkw.

Lösung zu Aufgabe 8.2

Zunächst werden die Randverteilungen ermittelt:

		Y: −4	0	2	$f_X(x)$
X	4	1/8	1/4	1/8	1/2
	5	3/16	1/16	1/4	1/2
	$f_Y(y)$	5/16	5/16	6/16	1

Zwei Zufallsvariablen sind stochastisch unabhängig, wenn sich alle gemeinsamen Wahrscheinlichkeiten als Produkt der zugehörigen Randwahrscheinlichkeiten ergeben. X und Y sind voneinander stochastisch abhängig, da z. B.

$$f_X(4)\cdot f_Y(-4)=\frac{1}{2}\cdot\frac{5}{16}=\frac{5}{32},$$

aber im Gegensatz dazu die gemeinsame Wahrscheinlichkeit $f(4, -4) = 1/8 \neq 5/32$ ist.

Die Kovarianz wird berechnet mittels $\text{Cov}(X, Y) = \text{E}(XY) - \text{E}(X) \cdot \text{E}(Y)$, wobei

$$\begin{aligned}
\text{E}(XY) &= \sum_i \sum_j x_i y_j f(x_i, y_j) \\
&= 4 \cdot (-4) \cdot \frac{1}{8} + 4 \cdot 0 \cdot \frac{1}{4} + 4 \cdot 2 \cdot \frac{1}{8} + 5 \cdot (-4) \cdot \frac{3}{16} + 5 \cdot 0 \cdot \frac{1}{16} + 5 \cdot 2 \cdot \frac{1}{4} = -2{,}25 \\
\text{E}(X) &= \sum_i x_i f_X(x_i) = 4 \cdot \frac{1}{2} + 5 \cdot \frac{1}{2} = 4{,}5 \\
\text{E}(Y) &= \sum_j y_j f_Y(y_j) = -4 \cdot \frac{5}{16} + 0 \cdot \frac{5}{16} + 2 \cdot \frac{6}{16} = -0{,}5
\end{aligned}$$

und somit

$$\text{Cov}(X,Y) = \text{E}(XY) - \text{E}(X) \cdot \text{E}(Y) = -2{,}25 - 4{,}5 \cdot (-0{,}5) = 0.$$

X und Y sind somit nicht miteinander korreliert.

Möglich ist dies, da die Korrelation ein lineares Abhängigkeitsmaß ist, der Begriff der stochastischen Abhängigkeit jedoch allgemeiner definiert ist. Im betrachteten Beispiel bedeutet die stochastische Abhängigkeit, dass die Ausprägung von X einen Einfluss auf die Realisation von Y besitzt und umgekehrt. Da die Zufallsvariablen unkorreliert sind, gibt es jedoch keinen linearen Zusammenhang zwischen X und Y.

Lösung zu Aufgabe 8.3

(a) Die gemeinsame Wahrscheinlichkeitsfunktion ergibt sich durch die gemeinsamen relativen Häufigkeiten, wie in der folgenden Tabelle dargestellt.

		Y			
		2	4	6	$f_X(x)$
X	0	0,250	0,200	0,125	0,575
	1	0,025	0,100	0,100	0,225
	2	0,025	0,075	0,050	0,150
	3	0,000	0,025	0,025	0,050
	$f_Y(y)$	0,300	0,400	0,300	1,000

Interpretation: Jede gemeinsame Wahrscheinlichkeit $f(x_i, y_i)$ bezieht sich auf das simultane Auftreten der Merkmalsausprägungen x_i und y_i bei einem zufällig ausgewählten Pkw. Zum Beispiel bedeutet $f(2, 4) = 0{,}075$, dass ein zufällig ausgewählter Pkw mit 7,5 % Wahrscheinlichkeit 2 Beanstandungen aufweist und 4 Jahre alt ist.

(b) Die Randverteilungen sind jeweils in der letzten Spalte und letzten Zeile der vorigen Tabelle dargestellt und beschreiben die Wahrscheinlichkeitsfunktionen eines Merkmals unter Vernachlässigung des jeweils anderen Merkmals. Beispielsweise bedeutet $f_X(1) = 0{,}225$, dass ein zufällig ausgewählter Pkw mit einer Wahrscheinlichkeit von 0,225 genau eine Beanstandung aufweist. Der Wert $f_Y(4) = 0{,}400$ bedeutet, dass ein zufällig ausgewählter Pkw mit 40 % Wahrscheinlichkeit 4 Jahre alt ist.

(c) Die gesuchte bedingte Verteilung wird mittels der Formel $f(x_i / 4) = f(x_i,4) / f_Y(4)$ bestimmt:

x	$f(x/4)$
0	0,5000
1	0,2500
2	0,1875
3	0,0625

(d) Zur Berechnung der Erwartungswerte und Varianzen werden die jeweiligen Randverteilungen verwendet:

$$\mathrm{E}(X) = \sum_i x_i f_X(x_i) = 0{,}675$$

$$\mathrm{E}(Y) = \sum_j y_j f_Y(y_j) = 4{,}0$$

$$\mathrm{Var}(X) = \sum_i x_i^2 f_X(x_i) - [\mathrm{E}(X)]^2 = 1{,}275 - 0{,}675^2 \approx 0{,}819$$

$$\mathrm{Var}(Y) = \sum_j y_j^2 f_Y(y_j) - [\mathrm{E}(Y)]^2 = 18{,}4 - 4{,}0^2 = 2{,}4$$

Der Erwartungswert der Beanstandungen beträgt 0,675 mit einer Varianz von 0,819. Das durchschnittliche Alter der Pkw beträgt 4 Jahre mit einer Streuung von 2,4.

(e) Die Berechnung des bedingten Erwartungswertes erfolgt mittels der bedingten Wahrscheinlichkeitsfunktion aus (c):

$$\mathrm{E}(X / 4) = \sum_i x_i f(x_i / 4) = 0{,}8125$$

$$\mathrm{Var}(X / 4) = \sum_i x_i^2 f(x_i / 4) - [\mathrm{E}(X / 4)]^2 = 1{,}5625 - 0{,}8125^2 \approx 0{,}9023$$

Unter der Voraussetzung, dass ein zufällig ausgewählter Pkw 4 Jahre alt ist, werden im Mittel 0,8125 Beanstandungen beobachtet. Die Varianz der Beanstandungen, bezogen auf alle 4 Jahre alten Pkw, beträgt 0,9023.

(f) Die Kovarianz wird mittels der Formel $\mathrm{Cov}(X,Y) = \mathrm{E}(XY) - \mathrm{E}(X) \cdot \mathrm{E}(Y)$ bestimmt. Aus Teilaufgabe (d) sind bereits die Werte $\mathrm{E}(X) = 0{,}675$ und $\mathrm{E}(Y) = 4{,}0$ bekannt. Weiterhin gilt

$$\mathrm{E}(XY) = \sum_i \sum_j x_i y_j f(x_i, y_j) = 0 \cdot 2 \cdot 0{,}250 + 0 \cdot 4 \cdot 0{,}200 + \cdots + 3 \cdot 6 \cdot 0{,}025 = 3{,}1.$$

Somit folgt

$$\mathrm{Cov}(X,Y) = \mathrm{E}(XY) - \mathrm{E}(X) \cdot \mathrm{E}(Y) = 3{,}1 - 0{,}675 \cdot 4{,}0 = 0{,}4$$

Aus der Kovarianz wird anschließend die Korrelation ermittelt:

$$\varrho(X,Y) = \frac{\mathrm{Cov}(X,Y)}{\sigma_X \sigma_Y} = \frac{0{,}4}{\sqrt{0{,}819}\sqrt{2{,}4}} \approx 0{,}2853$$

Die positive Kovarianz von 0,4 und positive Korrelation von 0,2853 deuten einen positiven linearen Zusammenhang der Anzahl der Beanstandungen und des Alters an. Eine größere Anzahl von Beanstandungen steht demnach tendenziell im Zusammenhang mit einem höheren Alter des Pkw.

Lösung zu Aufgabe 8.4

Die Gesamtbearbeitungsdauer ist gegeben als die Summe $X + Y$. Der Erwartungswert und die Varianz dieser Summe können anhand der allgemein gültigen Formeln wie folgt berechnet werden:

$$\mathrm{E}(X+Y) = \mathrm{E}(X) + \mathrm{E}(Y) = 2600 + 1850 = 4450$$
$$\mathrm{Var}(X+Y) = \mathrm{Var}(X) + \mathrm{Var}(Y) + 2\mathrm{Cov}(X,Y) = 250 + 300 + 2 \cdot 136 = 822$$

Somit besitzt die Gesamtbearbeitungsdauer einer zufällig ausgewählten Person einen Erwartungswert von 4450 Sekunden bei einer Varianz von 822.

Lösung zu Aufgabe 8.5

(a) Ein Korrelationskoeffizient von 0 bedeutet, dass zwischen den Ausfällen des ersten und zweiten Bauteils keine lineare Abhängigkeit besteht. Die folgende Tabelle zeigt eine Lösung.

		X			
		0	1	2	$f_X(x)$
Y	0	0,4	0,0	0,4	0,8
	1	0,0	0,0	0,0	0,0
	2	0,1	0,0	0,1	0,2
	$f_Y(y)$	0,5	0,0	0,5	1,0

Es kann gezeigt werden, dass für alle gemeinsamen Wahrscheinlichkeiten die Gleichung

$$f(x_i, y_j) = f_X(x_i) \cdot f_Y(y_j)$$

erfüllt ist. Somit gilt Unabhängigkeit und schließlich $\varrho = 0$.

(b) Ein Korrelationskoeffizient von 1 bedeutet perfekte lineare Abhängigkeit. Erfüllt ist diese etwa, wenn die Kenntnis des Werts von Y eindeutig den Wert von X impliziert. Eine Lösung ist in der folgenden Tabelle gegeben.

		X			
		0	1	2	$f_X(x)$
Y	0	0,5	0,0	0,0	0,5
	1	0,0	0,0	0,0	0,0
	2	0,0	0,0	0,5	0,5
	$f_Y(y)$	0,5	0,0	0,5	1,0

Wenn $Y = 0$, folgt unmittelbar $X = 0$, denn bedingt auf $Y = 0$ hat nur $X = 0$ positive Wahrscheinlichkeit. Ebenso folgt sofort $X = 2$, wenn $Y = 2$.

Es kann direkt berechnet werden, dass $\mathrm{E}(X) = 1$ und $\mathrm{E}(Y) = 1$, da X und Y jeweils mit Wahrscheinlichkeit 50 % die Werte 0 oder 2 annehmen, was auch an den Randverteilungen zu erkennen ist. Ebenso kann ermittelt werden, dass $\mathrm{E}(XY) = 2$, denn

$$\mathrm{E}(XY) = \sum_{i=1}^{3}\sum_{i=1}^{3} x_i y_j f(x_i, y_j) = 0 \cdot 0 \cdot 0{,}5 + 2 \cdot 2 \cdot 0{,}5 = 4 \cdot 0{,}5 = 2.$$

Somit folgt:

$$\mathrm{Cov}(X,Y) = \mathrm{E}(XY) - \mathrm{E}(X)\mathrm{E}(Y) = 2 - 1 \cdot 1 = 1$$

Es gilt $\mathrm{Var}(X) = \mathrm{Var}(Y) = 1$, was sich mittels der Formeln $\mathrm{Var}(X) = \mathrm{E}(X^2) - \mathrm{E}(X)^2$ und $\mathrm{Var}(Y) = \mathrm{E}(Y^2) - \mathrm{E}(Y)^2$ nachweisen lässt. Schließlich ergibt sich:

$$\varrho(X,Y) = \frac{\mathrm{Cov}(X,Y)}{\sqrt{\mathrm{Var}(X)\mathrm{Var}(Y)}} = \frac{1}{1 \cdot 1} = 1$$

9. Theoretische Verteilungen I (Diskrete Verteilungen)

Aufgabe 9.1

Ein Versicherungsvertreter schließt mit 5 Kunden, die alle das gleiche Alter besitzen, Lebensversicherungsverträge ab. Nach einer Sterbetafel beträgt die Wahrscheinlichkeit für jeden der 5 Kunden, die nächsten 30 Jahre zu überleben, 0,60. Wie ist die zufällige Anzahl der Kunden, die nach 30 Jahren überlebt haben, verteilt? Berechnen Sie die Wahrscheinlichkeit dafür, dass nach 30 Jahren …

(a) genau 2 Kunden leben,

(b) alle 5 Kunden leben,

(c) mindestens 2 Kunden noch am Leben sind.

Aufgabe 9.2

In einer Lieferung von 8 Büchern befinden sich 2 Mängelexemplare. Es wird eine Zufallsstichprobe im Umfang von $n = 3$ ohne Zurücklegen entnommen. Mit X wird die Anzahl der Mängelexemplare in dieser Stichprobe bezeichnet. Bestimmen Sie die Wahrscheinlichkeitsfunktion der Zufallsvariablen X sowie den Erwartungswert und die Varianz.

Aufgabe 9.3

Es wurde festgestellt, dass die Anzahl der pro Minute in einem Callcenter ankommenden Gespräche poissonverteilt ist mit dem Parameter $\mu = 2{,}5$. Bestimmen Sie die Wahrscheinlichkeit dafür, dass in einer bestimmten Minute …

(a) kein Anruf erfolgt,

(b) höchstens 2 Anrufe erfolgen.

Aufgabe 9.4

Von 5000 neu verkauften Pkw sind 1000 mit einem Dieselmotor ausgestattet. Es werden nacheinander 10 unabhängig und zufällig gezogene Kunden befragt. Wie hoch ist die Wahrscheinlichkeit, dass von diesen 10 Personen genau 3 einen Pkw mit Dieselmotor besitzen?

Aufgabe 9.5

Bei der Herstellung eines Werkstücks beträgt der Ausschussanteil $\theta = 0{,}01$. Aus der laufenden Produktion wird nun zufällig eine Stichprobe im Umfang von $n = 100$ Stück entnommen. Bestimmen Sie die Wahrscheinlichkeit dafür, dass sich in der Stichprobe höchstens ein schlechtes Stück befindet.

Lösungen

Lösung zu Aufgabe 9.1

Da das Zielereignis genau 2 Ausprägungen besitzt (Kunde überlebt/überlebt nicht) und für jede Person dieselbe Überlebenswahrscheinlichkeit gilt, folgt die Zahl der überlebenden Kunden X der Binomialverteilung. Die Wahrscheinlichkeitsfunktion lautet

$$W(X = x) = f_B(x / n;\theta) = \binom{n}{x}\theta^x(1-\theta)^{n-x}$$

mit $n = 5$ und $\theta = 0{,}60$. Die gesuchten Wahrscheinlichkeiten können direkt mittels der angegebenen Wahrscheinlichkeitsfunktion bestimmt werden:

(a) $W(X = 2) = f_B(2 / 5;0{,}60) = \binom{5}{2}(0{,}6)^2(0{,}4)^3 = 0{,}2304$

(b) $W(X = 5) = f_B(5 / 5;0{,}60) = \binom{5}{5}(0{,}6)^5(0{,}4)^0 = 0{,}0778$

(c) $W(X \geq 2) = 1 - W(X \leq 1) = 1 - [f_B(0 / 5;0{,}60) + f_B(1 / 5;0{,}60)] = 0{,}9130$

Alternativ können die Verteilungstabellen der Binomialverteilung benutzt werden. Da in diesen der maximale Wert für θ genau 0,5 beträgt, in der Aufgabe jedoch 0,6 vorgegeben ist, wird hier die allgemeine Beziehung

$$f_B(x / n;\theta) = f_B(n - x / n;1-\theta)$$

benötigt, mittels derer die gesuchten Wahrscheinlichkeiten unter Verwendung der Gegenwahrscheinlichkeit $1 - \theta = 0{,}4$ bestimmt werden können. Es gilt zum Beispiel in Teilaufgabe (a):

$$W(X = 2) = f_B(2 / 5;0{,}60) = f_B(5 - 2 / 5;0{,}4) = f_B(3 / 5;0{,}4) = 0{,}2304$$

Lösung zu Aufgabe 9.2

Die Anzahl X der Mängelexemplare in der Stichprobe ist hypergeometrisch verteilt mit $N = 8$, $n = 3$ und $M = 2$, d. h. es gilt

$$W(X = x) = f_H(x / N;n;M) = \frac{\binom{M}{x}\binom{N-M}{n-x}}{\binom{N}{n}} = \frac{\binom{2}{x}\binom{6}{3-x}}{\binom{8}{3}}$$

für die Wahrscheinlichkeit, genau x Mängelexemplare zu ziehen. Mithilfe dieser Formel können alle Wahrscheinlichkeiten bestimmt werden:

$$W(X=0)=f_H(0/8;3;2)=\frac{20}{56}=0{,}3571$$

$$W(X=1)=f_H(1/8;3;2)=\frac{30}{56}=0{,}5358$$

$$W(X=2)=f_H(2/8;3;2)=\frac{6}{56}=0{,}1071$$

Es ergibt sich die folgende Wahrscheinlichkeitsverteilung.

x	$W(X=x)$
0	0,3571
1	0,5358
2	0,1071

Erwartungswert:

$$E(X)=n\cdot\frac{M}{N}=\frac{3}{4}=0{,}75$$

Varianz:

$$\text{Var}(X)=n\cdot\frac{M}{N}\cdot\frac{N-M}{N}\cdot\frac{N-n}{N-1}=3\cdot\frac{2}{8}\cdot\frac{6}{8}\cdot\frac{5}{7}=0{,}4018$$

Lösung zu Aufgabe 9.3

Die Anzahl X der pro Minute ankommenden Gespräche ist poissonverteilt und besitzt die Wahrscheinlichkeitsfunktion

$$W(X=x)=f_P(x/\mu)=\frac{\mu^x\cdot e^{-\mu}}{x!}$$

mit $\mu=2{,}5$. Die gesuchten Wahrscheinlichkeiten können direkt mit der angegebenen Wahrscheinlichkeitsfunktion berechnet oder mithilfe der Verteilungstabellen der Poissonverteilung ermittelt werden.

(a) $W(X=0)=f_P(0/2{,}5)=\frac{(2{,}5)^0\cdot e^{-2{,}5}}{0!}=0{,}0821$

(b) $W(X\leq 2)=F_P(2/2{,}5)=f_P(0/2{,}5)+f_P(1/2{,}5)+f_P(2/2{,}5)=0{,}5438$

Mit einer Wahrscheinlichkeit von 0,0821 erfolgt in einer bestimmten Minute kein Anruf, während mit einer Wahrscheinlichkeit von 0,5438 höchstens 2 Anrufe eintreffen.

Lösung zu Aufgabe 9.4

Die zufällige Anzahl X der Personen in der Stichprobe, die einen Pkw mit Dieselmotor besitzen, ist hypergeometrisch verteilt mit $N = 5000$, $M = 1000$ und $n = 10$. Theoretisch kann die gesuchte Wahrscheinlichkeit $W(X = 3)$ mittels der Wahrscheinlichkeitsfunktion der hypergeometrischen Verteilung bestimmt werden. Aufgrund der hohen Werte von N

und M ist dies jedoch praktisch kompliziert, denn die entsprechenden Binomialkoeffizienten lassen sich numerisch nicht ohne weitere Umformungen oder Approximationen bestimmen. Da der Stichprobenumfang n im Verhältnis zur Größe der Grundgesamtheit von $N = 5000$ relativ klein ist ($n/N < 0{,}05$), wird die hypergeometrische Verteilung stattdessen durch eine Binomialverteilung mit $n = 10$ und Parameter

$$\theta = \frac{M}{N} = \frac{1000}{5000} = 0{,}2$$

angenähert. Somit kann die gesuchte Wahrscheinlichkeit wie folgt berechnet werden:

$$\mathrm{W}(X = 3) = f_\mathrm{B}(3/10;0{,}2) = \binom{10}{3}(0{,}2)^3(0{,}8)^7 = 0{,}2013$$

Alternativ kann die Wahrscheinlichkeit aus den Verteilungstabellen der Binomialverteilung abgelesen werden.

Lösung zu Aufgabe 9.5

Exakt betrachtet ist die Anzahl X der fehlerhaften Stücke in einer Ziehung von $n = 100$ Stücken binomialverteilt mit $\theta = 0{,}01$. Für den relativ großen Wert von n ist die Bestimmung von Wahrscheinlichkeiten schwierig und deshalb keine Verteilungstabelle vorhanden. Aus diesem Grund wird die Binomialverteilung durch eine Poissonverteilung approximiert. Die Approximation ergibt sich durch

$$\mu = n \cdot \theta = 100 \cdot 0{,}01 = 1$$

und somit gilt

$$\mathrm{W}(X \leq 1) = F_\mathrm{B}(1/100;0{,}01) \approx F_\mathrm{P}(1/1) = 0{,}7358.$$

Die Wahrscheinlichkeit, dass sich in der Stichprobe höchstens ein schlechtes Stück befindet, beträgt etwa 73,58 %.

10. Theoretische Verteilungen II (Stetige Verteilungen)

Aufgabe 10.1

An einem Bahnhof fährt eine S-Bahn-Linie exakt alle 20 Minuten ab. Untersucht wird die Zeit X, die eine zufällig eintreffende Person auf die nächste S-Bahn wartet. Wie ist X verteilt und wie groß ist die Wahrscheinlichkeit, dass eine zufällig eintreffende Person mehr als 15 Minuten warten muss?

Aufgabe 10.2

Die Zeit zwischen den Ankünften zweier Pkw an einer Ampel ist exponentialverteilt mit einem Erwartungswert von 0,25 Minuten.

(a) Bestimmen Sie den Parameter der Exponentialverteilung sowie die Dichte- und Verteilungsfunktion dieser Exponentialverteilung.

(b) Bestimmen Sie die Wahrscheinlichkeit, dass die Zeit zwischen zwei Pkw-Ankünften höchstens 0,5 Minuten beträgt.

(c) Wie groß ist die Wahrscheinlichkeit, dass die Wartezeit bis zum nächsten Pkw zwischen 0,2 und 0,3 Minuten liegt?

Aufgabe 10.3

Erläutern Sie den Begriff der *stetigen Zufallsvariablen* und lösen Sie anschließend die folgenden Aufgaben.

(a) Skizzieren Sie die Dichtefunktion der Normalverteilung mit Mittelwert $\mu = 20$ und Varianz $\sigma^2 = 1$. Wie lautet der Wertebereich einer normalverteilten Zufallsvariable?

(b) Wie ist die Standardnormalverteilung definiert? Ermitteln Sie für die Standardnormalverteilung die Wahrscheinlichkeiten der folgenden Ereignisse:

(1) $Z \leq 0{,}3$
(2) $Z \leq 0{,}45$
(3) $Z \leq 1{,}645$
(4) $Z \leq 1{,}96$
(5) $0 \leq Z \leq 0{,}2$
(6) $0 \leq Z \leq 1{,}96$
(7) $1{,}645 \leq Z \leq 1{,}96$
(8) $-1{,}96 \leq Z \leq 1{,}96$

Aufgabe 10.4

Die Laufleistung eines bestimmten Motortyps ist normalverteilt mit dem Mittelwert $\mu = 150\,000$ km und einer Standardabweichung von $\sigma = 25\,000$.

(a) Wie wahrscheinlich ist es, dass ein zufällig ausgewählter Motor weniger als 100 000 km hält?

(b) Wie groß ist die Wahrscheinlichkeit, dass ein zufällig ausgewählter Motor eine Laufleistung von mehr als 125 000 km besitzt?

(c) Mit welcher Wahrscheinlichkeit liegt die Laufleistung eines zufällig ausgewählten Motors zwischen 100 000 und 225 000 Kilometern?

(d) Alle Motoren mit weniger als 90 000 km Laufleistung gelten als Ausschuss. Wie viel Prozent Ausschuss sind zu erwarten?

Aufgabe 10.5

Sei Z eine standardnormalverteilte Zufallsvariable. Bestimmen Sie in den folgenden Fällen den Wert von z und skizzieren Sie die zugehörige Fläche unter der Dichtefunktion:

(a) $W(Z \leq z) = 0{,}6668$

(b) $W(Z \geq z) = 0{,}2266$

(c) $W(Z \leq z) = 0{,}0341$

(d) $W(-0{,}23 \leq Z \leq z) = 0{,}5722$

(e) $W(z \leq Z \leq 1{,}15) = 0{,}0726$

(f) $W(-z \leq Z \leq z) = 0{,}9011$

Aufgabe 10.6

Es sei X eine gleichverteilte Zufallsvariable mit den Parametern a und b. Beweisen Sie, dass

$$E(X) = \frac{a+b}{2} \quad \text{und} \quad \mathrm{Var}(X) = \frac{(b-a)^2}{12}.$$

Lösungen

Lösung zu Aufgabe 10.1

Die Wartezeit ist gleichverteilt mit $a = 0$ und $b = 20$, denn wenn eine Person zufällig am Bahnhof eintritt, ist die Wartezeit eine zufällig gewählte Zahl zwischen 0 und 20. Da alle möglichen Wartezeiten mit derselben Tendenz auftreten, liegt eine Gleichverteilung vor. Die Dichtefunktion der Wartezeit lautet somit

$$f_G(x\,/\,0;20) = \begin{cases} 0{,}05 & \text{für } 0 \leq x \leq 20 \\ 0 & \text{sonst.} \end{cases}$$

Die gesuchte Wahrscheinlichkeit wird mittels Integration der Dichtefunktion bestimmt:

$$W(X > 15) = W(15 < X \leq 20) = \int_{15}^{20} 0{,}05\,dx = \left[0{,}05x\right]_{15}^{20} = 0{,}05 \cdot (20 - 15) = 0{,}25$$

Die zufällig eintreffende Person wartet mit 25 % Wahrscheinlichkeit mindestens 15 Minuten auf die nächste ankommende S-Bahn.

Lösung zu Aufgabe 10.2

Alle Wartezeiten werden in Minuten angegeben.

(a) Der Erwartungswert der Exponentialverteilung ist $E(X) = 1/\lambda$. Da laut Aufgabenstellung $E(X) = 0{,}25$, lautet der Parameter der Exponentialverteilung daher $\lambda = 1/0{,}25 = 4$. Dichtefunktion:

$$f_E(x/4) = \begin{cases} 4e^{-4x} & \text{für } x \geq 0 \\ 0 & \text{sonst} \end{cases}$$

Verteilungsfunktion:

$$F_E(x/4) = \begin{cases} 0 & \text{für } x < 0 \\ 1 - e^{-4x} & \text{für } x \geq 0 \end{cases}$$

(b) Die gesuchte Wahrscheinlichkeit wird anhand der Verteilungsfunktion berechnet:

$$W(X < 0{,}5) = F_E(0{,}5/4) = 1 - e^{-4 \cdot 0{,}5} = 1 - e^{-2} = 0{,}8647$$

(c) Berechnung:

$$\begin{aligned} W(0{,}2 < X < 0{,}3) &= F_E(0{,}3/4) - F_E(0{,}2/4) = (1 - e^{-1{,}2}) - (1 - e^{-0{,}8}) = e^{-0{,}8} - e^{-1{,}2} \\ &= 0{,}4493 - 0{,}3012 = 0{,}1481 \end{aligned}$$

Lösung zu Aufgabe 10.3

Eine stetige Zufallsvariable ist eine Zufallsvariable, deren Wertebereich überabzählbar ist. Dies ist z. B. dann der Fall, wenn die Zufallsvariable in einem bestimmten Intervall jeden beliebigen Wert annehmen kann. Die Dichtefunktion f und die Verteilungsfunktion F einer stetigen Zufallsvariable sind stetig im analytischen Sinn. Im Unterschied zu diskreten Zufallsvariablen beträgt die Wahrscheinlichkeit jeder einzelnen Ausprägung x des Wertebereichs immer 0, d. h. $W(X = x) = 0$ für alle x. In diesem Zusammenhang gilt für stetige Zufallsvariablen, dass Wahrscheinlichkeiten durch die entsprechenden Flächen unter der Dichtefunktion gegeben sind. Mathematisch ausgedrückt sind Flächen Integrale, d. h. es gilt für jedes beliebige Intervall (a, b) die Beziehung

$$W(a \leq X \leq b) = \int_a^b f(x)\,dx = F(b) - F(a)$$

und darüber hinaus $f(x) \geq 0$ für alle x sowie $\int_{-\infty}^{\infty} f(x)\,dx = 1$.

(a) Skizze der Dichtefunktion mit $\mu = 20$ und $\sigma^2 = 1$:

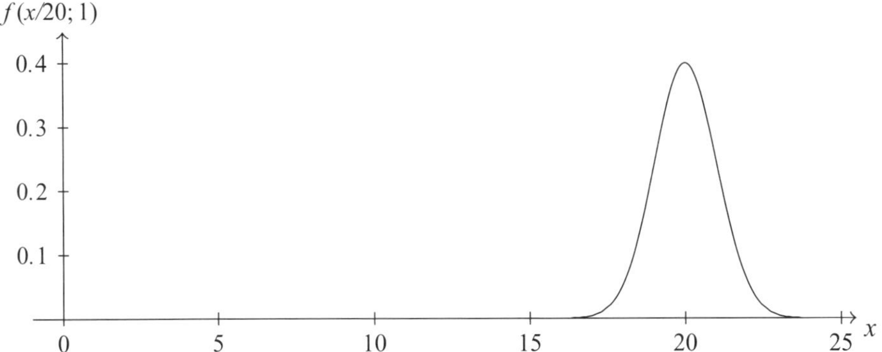

(b) Die Standardnormalverteilung ist definiert als die Normalverteilung mit Erwartungswert $\mu = 0$ und Varianz $\sigma^2 = 1$. Sie besitzt dieselbe Form wie die Normalverteilung in (a), ist allerdings symmetrisch bzgl. $x = \mu = 0$. Die gesuchten Wahrscheinlichkeiten werden anhand der Verteilungstabellen der Standardnormalverteilung ermittelt.

Nr.	Ereignis	Wahrscheinlichkeit
1	$Z \leq 0{,}3$	0,6179
2	$Z \leq 0{,}45$	0,6736
3	$Z \leq 1{,}645$	0,9500
4	$Z \leq 1{,}96$	0,9750
5	$0 \leq Z \leq 0{,}2$	0,0793
6	$0 \leq Z \leq 1{,}96$	0,4750
7	$1{,}645 \leq Z \leq 1{,}96$	0,0250
8	$-1{,}96 \leq Z \leq 1{,}96$	0,9500

Lösung zu Aufgabe 10.4

Die Laufleistung des Motortyps ist laut Aufgabenstellung normalverteilt. Um Wahrscheinlichkeiten für eine beliebige Normalverteilung zu bestimmen, ist eine Standardisierung der Zufallsvariablen erforderlich, denn die Berechnung von Integralen der allgemeinen Dichtefunktion ist technisch zu kompliziert. Darüber hinaus beziehen sich Verteilungstabellen ausschließlich auf die Standardnormalverteilung. Mittels der Standardisierung

$$Z = \frac{X - \mu}{\sigma}$$

entsteht aus einer beliebigen normalverteilten Zufallsvariablen X mit Erwartungswert μ und Standardabweichung σ die Zufallsvariable Z, die in jedem Falle standardnormalverteilt ist. Unter Verwendung dieser Umformung lassen sich alle Ausdrücke bzgl. X auf die Standardnomalverteilung zurückführen.

(a) Berechnung:

$$W(X \leq 100000) = W\left(\frac{X-\mu}{\sigma} \leq \frac{100000-\mu}{\sigma}\right) = W\left(\frac{X-150000}{25000} \leq \frac{100000-150000}{25000}\right)$$
$$= W\left(Z \leq \frac{-50000}{25000}\right) = W(Z \leq -2)$$

Die Einträge in der Verteilungstabelle enthalten ausschließlich Wahrscheinlichkeiten für $z \geq 0$. Für negative Werte wird daher die allgemeine Umformung $F_N(z) = 1 - F_N(-z)$ angewendet:

$$W(Z \leq -2) = F_N(-2) = 1 - F_N(2) = 1 - 0{,}9772 = 0{,}0228$$

Die Wahrscheinlichkeit, dass die Laufleistung eines Motors geringer als 100 000 km ist, beträgt somit etwa 2,28 %.

(b) Berechnung:

$$W(X \geq 125000) = W\left(\frac{X-125000}{25000} \geq \frac{125000-150000}{25000}\right) = W(Z \geq -1)$$

Mit derselben Umformung wie in Teilaufgabe (a) gilt

$$W(Z \geq -1) = 1 - F_N(-1) = F_N(1) = 0{,}8413.$$

(c) Berechnung:

$$W(100000 \leq X \leq 225000) = W\left(\frac{100000-150000}{25000} \leq \frac{X-150000}{25000} \leq \frac{225000-150000}{25000}\right)$$
$$= W(-2 \leq Z \leq 3) = F_N(3) - F_N(-2) = F_N(3) - (1 - F_N(2))$$
$$= 0{,}9987 - (1 - 0{,}9772) = 0{,}9759$$

(d) Der Ausschussanteil entspricht (bei entsprechend großem Produktionsumfang) der Wahrscheinlichkeit, dass ein Motor eine geringere Laufleistung als 90000 km aufweist, d. h.

$$W(X \leq 90000) = W\left(\frac{X-150000}{25000} \leq \frac{90000-150000}{25000}\right) = W(Z \leq -2{,}4) = F_N(-2{,}4)$$
$$= 1 - F_N(2{,}4) = 1 - 0{,}9918 = 0{,}0082.$$

Der Ausschussanteil beträgt somit etwa 0,82 %.

Lösung zu Aufgabe 10.5

Um die gesuchten Werte von z zu ermitteln, werden die Verteilungstabellen der Standardnormalverteilung verwendet. In der ersten Teilaufgabe wird das Grundprinzip ausführlich erläutert. Alle weiteren Fälle können durch Umformungen auf den Fall von Teilaufgabe (a) zurückgeführt werden.

(a) Gegeben ist die Wahrscheinlichkeit $W(Z \leq z) = 0{,}6668$. Da die Einträge in der Verteilungstabelle gerade diesem Ereignistyp $Z \leq z$ entsprechen, wird zunächst der Wert 0,6668 in der Verteilungstabelle gesucht.

z	0	**1**	2	3	…
0.35	0.6368	0.6372	0.6376	0.6380	
0.36	0.6406	0.6410	0.6413	0.6417	
0.37	0.6443	0.6447	0.6451	0.6454	
0.38	0.6480	0.6484	0.6488	0.6491	
0.39	0.6517	0.6521	0.6525	0.6528	
0.40	0.6554	0.6558	0.6562	0.6565	
0.41	0.6591	0.6595	0.6598	0.6602	
0.42	0.6628	0.6631	0.6635	0.6639	
0.43	0.6664	**0.6668**	0.6671	0.6675	
0.44	0.6700	0.6704	0.6708	0.6711	
⋮					

Anschließend wird der zugehörige Wert von z in der jeweiligen Zeile und Spalte abgelesen. Da die Wahrscheinlichkeit 0,6668 in der Zeile mit $z = 0{,}43$ steht, sind dies die ersten beiden Nachkommastellen des gesuchten z. Darüber hinaus steht der Wert 0,6668 in der Spalte, die mit 1 gekennzeichnet ist; dies ist die dritte Nachkommastelle von z. Somit ist $z = 0{,}431$.

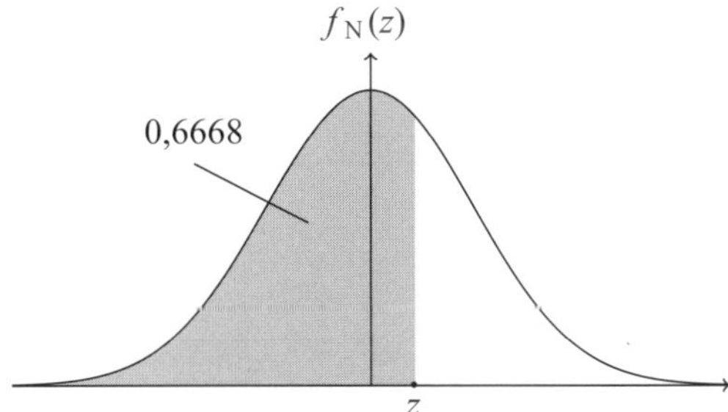

(b) Gegeben ist $W(Z \geq z) = 0{,}2266$. Es gilt:

$$0{,}2266 = W(Z \geq z) = 1 - W(Z < z) = 1 - F_N(z)$$

Somit ist

$$F_N(z) = 1 - 0{,}2266 = 0{,}7734$$

und daher $z = 0{,}750$.

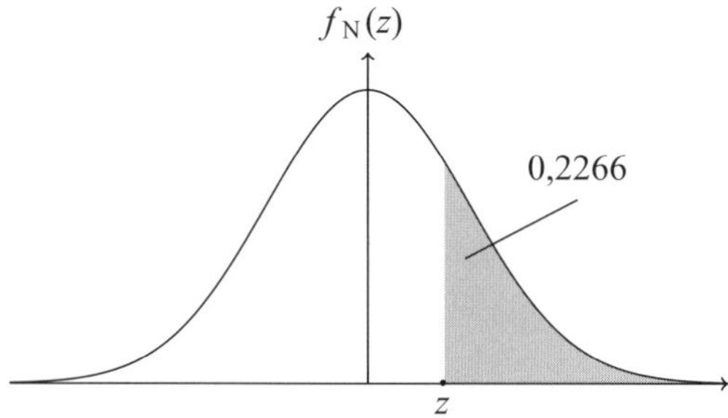

(c) Da die Standardnormalverteilung symmetrisch ist, gilt die Gleichung $W(Z \leq z) = W(Z \geq -z)$ und deshalb folgt

$$0,0341 = W(Z \leq z) = W(Z \geq -z) = 1 - W(Z < -z).$$

Somit ist $W(Z < -z) = 1 - 0,0341 = 0,9659$ und daher folgt $-z = 1,824$ bzw. $z = -1,824$ unter Verwendung der Verteilungstabelle.

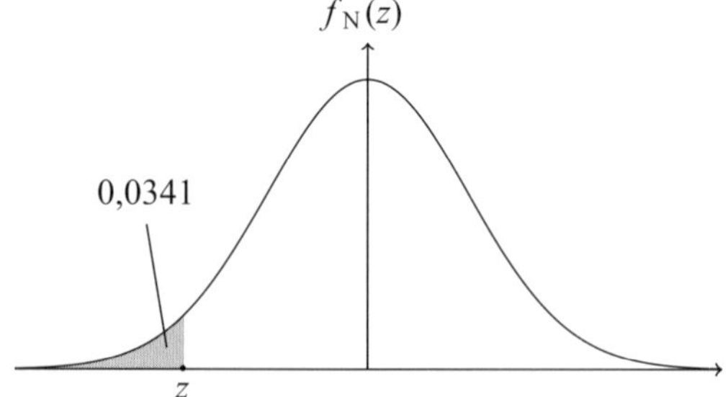

(d) Es gilt:

$$\begin{aligned} 0,5722 &= W(-0,23 \leq Z \leq z) = W(Z \leq z) - W(Z \leq -0,23) \\ &= W(Z \leq z) - (1 - W(Z \leq 0,23)) = W(Z \leq z) - (1 - 0,5910) \\ &= W(Z \leq z) - 0,4090 \end{aligned}$$

Durch Umstellen folgt $W(Z \leq z) = 0,5722 + 0,4090 = 0,9812$ und schließlich $z = 2,079$.

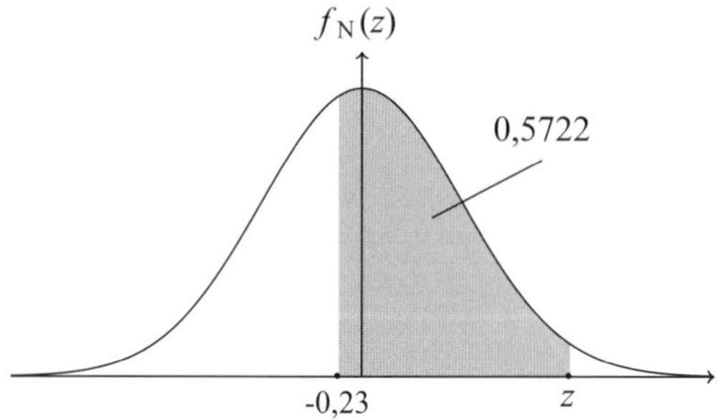

(e) Es gilt:

$$0,0726 = \mathrm{W}(z \leq Z \leq 1,15) = \mathrm{W}(Z \leq 1,15) - \mathrm{W}(Z \leq z) = 0,8749 - \mathrm{W}(Z \leq z)$$

Daraus folgt, dass $\mathrm{W}(Z \leq z) = 0,8749 - 0,0726 = 0,8023$ und somit $z = 0,850$.

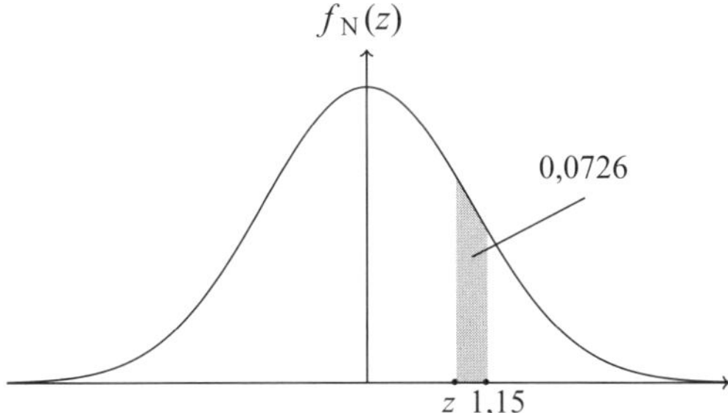

(f) Es gilt:

$$\begin{aligned} 0,9011 &= \mathrm{W}(-z \leq Z \leq z) = \mathrm{W}(Z \leq z) - \mathrm{W}(Z \leq -z) \\ &= \mathrm{W}(Z \leq z) - (1 - \mathrm{W}(Z \leq z)) \\ &= 2 \cdot \mathrm{W}(Z \leq z) - 1 \end{aligned}$$

Durch Umstellen folgt, dass $\mathrm{W}(Z \leq z) = \frac{1}{2} \cdot (0,9011 + 1) = 0,95055$ und daher $z = 1,650$.

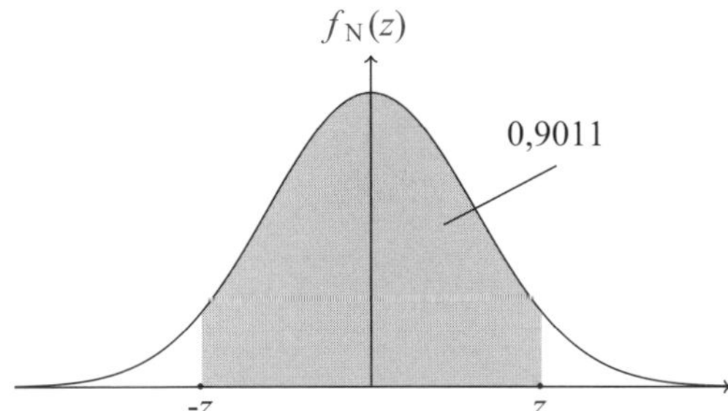

Lösung zu Aufgabe 10.6

Der Erwartungswert und die Varianz werden unter Verwendung der allgemein gültigen Formeln für stetige Zufallsvariablen ermittelt:

$$\mathrm{E}(X)=\int_{-\infty}^{\infty} xf(x)dx=\int_a^b x\frac{1}{b-a}dx=\frac{1}{b-a}\left[\frac{x^2}{2}\right]_a^b=\frac{1}{b-a}\frac{b^2-a^2}{2}=\frac{(b-a)(b+a)}{2(b-a)}=\frac{a+b}{2},$$

$$\mathrm{Var}(X)=\int_{-\infty}^{\infty} x^2 f(x)dx-[\mathrm{E}(X)]^2$$

$$=\int_a^b x^2\frac{1}{b-a}dx-\left(\frac{a+b}{2}\right)^2=\frac{1}{b-a}\left[\frac{x^3}{3}\right]_a^b-\frac{(a+b)^2}{4}=\frac{b^3-a^3}{3(b-a)}-\frac{(a+b)^2}{4}$$

$$=\frac{(b-a)(b^2+ab+a^2)}{3(b-a)}-\frac{a^2+2ab+b^2}{4}=\frac{b^2-2ab+a^2}{12}$$

$$=\frac{(b-a)^2}{12}$$

11. Theoretische Verteilungen III (Approximationen, Reproduktionseigenschaft)

Aufgabe 11.1

Aus einer Produktionsserie von 10 000 Bauteilen mit einem Ausschussanteil von $\theta = 0{,}3$ werden zufällig $n = 50$ Teile mit Zurücklegen ausgewählt. Berechnen Sie die Wahrscheinlichkeit dafür, dass sich darunter zwischen 10 und 20 fehlerhafte Stücke befinden.

Aufgabe 11.2

Aus 500 gelieferten Armaturenbrettern eines Automobilzulieferers mit 20 % Ausschuss werden ohne Zurücklegen 100 ausgewählt. Berechnen Sie die Wahrscheinlichkeit dafür, dass sich darunter genau 20 schlechte Armaturenbretter befinden.

Aufgabe 11.3

In einem Industriebetrieb fallen in einem Jahr 1 000 000 Buchungen an, wobei der Anteil der Fehlbuchungen 0,75 % beträgt. Bei einer Betriebsprüfung werden 2 000 Buchungen zufällig ausgewählt und überprüft. Die Buchführung wird als ordnungsmäßig eingestuft, wenn der Prozentsatz der fehlerhaften Buchungen 1 % nicht übersteigt. Berechnen Sie die Wahrscheinlichkeit dafür, dass die Ordnungsmäßigkeit der Buchführung verworfen wird.

Aufgabe 11.4

Eine Fluggesellschaft hat festgestellt, dass das Körpergewicht der Fluggäste normalverteilt ist mit $\mu = 75$ kg und $\sigma^2 = 100$. Die Flugzeuge eines bestimmten Typs können jeweils 144 Personen aufnehmen. Geben Sie den Erwartungswert und die Varianz für das Gesamtgewicht der Fluggäste eines vollbesetzten Flugzeugs an. Bestimmen Sie die Wahrscheinlichkeit dafür, dass das Gesamtgewicht der Fluggäste eines vollbesetzten Flugzeugs größer als 11 100 kg ist.

Aufgabe 11.5

Eine Abfüllmaschine füllt Kaffee in Dosen ab. Die Gewichte der abgefüllten Kaffeemengen und der Dosen seien unabhängig voneinander und jeweils normalverteilt mit den Mittelwerten 500 g und 50 g und den Varianzen 96 und 4. Wie groß ist die Wahrscheinlichkeit, dass das Gewicht einer verkaufsfertigen Kaffeedose weniger als 540 g beträgt?

Lösungen

Lösung zu Aufgabe 11.1

Die exakte Anzahl der fehlerhaften Stücke X in der Ziehung ist binomialverteilt mit $n = 50$ und $\theta = 0{,}3$. Die gesuchte Wahrscheinlichkeit beträgt genau

$$W(10 \le X \le 20) = F_B(20\,/\,0{,}3) - F_B(9\,/\,0{,}3) = 0{,}9522 - 0{,}0402 = 0{,}9120.$$

Alternativ kann aufgrund des großen Stichprobenumfangs n und $n\theta(1-\theta) = 10{,}5 > 9$ die Binomialverteilung durch die Normalverteilung mit den Parametern

$$\mu = n\theta = 15 \quad \text{und} \quad \sigma^2 = n\theta(1-\theta) = 10{,}5$$

approximiert werden. Unter Beachtung der Stetigkeitskorrektur und mittels Standardisierung führt diese Approximation zur Wahrscheinlichkeit

$$\begin{aligned} W(10 \le X \le 20) &\approx F_n(20{,}5\,/\,15;10{,}5) - F_n(9{,}5\,/\,15;10{,}5) = F_N(1{,}697) - F_N(-1{,}697) \\ &= 0{,}9552 - 0{,}0448 = 0{,}9104. \end{aligned}$$

Mit der angenäherten Wahrscheinlichkeit von 91,04 % befinden sich zwischen 10 und 20 fehlerhafte Stücke in der zufälligen Auswahl.

Lösung zu Aufgabe 11.2

Die exakte Anzahl fehlerhafter Stücke X ist hypergeometrisch verteilt. Für den vorliegenden Fall liegen jedoch keine Einträge in den Verteilungstabellen der hypergeometrischen Verteilung vor. Darüber hinaus ist die Bestimmung von Werten der Wahrscheinlichkeitsfunktion aufgrund der hohen Werte $N = 500$, $M = 100$ und $n = 100$ praktisch sehr umständlich. Daher erfolgt eine Approximation durch die Normalverteilung mit den Parametern

$$\mu = n\theta = 20 \quad \text{und} \quad \sigma^2 = n\theta(1-\theta)\frac{N-n}{N-1} = 12{,}8257,$$

wobei $\theta = M/N = 0{,}2$ den Ausschussanteil bezeichnet. Unter Beachtung der Stetigkeitskorrektur und Standardisierung ergibt sich so die Wahrscheinlichkeit

$$\begin{aligned} W(X = 20) &\approx F_n(20{,}5\,/\,20;12{,}8257) - F_n(19{,}5\,/\,20;12{,}8257) = F_N(0{,}14) - F_N(-0{,}14) \\ &= 0{,}5557 - 0{,}4443 = 0{,}1114. \end{aligned}$$

Mit einer angenäherten Wahrscheinlichkeit von 11,14 % befinden sich unter den 100 ausgewählten Armaturenbrettern genau 20 schlechte.

Lösung zu Aufgabe 11.3

Es bezeichne P den Anteil der fehlerhaften Buchungen in der Stichprobe und X die Anzahl der fehlerhaften Buchungen in der Stichprobe. Die exakte Anzahl der fehlerhaften Buchungen ist hypergeometrisch verteilt mit $N = 1\,000\,000$, $M = 0{,}0075 \cdot N = 15\,000$ und

$n = 2000$. Eine exakte Bestimmung der gesuchten Wahrscheinlichkeit ist aufgrund der großen Parameterwerte nicht möglich.

Es wird eine Approximation mittels der Normalverteilung durchgeführt:

$$\mu = n\theta = 15 \quad \text{und} \quad \sigma^2 = n\theta(1-\theta)\frac{N-n}{N-1} = 14{,}85774$$

Unter Beachtung der Stetigkeitskorrektur und Standardisierung ergibt sich die angenäherte Wahrscheinlichkeit

$$\begin{aligned} \mathrm{W}(P > 0{,}01) &= \mathrm{W}(X > 20) = 1 - \mathrm{W}(X \le 20) \approx 1 - F_{\mathrm{n}}(20{,}5 / 15; 14{,}85774) = 1 - F_{\mathrm{N}}(1{,}427) \\ &= 1 - 0{,}9232 = 0{,}0768. \end{aligned}$$

Mit einer Wahrscheinlichkeit von etwa 7,68 % wird die Ordnungsmäßigkeit der Buchführung verworfen.

Es besteht alternativ die Möglichkeit, die hypergeometrische Verteilung durch die Poissonverteilung mit dem Parameter

$$\mu = n\theta = 15$$

zu approximieren und diese wiederum durch die Normalverteilung mit

$$\mu = 15 \quad \text{und} \quad \sigma^2 = 15.$$

Mit dieser Approximation ergibt sich die Wahrscheinlichkeit

$$\begin{aligned} \mathrm{W}(P > 0{,}01) &= \mathrm{W}(X > 20) = 1 - \mathrm{W}(X \le 20) = 1 - F_{\mathrm{n}}(20{,}5 / 15; 15) = 1 - F_{\mathrm{N}}(1{,}42) \\ &= 1 - 0{,}9222 = 0{,}0778. \end{aligned}$$

Grundsätzlich ist für die gegebene Aufgabenstellung keine der beiden Alternativen prinzipiell vorzuziehen. Die Rechnungen belegen, dass auch eine zweifache Approximation zuverlässige Ergebnisse liefern kann.

Lösung zu Aufgabe 11.4

Es sei X_i das Gewicht des i-ten Fluggasts und G das Gesamtgewicht aller Fluggäste; es gilt

$$G = X_1 + X_2 + \cdots + X_{144}.$$

Aufgrund der Reproduktionseigenschaft der Normalverteilung ist G normalverteilt mit

$$\mu = \mathrm{E}(G) = \mathrm{E}(X_1) + \mathrm{E}(X_2) + \cdots + \mathrm{E}(X_{144}) = 144 \cdot 75 = 10800\text{kg} \quad \text{und}$$

$$\sigma^2 = \mathrm{Var}(G) = \mathrm{Var}(X_1) + \mathrm{Var}(X_2) + \cdots + \mathrm{Var}(X_{144}) = 144 \cdot 100 = 14400.$$

Es folgt mittels Standardisierung von G:

$$W(G > 11100) = 1 - W(G \leq 11100) = 1 - F_N(11100 / 10800;14400) = 1 - F_N\left(\frac{11100 - 10800}{\sqrt{14400}}\right)$$

$$= 1 - F_N(2{,}5) = 1 - 0{,}9938 = 0{,}0062$$

Die Wahrscheinlichkeit, dass das Gesamtgewicht der Fluggäste eines vollbesetzten Flugzeugs größer als 11 100 kg ist, beträgt etwa 0,62 %.

Lösung zu Aufgabe 11.5

Es sei G das zufällige Gewicht einer verkaufsfertigen Kaffeedose, X das Gewicht der Füllmenge und Y das Gewicht der leeren Dose. Dann ist $G = X + Y$ normalverteilt mit

$$\mu = E(G) = E(X) + E(Y) = 550 \quad \text{und} \quad \sigma^2 = Var(G) = Var(X) + Var(Y) = 100$$

aufgrund der Unabhängigkeit. Es folgt somit:

$$W(G < 540) = F_n(540 / 550;100) = F_N(-1) = 0{,}1587$$

Mit einer Wahrscheinlichkeit von 0,1587 liegt das Gewicht einer verkaufsfertigen Kaffeedose unterhalb von 540 g.

12. Stichproben und Stichprobenverteilung I

Aufgabe 12.1

Von 100 Solarmodulen einer Lieferung sind 50 Stück fehlerhaft. Es werden zufällig 4 Module ohne Zurücklegen ausgewählt. Wie groß ist die Wahrscheinlichkeit dafür, dass der Anteil der fehlerhaften Module in der Stichprobe genau 25 % beträgt?

Aufgabe 12.2

Von 2000 Einzelhändlern einer Stadt beurteilen 800 die Geschäftsaussichten des bevorstehenden Sommerschlussverkaufs optimistisch. Berechnen Sie die Wahrscheinlichkeit dafür, dass in einer Stichprobe von 400 Einzelhändlern der Anteil derjenigen, die optimistisch sind, höchstens 34 % beträgt.

Aufgabe 12.3

Ein Batteriehersteller hat mit seinem Abnehmer folgende Vereinbarungen getroffen: Aus allen Lieferungen, die jeweils 100 000 Stück umfassen, werden 250 Stück zufällig ohne Zurücklegen ausgewählt und überprüft. Enthält die Stichprobe mehr als 12 Batterien, die die vereinbarte Qualitätsnorm nicht erfüllen, wird die gesamte Lieferung abgelehnt. Berechnen Sie die Wahrscheinlichkeit dafür, dass eine bestimmte Lieferung abgelehnt wird unter der Annahme, dass sie einen Anteil von 10 % fehlerhafter Batterien enthält.

Aufgabe 12.4

In einer Großstadt beträgt der Anteil der Anhänger eines Sportvereins 24 %. Wie groß ist die Wahrscheinlichkeit dafür, dass der Anteil der Anhänger in einer Stichprobe im Umfang von 500 Personen größer als 26 % ist?

Aufgabe 12.5

Es bezeichnet P allgemein den zufälligen Anteilswert in einer Stichprobe.

(a) Leiten Sie aus den allgemeinen Formeln

$$\mathrm{E}(X) = \sum_i x_i f(x_i) \quad \text{und} \quad \mathrm{Var}(X) = \sum_i x_i^2 f(x_i) - [\mathrm{E}(X)]^2$$

die entsprechenden Formeln für $\mathrm{E}(P)$ und $\mathrm{Var}(P)$ her, d. h. den Erwartungswert und die Varianz eines zufälligen Anteilswerts.

(b) Berechnen Sie für die hypergeometrische Verteilung mit den Parametern $N = 5$, $M = 2$ und $n = 2$, d.h. für die Werte

x_i	$p_i = x_i/n$	$f_H(x_i/5; 2; 2) = f(p)$
0	0,0	0,3
1	0,5	0,6
2	1,0	0,1

nach den Formeln aus (a) den Erwartungswert und die Varianz.

Lösungen

Lösung zu Aufgabe 12.1

Es bezeichnet P den zufälligen Anteil der fehlerhaften Module in der Stichprobe; gesucht ist $W(P = 0{,}25)$. Die exakte Anzahl X gezogener fehlerhafter Module ist hypergeometrisch verteilt mit $N = 100$, $M = 50$ und $n = 4$. Mit p als beobachtetem Anteil der fehlerhaften Module in der Stichprobe ergibt sich $x = np = 4 \cdot 0{,}25 = 1$. Somit gilt:

$$W(P=0{,}25) = W(X=1) = f_H(1/100;4;50) = \frac{\binom{50}{1}\binom{50}{3}}{\binom{100}{4}} = \frac{\frac{50!}{1!49!}\cdot\frac{50!}{3!47!}}{\frac{100!}{4!96!}} = \frac{50\cdot\frac{50\cdot 49\cdot 48}{1\cdot 2\cdot 3}}{\frac{100\cdot 99\cdot 98\cdot 97}{1\cdot 2\cdot 3\cdot 4}}$$

$$= \frac{50\cdot 19600}{3921225} \approx 0{,}2499$$

Mit einer Wahrscheinlichkeit von 0,2499 beträgt der Anteil fehlerhafter Solarmodule in der Stichprobe 25 %.

Lösung zu Aufgabe 12.2

Der Anteil in der Grundgesamtheit beträgt

$$\theta = \frac{M}{N} = \frac{800}{2000} = 0{,}4$$

und der Standardfehler des zufälligen Stichprobenanteils P ist gegeben durch

$$\sigma_P = \sqrt{\frac{\theta(1-\theta)}{n}}\sqrt{\frac{N-n}{N-1}} = 0{,}0219.$$

Unter Verwendung der Approximation durch die Normalverteilung und Standardisierung folgt

$$W(P \le 0{,}34) \approx \int_{-\infty}^{0{,}34} f_n(p/0{,}4;0{,}0219^2)\,dp = F_n(0{,}34/0{,}4;0{,}0219^2) = F_N(-2{,}740) = 0{,}0031.$$

Die Wahrscheinlichkeit, dass in der Stichprobe höchstens 34 % der Einzelhändler optimistisch sind, beträgt angenähert 0,31 %.

Lösung zu Aufgabe 12.3

Da $\theta = 0{,}10$ und der Auswahlsatz $n / N < 0{,}05$ ist, kann

$$\sigma_P = \sqrt{\frac{\theta(1-\theta)}{n}} = 0{,}019$$

gesetzt werden. Der zufällige Stichprobenanteilswert P ist approximativ normalverteilt. Die gesuchte Wahrscheinlichkeit ist demnach

$$\begin{aligned} W(X > 12) &= W(P > 0{,}048) \approx \int_{0{,}048}^{\infty} f_{\mathrm{n}}(p / 0{,}10; 0{,}019^2)\,dp = 1 - F_{\mathrm{n}}(0{,}048 / 0{,}10; 0{,}019^2) \\ &= 1 - F_{\mathrm{N}}(-2{,}737) = 1 - 0{,}0031 = 0{,}9969. \end{aligned}$$

Es besteht alternativ die Möglichkeit, die Anzahl der fehlerhaften Batterien in der Stichprobe direkt als binomialverteilte Zufallsvariable mit $n = 250$ und $\theta = 0{,}1$ zu betrachten, da $n / N < 0{,}05$. Aufgrund von $n\theta(1 - \theta) = 22{,}5$ wird die Binomialverteilung durch die Normalverteilung

$$\mu = n\theta = 25 \quad \text{und} \quad \sigma^2 = n\theta(1-\theta) = 22{,}5$$

approximiert, sodass sich als angenäherte Wahrscheinlichkeit

$$W(X > 12) = 1 - W(X \leq 12) \approx 1 - F_{\mathrm{n}}(12{,}5 / 25; 22{,}5) = 1 - F_{\mathrm{N}}(-2{,}635) = 0{,}9958$$

ergibt.

Unter der Annahme, dass der wahre Anteil fehlerhafter Batterien 10 % beträgt, wird eine Lieferung mit angenäherter Wahrscheinlichkeit 99,69 % bzw. 99,58 % abgelehnt.

Lösung zu Aufgabe 12.4

Aufgrund der Größe der Grundgesamtheit wird die exakte Anzahl X der Anhänger in der Stichprobe als binomialverteilt mit $n = 500$ und $\theta = 0{,}24$ angesehen. Gesucht ist

$$W\left(\frac{X}{n} > 0{,}26\right) = W(X > 130) = 1 - F_{\mathrm{B}}(130 / 500; 0{,}24).$$

Für die gegebenen Werte von n und θ ist eine Approximation mithilfe der Normalverteilung sinnvoll. Für die Approximation wird

$$\mu = n\theta = 120 \quad \text{und} \quad \sigma^2 = n\theta(1-\theta) = 91{,}2$$

gesetzt. Die gesuchte Wahrscheinlichkeit ist unter Berücksichtigung der Stetigkeitskorrektur

$$W(X > 130) = 1 - W(X \leq 130) \approx 1 - F_n(130{,}5 / 120; 91{,}2) = 1 - F_N(1{,}099) = 1 - 0{,}8641$$
$$= 0{,}1359.$$

Alternativ kann der zufällige Stichprobenanteil P direkt durch die Normalverteilung approximiert werden, indem auf Grundlage des korrekten Anteilswerts $\theta = 0{,}24$ der Standardfehler

$$\sigma_P = \sqrt{\frac{\theta(1-\theta)}{n}} = 0{,}0191$$

bestimmt wird. Da P approximativ normalverteilt ist, folgt

$$W(P > 0{,}26) \approx \int_{0{,}26}^{\infty} f_n(p / 0{,}24; 0{,}0191^2)\,dp = 1 - F_n(0{,}26 / 0{,}24; 0{,}191^2) = 1 - F_N(1{,}047)$$
$$= 1 - 0{,}8525 = 0{,}1475.$$

Lösung zu Aufgabe 12.5

(a) Herleitung:

$$E(P) = E\left(\frac{X}{n}\right) = \frac{1}{n}E(X) = \frac{1}{n}\sum_i x_i f(x_i) = \sum_i \frac{x_i}{n} f(x_i) = \sum_i p_i f(p_i)$$

$$\mathrm{Var}(P) = \mathrm{Var}\left(\frac{X}{n}\right) = \frac{1}{n^2}\mathrm{Var}(X) = \frac{1}{n^2}\left[\sum_i x_i^2 f(x_i) - [E(X)]^2\right]$$
$$= \sum_i \frac{x_i^2}{n^2} f(x_i) - \left[\frac{1}{n}E(X)\right]^2 = \sum_i p_i^2 f(p_i) - [E(P)]^2$$

(b) Es gilt:

$$E(P) = 0 \cdot 0{,}3 + 0{,}5 \cdot 0{,}6 + 1 \cdot 0{,}1 = 0{,}4$$
$$\mathrm{Var}(P) = 0 \cdot 0{,}3 + 0{,}25 \cdot 0{,}6 + 1 \cdot 0{,}1 - 0{,}4^2 = 0{,}09$$

13. Stichproben und Stichprobenverteilung II

Aufgabe 13.1

Aus einer Grundgesamtheit von $N = 5$ Personen mit den Lebensaltern A: 20, B: 22, C: 24, D: 26 und E: 28 Jahre werden Stichproben im Umfang $n = 2$ mit Zurücklegen gezogen.

(a) Berechnen Sie das arithmetische Mittel μ und die Varianz σ^2 der Lebensalter dieser Grundgesamtheit.

(b) Bestimmen Sie sämtliche mögliche Stichproben und die zugehörigen Stichprobendurchschnittsalter $\overline{x}$.

(c) Bestimmen Sie unter Verwendung von (b) die Wahrscheinlichkeitsverteilung des Stichprobendurchschnittsalters $\overline{X}$ und mit ihrer Hilfe den Erwartungswert $E(\overline{X})$ und die Varianz $Var(\overline{X})$ des Stichprobendurchschnittsalters.

(d) Berechnen Sie ohne Verwendung von (b) und (c) aus den Parametern der Grundgesamtheit den Erwartungswert $E(\overline{X})$ und die Varianz $Var(\overline{X})$ des Stichprobendurchschnittsalters $\overline{X}$.

Aufgabe 13.2

Die von einem Unternehmen hergestellten Mikrowellengeräte besitzen eine normalverteilte Lebensdauer (gemessen als Betriebszeit in Stunden) mit dem Erwartungswert $\mu = 800$ Stunden und der Standardabweichung $\sigma = 40$. Man bestimme die Wahrscheinlichkeit dafür, dass eine aus der laufenden Produktion gezogene Stichprobe vom Umfang $n = 16$ eine durchschnittliche Lebensdauer von weniger als 775 Stunden liefert.

Aufgabe 13.3

Bei der Untersuchung von 300 Rechnungen eines Einzelhandelsgeschäfts ergab sich ein durchschnittlicher Rechnungsbetrag von $\mu = 15{,}30$ Euro bei einer Standardabweichung von $\sigma = 4{,}10$. Aus dieser Gesamtheit von Rechnungen wird eine Stichprobe im Umfang von $n = 36$ ohne Zurücklegen entnommen. Wie groß ist die Wahrscheinlichkeit dafür, dass der durchschnittliche Rechnungsbetrag der Stichprobe zwischen 14,50 Euro und 16,50 Euro liegt?

Aufgabe 13.4

In einer Kaffeerösterei wird auf zwei Maschinen Kaffee abgefüllt. Das durchschnittliche Füllgewicht der Packungen von Maschine 1 beträgt $\mu_1 = 510$ g bei einer Standardabweichung von $\sigma_1 = 6$. Bei Maschine 2 beträgt das durchschnittliche Füllgewicht $\mu_2 = 510$ g bei einer Standardabweichung von $\sigma_2 = 8$. Aus der laufenden Produktion wird nun je eine Stichprobe entnommen, bei Maschine 1 im Umfang von $n_1 = 80$ Packungen und bei Maschine 2 im Umfang von $n_2 = 120$ Packungen. Wie groß ist die Wahrscheinlichkeit dafür, dass sich die durchschnittlichen Füllgewichte der beiden Stichproben um höchstens 1 g unterscheiden?

Aufgabe 13.5

Aus der Gesamtheit aller bestehenden Unternehmen in Hessen wird eine Zufallsauswahl von $n = 30$ Unternehmen getroffen und von diesen jeweils die Rechtsform und die Anzahl der Angestellten erhoben. Unter anderem wird das Ziel verfolgt, die durchschnittliche Anzahl der Angestellten je Unternehmen sowie den wahren Anteil der GmbHs in Hessen zu ermitteln.

(a) Angenommen, die Anzahl der Angestellten X ist in der Grundgesamtheit normalverteilt mit Mittelwert $\mu = 10$ und Varianz $\sigma^2 = 25$. Wie ist dann das Stichprobenmittel $\overline{X} = \frac{1}{30}\sum X_i$ verteilt?

(b) Bestimmen Sie die Standardisierung von $\overline{X}$ und benennen Sie deren Verteilung.

(c) Wie ist die beobachtete Anzahl Y der GmbHs in der Stichprobe verteilt?

(d) Bestimmen Sie die Varianz des beobachteten Anteils der GmbHs in der Stichprobe für allgemeines n. Wie groß müsste n sein, damit bei einem wahren Anteil von $\theta_0 = 0{,}4$ die Varianz höchstens 0,01 beträgt?

Lösungen

Lösung zu Aufgabe 13.1

(a) Berechnung:

$$\mu = \frac{1}{5}(20 + 22 + 24 + 26 + 28) = 24$$

$$\sigma^2 = \frac{1}{5}((20 - 24)^2 + (22 - 24)^2 + \cdots + (20 - 28)^2) = 8$$

Da hier die Grundgesamtheit bekannt ist, wird die Varianzformel für Einzelwerte verwendet und nicht die Formel der Stichprobenvarianz, bei der die Summe der quadrierten Abweichungen durch $n - 1 = 4$ geteilt würde.

(b) Bei einer Stichprobenziehung mit $n = 2$ sind die folgenden Stichproben möglich:

Stichprobe j	Person Nr. 1	Person Nr. 2	x_{j1}	x_{j2}	$\overline{x}_j$
1	A	A	20	20	20
2	A	B	20	22	21
3	A	C	20	24	22
4	A	D	20	26	23
5	A	E	20	28	24
6	B	A	22	20	21
7	B	B	22	22	22
8	B	C	22	24	23
9	B	D	22	26	24
10	B	E	22	28	25
11	C	A	24	20	22
12	C	B	24	22	23
13	C	C	24	24	24
14	C	D	24	26	25
15	C	E	24	28	26
16	D	A	26	20	23
17	D	B	26	22	24
18	D	C	26	24	25
19	D	D	26	26	26
20	D	E	26	28	27
21	E	A	28	20	24
22	E	B	28	22	25
23	E	C	28	24	26
24	E	D	28	26	27
25	E	E	28	28	28

(c) Die Wahrscheinlichkeitsverteilung kann aus der Tabelle in Teilaufgabe (b) direkt ermittelt werden, da die Werte der Wahrscheinlichkeitsfunktion den relativen Häufigkeiten der Ausprägungen von $\overline{x}$ entsprechen. Sie wird tabellarisch dargestellt:

$\overline{x}$	20	21	22	23	24	25	26	27	28
$f(\overline{x})$	0,04	0,08	0,12	0,16	0,20	0,16	0,12	0,08	0,04

Daraus werden direkt Erwartungswert und Varianz berechnet:

$$\mathrm{E}(\overline{X}) = \sum \overline{x} f(\overline{x}) = 20 \cdot 0{,}04 + 21 \cdot 0{,}08 + \cdots + 28 \cdot 0{,}04 = 24$$

$$\mathrm{Var}(\overline{X}) = \sum \overline{x}^2 f(\overline{x}) - [\mathrm{E}(\overline{X})]^2 = 580 - 24^2 = 4$$

(d) Für den Erwartungswert und die Varianz des zufälligen Stichprobenmittelwerts gelten bei Ziehen mit Zurücklegen allgemein die folgenden Beziehungen:

$$\mathrm{E}(\overline{X}) = \mu = 24 \qquad \mathrm{Var}(\overline{X}) = \frac{\sigma^2}{n} = \frac{8}{2} = 4$$

Lösung zu Aufgabe 13.2

Da die Grundgesamtheit normalverteilt ist, ist auch die zufällige Durchschnittslebensdauer in einer Stichprobe normalverteilt. Deren Erwartungswert und Varianz können direkt aus den Parametern der Grundgesamtheit bestimmt werden; es gilt

$$E(\overline{X}) = \mu = 800 \quad \text{und} \quad \sigma_{\overline{X}} = \frac{\sigma}{\sqrt{n}} = \frac{40}{\sqrt{16}} = 10.$$

Die gesuchte Wahrscheinlichkeit wird nun unter Verwendung der Standardisierung und der Verteilungstabellen der Normalverteilung ermittelt:

$$W(\overline{X} < 775) = F_n(775 / 800; 10^2) = F_N(-2{,}5) = 0{,}0062$$

Mit einer Wahrscheinlichkeit von 0,62 % beträgt die durchschnittliche Lebensdauer in der Stichprobe weniger als 775 Stunden.

Lösung zu Aufgabe 13.3

Für den zufälligen Stichprobenmittelwert gilt:

$$E(\overline{X}) = \mu = 15{,}30$$

$$\sigma_{\overline{X}} = \frac{\sigma}{\sqrt{n}}\sqrt{\frac{N-n}{N-1}} = \frac{4{,}10}{\sqrt{36}}\sqrt{\frac{300-36}{300-1}} \approx 0{,}642$$

Hier wird aufgrund der Größe des Auswahlsatzes von $n/N = 36/300 > 0{,}05$ der Korrekturterm $\sqrt{(N-n)/(N-1)}$ für die Bestimmung der Standardabweichung verwendet.

Da $n > 30$, kann der zufällige Stichprobenmittelwert als angenähert normalverteilt aufgefasst werden. Die gesuchte Wahrscheinlichkeit beträgt demnach:

$$\begin{aligned} W(14{,}50 < \overline{X} < 16{,}50) &\approx F_n(16{,}50 / 15{,}30; 0{,}642^2) - F_n(14{,}50 / 15{,}30; 0{,}642^2) \\ &= F_N(1{,}869) - F_N(-1{,}246) = 0{,}9692 - 0{,}1064 = 0{,}8628 \end{aligned}$$

Mit einer Wahrscheinlichkeit von etwa 86,28 % liegt der durchschnittliche Rechnungsbetrag der Stichprobe zwischen 14,50 Euro und 16,50 Euro.

Lösung zu Aufgabe 13.4

Es bezeichnen $\overline{X}_1$ und $\overline{X}_2$ die durchschnittlichen Füllgewichte der beiden Stichproben. Dann ist $D = \overline{X}_1 - \overline{X}_2$ die Differenz der Füllgewichte und es gilt:

$$E(D) = E(\overline{X}_1 - \overline{X}_2) = E(\overline{X}_1) - E(\overline{X}_2) = \mu_1 - \mu_2 = 510 - 510 = 0$$

Die Standardabweichung von D ist gegeben durch

$$\sigma_D = \sqrt{\frac{\sigma_1^2}{n_1} + \frac{\sigma_2^2}{n_2}} = \sqrt{\frac{6^2}{80} + \frac{8^2}{120}} = 0{,}992.$$

Dass die Füllgewichte sich um höchstens 1 g unterscheiden, bedeutet $|\overline{X}_1 - \overline{X}_2| \leq 1$ bzw. gleichbedeutend $|D| \leq 1$. Da die Stichprobenumfänge die Anwendung des zentralen Grenzwertsatzes erlauben, kann D als normalverteilt aufgefasst werden. Somit ist

$$\begin{aligned} W(|D| \leq 1) &= W(-1 \leq D \leq 1) = F_n(1/0;0{,}992^2) - F_n(-1/0;0{,}992^2) = F_N(1{,}008) - F_N(-1{,}008) \\ &= 0{,}8433 - 0{,}1567 = 0{,}6866. \end{aligned}$$

Mit einer Wahrscheinlichkeit von etwa 68,66 % unterscheiden sich die durchschnittlichen Füllgewichte der beiden Stichproben um höchstens 1 g.

Lösung zu Aufgabe 13.5

(a) Das Stichprobenmittel $\overline{X}$ ist normalverteilt mit den Parametern

$$\mu_{\overline{X}} = E(\overline{X}) = E(X) = 10$$

und

$$\sigma_{\overline{X}}^2 = \mathrm{Var}(\overline{X}) = \frac{\sigma^2}{n} = \frac{25}{30} = 0{,}83.$$

(b) Die Standardisierung von $\overline{X}$ lautet

$$\frac{\overline{X} - \mu_{\overline{X}}}{\sigma_{\overline{X}}} = \frac{\overline{X} - 10}{0{,}913}$$

und ist standardnormalverteilt, d. h. normalverteilt mit Erwartungswert 0 und Varianz 1.

(c) Es bezeichne θ den korrekten Anteil der GmbHs in der Grundgesamtheit. Die beobachtete Anzahl der GmbHs in der Stichprobenziehung folgt einer Binomialverteilung mit den Parametern $n = 30$ und θ, da jedes gezogene Unternehmen mit identischer Wahrscheinlichkeit θ entweder eine GmbH ist oder nicht (Erfolg/Misserfolg) und laut der Aufgabenstellung die Ziehungen unabhängig voneinander erfolgen.

(d) Die Varianz des Stichprobenanteils $P = Y/n$ ist allgemein gegeben als

$$\mathrm{Var}(P) = \mathrm{Var}\left(\frac{Y}{n}\right) = \frac{1}{n^2}\mathrm{Var}(Y) = \frac{1}{n^2} \cdot n\theta_0(1-\theta_0) = \frac{\theta_0 \cdot (1-\theta_0)}{n}.$$

Damit bei einem wahren Anteil von $\theta_0 = 0{,}4$ die Varianz höchstens 0,01 beträgt, muss

$$0{,}01 \geq \mathrm{Var}(P) = \frac{\theta_0 \cdot (1-\theta_0)}{n} = \frac{0{,}4 \cdot 0{,}6}{n} = \frac{0{,}24}{n}$$

gelten. Somit folgt

$$n \geq \frac{0{,}24}{0{,}01} = 24.$$

Der Stichprobenumfang muss somit mindestens 24 betragen. Die Standardabweichung beträgt in diesem Fall $\sqrt{0{,}01} = 0{,}1$.

14. Schätzverfahren I

Aufgabe 14.1

Für eine Studie zum Thema Umweltschutz werden aus der gesamten EU-Bevölkerung Personen zufällig ausgewählt und diesen ein Fragebogen zur Beantwortung gegeben. Unter anderem wird gefragt:

1. Alter: ________ 2. Geschlecht: ________

3. monatliches Bruttoeinkommen (in Euro): ______________

4. Bewerten Sie die Bedeutung des internationalen Umweltschutzes:
   ☐ unwichtig ☐ indifferent ☐ wichtig

Die ersten 10 befragten Personen haben die folgenden Angaben gemacht.

Alter	Geschlecht	Einkommen	Umweltschutz
25	w	760	wichtig
21	m	540	indifferent
47	m	2400	unwichtig
52	w	3900	wichtig
32	w	1200	indifferent
68	w	1300	wichtig
15	m	100	unwichtig
60	m	1760	unwichtig
19	w	400	unwichtig
34	m	4800	wichtig

(a) Benennen Sie alle vorliegenden Merkmale und deren Skalierung. Ordnen Sie den Sachverhalt in den Kontext der Stichprobentheorie ein.

(b) Geben Sie eine Punktschätzung für den Anteil der Personen an, die den internationalen Umweltschutz als unwichtig einstufen.

(c) Schätzen Sie das Durchschnittsalter der EU-Bevölkerung. Kennzeichnen Sie den Parameter, den Schätzer und die Schätzung.

(d) Bilden Sie ein 90%-Konfidenzintervall für das Durchschnittseinkommen der EU-Bevölkerung. Gehen Sie hierbei davon aus, dass das Durchschnittseinkommen in der Grundgesamtheit normalverteilt ist.

Aufgabe 14.2

Eine Maschine füllt Tierfutter zu je 100 g ab. Es wird angenommen, dass das Füllgewicht normalverteilt ist. Eine Stichprobe vom Umfang $n = 5$ liefert die folgenden Werte (in g): 105, 107, 103, 106, 104.

(a) Bestimmen Sie ein 95%-Konfidenzintervall für das durchschnittliche Füllgewicht in der Grundgesamtheit.

(b) Bestimmen Sie ein 80%-Konfidenzintervall für die Varianz des Füllgewichts in der Grundgesamtheit.

Aufgabe 14.3

Von den 60 000 Besuchern einer Sportveranstaltung werden 196 zufällig ausgewählte Personen nach ihrem Wohnort befragt.

(a) Unter den 196 befragten Personen befanden sich 49 Einheimische. Berechnen Sie das 95,45%-Konfidenzintervall für den Anteil der Einheimischen bei der Veranstaltung.

(b) Wie viele Personen müssen in eine Befragung einbezogen werden, damit mit einer Sicherheit von 95,45 % der absolute Fehler $\Delta\theta$ der Stichprobenschätzung des Anteilswertes höchstens 0,01 beträgt?

Aufgabe 14.4

50 zufällig ausgewählte Pkw des gleichen Typs werden mit 2 Litern Kraftstoff betankt. Mit dieser Tankfüllung legen sie im Durchschnitt $\bar{x} = 50$ km bei einer Standardabweichung von $s = 7$ zurück.

(a) Bestimmen Sie ein 95%-Konfidenzintervall für die durchschnittliche Kilometerleistung dieses Pkw-Typs.

(b) Wie groß muss der Stichprobenumfang n gewählt werden, wenn bei gleichem Konfidenzniveau wie in (a) das Konfidenzintervall für die durchschnittliche Kilometerleistung eine Breite von 2 km aufweisen soll?

Aufgabe 14.5

Ein Marktforschungsinstitut will in einer Großstadt den Monatsumsatz eines Markenartikels aus dem Haushaltsbedarf feststellen. Von den 5000 Einzelhändlern der Großstadt werden 350 zufällig ausgewählt und befragt. Es ergibt sich ein durchschnittlicher Monatsumsatz von $\bar{x} = 560$ Euro bei einer Standardabweichung von $s = 30$.

(a) Bestimmen Sie ein 95%-Konfidenzintervall für den durchschnittlichen Monatsumsatz des Markenartikels in der Großstadt.

(b) Bestimmen Sie unter Verwendung des Ergebnisses aus Teilaufgabe (a) ein 95%-Konfidenzintervall für den Monatsgesamtumsatz aller 5000 Einzelhändler für diesen Markenartikel.

(c) Wie groß ist der Stichprobenumfang n festzulegen, damit der absolute Fehler des symmetrischen Konfidenzintervalls für den unbekannten durchschnittlichen Monatsumsatz in der Grundgesamtheit $\Delta\mu = 1$ beträgt (Konfidenzniveau 95 %)?

Lösungen

Lösung zu Aufgabe 14.1

(a) Es liegen die folgenden Merkmale vor:
- *Alter* (Verhältnisskala)
- *Geschlecht* (Nominalskala)
- *Einkommen* (Verhältnisskala)
- *Umweltschutz* (Ordinalskala)

Der Kontext der Stichprobentheorie ergibt sich durch die zufällige Auswahl von Personen aus der EU-Bevölkerung. Laut Aufgabenstellung werden aus $N \approx 512$ Mio. Personen der EU-Bevölkerung $n = 10$ ausgewählt. In diesem Sinne können die Merkmalsträger der Grundgesamtheit formal mit der Menge aller Zahlen

$$\{1, 2, 3, \ldots, 512 \text{ Mio.}\}$$

gleichgesetzt werden. Für jedes untersuchte Merkmal ergeben sich so Zufallsvariablen, etwa X^{Alter} für das Alter der Personen. Diese sind – gedanklich vor der Stichprobenziehung – beschrieben als

$$X_1^{\text{Alter}}, X_2^{\text{Alter}}, \ldots, X_n^{\text{Alter}},$$

auf deren Grundlage Schätzer (wie etwa für das Durchschnittalter in der Grundgesamtheit) konstruiert werden können. Nach der Stichprobenziehung liegen diese als Realisationen

$$x_1^{\text{Alter}}, x_2^{\text{Alter}}, \ldots, x_n^{\text{Alter}}$$

vor und besitzen im gegebenen Beispiel die Werte 25, 21, …, 34.

(b) Der unbekannte Anteil θ in der Grundgesamtheit wird mittels des bekannten Anteils in der Stichprobe geschätzt: $p = 4 / 10 = 0{,}4 = 40\,\%$.

(c) Geschätzt wird das wahre Durchschnittsalter μ der EU-Bevölkerung, das exakt bekannt wäre, wenn die Altersangaben aller EU-Bürger vorlägen. Der Parameter μ wird durch den zufälligen Stichprobenmittelwert

$$\overline{X} = \frac{1}{n}\sum_{i=1}^{n} X_i = \frac{1}{10}(X_1 + X_2 + \cdots + X_{10})$$

geschätzt. Die Realisation dieses Schätzers, d. h. die Schätzung, ist für die vorliegenden Stichprobenwerte

$$\overline{x} = \frac{1}{10}(x_1 + x_2 + \cdots + x_{10}) = \frac{1}{10}(25 + 21 + \cdots + 34) = 37{,}3$$

(d) Da Normalverteilung angenommen wird und die Varianz der Grundgesamtheit unbekannt ist, lautet die Formel des Konfidenzintervalls:

$$\overline{x} - t\hat{\sigma}_{\overline{x}} \leq \mu \leq \overline{x} + t\hat{\sigma}_{\overline{x}}$$

Auf Grundlage von $\overline{x} = 1716$ ergibt sich eine Stichprobenstandardabweichung von

$$s = \sqrt{\frac{1}{n-1}\sum (x_i - \overline{x})^2} \approx 1557{,}428,$$

woraus sich der Standardfehler

$$\hat{\sigma}_{\overline{x}} = \frac{s}{\sqrt{n}} = \frac{1557{,}428}{\sqrt{10}} \approx 492{,}5$$

ergibt. Weiterhin ist $t = t_{0,95;9} = 1{,}833$. Schließlich lautet das Konfidenzintervall:

$$\overline{x} - t\hat{\sigma}_{\overline{x}} \leq \mu \leq \overline{x} + t\hat{\sigma}_{\overline{x}}$$
$$1716 - 1{,}833 \cdot 492{,}5 \leq \mu \leq 1716 + 1{,}833 \cdot 492{,}5$$
$$813{,}19 \leq \mu \leq 2618{,}81$$

Das durchschnittliche monatliche Bruttoeinkommen der EU-Bevölkerung liegt zum Konfidenzniveau von 90 % zwischen 813,19 und 2618,81 Euro.

Lösung zu Aufgabe 14.2

(a) Aus der gegebenen Stichprobe wird zunächst berechnet:

$$\overline{x} = \frac{1}{n}\sum x_i = \frac{525}{5} = 105$$
$$s^2 = \frac{1}{n-1}\sum (x_i - \overline{x})^2 = \frac{10}{4} = 2{,}5$$
$$\hat{\sigma}_{\overline{X}} = \frac{s}{\sqrt{n}} = \sqrt{\frac{2{,}5}{5}} = 0{,}707$$

Für $1 - \alpha = 0{,}95$ und $v = n - 1 = 4$ liefert die Tabelle der Studentverteilung das Quantil $t = 2{,}776$. Das gesuchte Konfidenzintervall lautet daher:

$$\overline{x} - t\hat{\sigma}_{\overline{X}} \leq \mu \leq \overline{x} + t\hat{\sigma}_{\overline{X}}$$
$$105 - 2{,}776 \cdot 0{,}707 \leq \mu \leq 105 + 2{,}776 \cdot 0{,}707$$
$$103{,}037 \leq \mu \leq 106{,}963$$

(b) Für $1 - \alpha = 0{,}80$ und $v = n - 1 = 4$ liefert die Tabelle der Chi-Quadrat-Verteilung die Quantile

$$\chi^2_{\frac{\alpha}{2};n-1} = \chi^2_{0,10;4} = 1{,}064 \quad \text{und} \quad \chi^2_{1-\frac{\alpha}{2};n-1} = \chi^2_{0,90;4} = 7{,}779.$$

Das 80%-Konfidenzintervall ergibt sich somit zu:

$$\frac{(n-1)s^2}{\chi^2_{1-\frac{\alpha}{2};n-1}} \leq \sigma^2 \leq \frac{(n-1)s^2}{\chi^2_{\frac{\alpha}{2};n-1}}$$

$$\frac{4\cdot 2{,}5}{7{,}779} \leq \sigma^2 \leq \frac{4\cdot 2{,}5}{1{,}064}$$

$$1{,}286 \leq \sigma^2 \leq 9{,}398$$

Lösung zu Aufgabe 14.3

(a) Es werden zunächst der Stichprobenanteil p der Einheimischen und der zugehörige Standardfehler berechnet:

$$p = \frac{x}{n} = \frac{49}{196} = 0{,}25$$

$$\hat{\sigma}_P = \sqrt{\frac{p(1-p)}{n-1}} = \sqrt{\frac{0{,}25\cdot 0{,}75}{195}} = 0{,}031.$$

Da $np(1-p) = 196 \cdot 0{,}25 \cdot 0{,}75 = 36{,}75 > 9$, wird das Konfidenzintervall unter Verwendung der Standardnormalverteilung ermittelt. Für $1-\alpha = 0{,}9545$ ist $z = 2$. Somit lautet das Konfidenzintervall

$$p - z\hat{\sigma}_P \leq \theta \leq p + z\hat{\sigma}_P$$

$$0{,}25 - 2\cdot 0{,}31 \leq \theta \leq 0{,}25 + 2\cdot 0{,}031$$

$$0{,}188 \leq \theta \leq 0{,}312.$$

(b) Es handelt sich um Ziehen ohne Zurücklegen. Für die Berechnung des notwendigen Stichprobenumfangs ergibt sich:

$$n = \frac{z^2 N\theta(1-\theta)}{(\Delta\theta)^2(N-1) + z^2\theta(1-\theta)} = \frac{2^2\cdot 60000\cdot 0{,}25\cdot 0{,}75}{(0{,}01)^2\cdot 59999 + 2^2\cdot 0{,}25\cdot 0{,}75} = 6667$$

Ab einem Stichprobenumfang von 6667 wird ein absoluter Schätzfehler von 0,01 eingehalten, d. h. der Anteil der Einheimischen kann bis auf eine Abweichung von einem Prozentpunkt genau geschätzt werden.
Da der so resultierende Auswahlsatz 6667/60000 ≈ 0,11 oberhalb von 0,05 liegt, kann hier im Übrigen nicht die vereinfachte Formel für die Bestimmung des notwendigen Stichprobenumfangs angewendet werden.

Lösung zu Aufgabe 14.4

(a) Zur Bestimmung des Konfidenzintervalls wird der Standardfehler benötigt:

$$\hat{\sigma}_{\bar{X}} = \frac{s}{\sqrt{n}} = \frac{7}{\sqrt{50}} = 1{,}0$$

Da der Stichprobenumfang $n = 50$ oberhalb von 30 liegt, kann anstelle der Studentverteilung mit $v = n - 1$ die Standardnormalverteilung für die Bestimmung des Konfidenzintervalls verwendet werden. Für $1 - \alpha = 0{,}95$ ist das benötigte Quantil $z = 1{,}96$. Somit lautet das Konfidenzintervall

$$\begin{gathered}\bar{x} - z\hat{\sigma}_{\bar{X}} \leq \mu \leq \bar{x} + z\hat{\sigma}_{\bar{X}} \\ 50 - 1{,}96 \cdot 1{,}0 \leq \mu \leq 50 + 1{,}96 \cdot 1{,}0 \\ 48{,}04 \leq \mu \leq 51{,}96.\end{gathered}$$

Die tatsächliche durchschnittliche Kilometerleistung des verwendeten Pkw-Typs liegt mit einer Sicherheit von 95 % zwischen 48,04 km und 51,96 km.

(b) Bei einer Konfidenzbreite von 2 km lautet der absolute Schätzfehler

$$\Delta\mu = \frac{2}{2} = 1.$$

Der benötigte Stichprobenumfang zur Erreichung dieser Genauigkeit beträgt

$$n = \frac{z^2\sigma^2}{(\Delta\mu)^2} = \frac{1{,}96^2 \cdot 7^2}{1^2} = 189.$$

Ab einem Stichprobenumfang von 189 besitzt das 95%-Konfidenzintervall für die durchschnittliche Kilometerleistung eine Breite von höchstens 1.

Lösung zu Aufgabe 14.5

(a) Zunächst wird der Standardfehler von $\overline{X}$ bestimmt:

$$\hat{\sigma}_{\bar{X}} = \frac{s}{\sqrt{n}}\sqrt{\frac{N-n}{N}} = \frac{30}{\sqrt{350}}\sqrt{\frac{5000-350}{5000}} = 1{,}546$$

Da der Auswahlsatz $n / N = 0{,}07$ beträgt, wird die allgemeine Formel für die Bestimmung des Standardfehlers verwendet. Für $1 - \alpha = 0{,}95$ ist $z = 1{,}96$. Die Standardnormalverteilung wird verwendet, da $n > 30$.
Bestimmung des Konfidenzintervalls:

$$\begin{gathered}\bar{x} - z\hat{\sigma}_{\bar{X}} \leq \mu \leq \bar{x} + z\hat{\sigma}_{\bar{X}} \\ 560 - 1{,}96 \cdot 1{,}546 \leq \mu \leq 560 + 1{,}96 \cdot 1{,}546 \\ 556{,}97 \leq \mu \leq 563{,}03\end{gathered}$$

Mit einer Sicherheit von 95 % liegt der durchschnittliche Monatsumsatz des Markenartikels zwischen 556,97 und 563,03.

(b) Das 95%-Konfidenzintervall für den gesamten Monatsumsatz kann unmittelbar durch Multiplikation des in (a) bestimmten Konfidenzintervals mit $N = 5000$ ermittelt werden:

$$N(\overline{x} - z\hat{\sigma}_{\overline{X}}) \le N\mu \le N(\overline{x} + z\hat{\sigma}_{\overline{X}})$$
$$5000 \cdot 556{,}97 \le N\mu \le 5000 \cdot 563{,}03$$
$$2784850 \le N\mu \le 2815150$$

(c) Für die Berechnung des notwendigen Stichprobenumfangs wird berücksichtigt, dass Ziehen ohne Zurücklegen ausgeführt wird. Es gilt

$$n = \frac{z^2 N \sigma^2}{(\Delta\mu)^2 (N-1) + z^2\sigma^2} = \frac{1{,}96^2 \cdot 5000 \cdot 30^2}{1^2 \cdot 4999 + 1{,}96^2 \cdot 30^2} = 2045.$$

Um einen absoluten Fehler von $\Delta\mu = 1$ einzuhalten, wird ein Stichprobenumfang von mindestens $n = 2045$ benötigt.

15. Schätzverfahren II

Aufgabe 15.1

Bei der Überprüfung zweier Abfüllmaschinen liefern zwei Stichproben vom Umfang $n_1 = n_2 = 50$ aus der laufenden Produktion beider Maschinen ein durchschnittliches Füllgewicht von $\bar{x}_1 = 810$ g bei einer Standardabweichung von $s_1 = 4$ bzw. ein durchschnittliches Füllgewicht von $\bar{x}_2 = 808$ g bei einer Standardabweichung von $s_2 = 2$. Ermitteln Sie eine Punktschätzung für die Differenz der durchschnittlichen Füllgewichte und bestimmen Sie ein 95%-Konfidenzintervall.

Aufgabe 15.2

Der mögliche Qualitätsunterschied zweier Batteriesorten wird geprüft. Dazu wird aus einer Lieferung der Batteriesorte 1 eine Stichprobe im Umfang $n_1 = 12$ gezogen, die eine durchschnittliche Lebensdauer von $\bar{x}_1 = 104$ Std. bei einer Standardabweichung von $s_1 = 5$ ergibt; eine Stichprobe im Umfang $n_2 = 9$ aus einer Lieferung der Batteriesorte 2 führt zu einer durchschnittlichen Lebensdauer von $\bar{x}_2 = 98$ Std. bei einer Standardabweichung von $s_2 = 4$. Bestimmen Sie ein 95%-Konfidenzintervall für die Differenz $\mu_1 - \mu_2$ unter der Annahme, dass beide Stichproben aus normalverteilten Grundgesamtheiten stammen.

Aufgabe 15.3

Ein Lebensmittelgroßmarkt erhält von zwei Lieferanten zwei sehr große Lieferungen von Obstkonserven. Aus jeder Lieferung werden je 100 Dosen zufällig ausgewählt und überprüft; dabei sind aus der ersten Lieferung 24 Dosen und aus der zweiten Lieferung 13 Dosen von minderer Qualität. Berechnen Sie ein 90%-Konfidenzintervall für die Differenz $\theta_1 - \theta_2$ zwischen den Anteilen von Dosen minderer Qualität, um die Lieferungen miteinander zu vergleichen. Wie ändert sich das Intervall, wenn $\alpha = 1\,\%$ (keine Berechnung notwendig)?

Aufgabe 15.4

Ein Kreditinstitut untersucht die Plausibilität von Ratings. Hierzu werden jeweils $n = 100$ Kunden zweier Bonitätsklassen (*hohe Bonität* und *niedrige Bonität*) zufällig ausgewählt, über einen Zeitraum von 10 Jahren verfolgt. Anschließend wird für diesen Zeitraum die Anzahl der Insolvenzen ermittelt. Das Ergebnis ist in folgender Tabelle dargestellt:

	n	Insolvenzen
niedrige Bonität	100	16
hohe Bonität	100	4

(a) Schätzen Sie die Differenz der Anteilswerte der insolventen Kunden zwischen den Bonitätsklassen.

(b) Bilden Sie ein Konfidenzintervall für die Differenz der Anteilswerte zum Niveau 95 %. Interpretieren Sie das Ergebnis.

(c) Ist von einem wesentlichen Unterschied der Bonitätsklassen auszugehen? Begründen Sie Ihre Antwort.

Aufgabe 15.5

Eine Zufallsvariable X habe den Erwartungswert $E(X) = \mu$ und die Varianz $Var(X) = \sigma^2$; M sei eine beliebige Konstante. Zeigen Sie, dass folgende Beziehung gilt:

$$E[(X-M)^2] = \sigma^2 + (\mu - M)^2$$

Lösungen

Lösung zu Aufgabe 15.1

Gesucht ist ein 95%-Konfidenzintervall für die Differenz der durchschnittlichen Füllgewichte $\mu_1 - \mu_2$, wobei μ_1 und μ_2 die wahren durchschnittlichen Füllgewichte der Abfüllmaschinen bezeichnen. Der Schätzer von $\mu_1 - \mu_2$ lautet $D = \overline{X}_1 - \overline{X}_2$ und besitzt den realisierten Wert $\overline{x}_1 - \overline{x}_2 = 810 - 808 = 2$. Die geschätzte Standardabweichung von D ist gegeben durch

$$\hat{\sigma}_D = \sqrt{\frac{s_1^2}{n_1} + \frac{s_2^2}{n_2}} = \sqrt{\frac{4^2}{50} + \frac{2^2}{50}} = 0{,}6325.$$

Da die Stichprobenumfänge größer als 30 sind, wird das Konfidenzintervall mithilfe der Standardnormalverteilung bestimmt. Für $1 - \alpha = 0{,}95$ ist $z = 1{,}96$. Das Konfidenzintervall lautet:

$$(\overline{x}_1 - \overline{x}_2) - z\hat{\sigma}_D \le \mu_1 - \mu_2 \le (\overline{x}_1 - \overline{x}_2) + z\hat{\sigma}_D$$
$$2 - 1{,}96 \cdot 0{,}6325 \le \mu_1 - \mu_2 \le 2 + 1{,}96 \cdot 0{,}6325$$
$$0{,}76 \le \mu_1 - \mu_2 \le 3{,}24$$

Zum Konfidenzniveau 95 % unterscheiden sich die durchschnittlichen Füllgewichte der Abfüllmaschinen um 0,76 bis 3,24 g.

Lösung zu Aufgabe 15.2

Für die Bestimmung des Konfidenzintervalls wird zunächst die Standardabweichung der zufälligen Differenz D geschätzt:

$$\hat{\sigma}_D = \sqrt{\frac{s_1^2}{n_1} + \frac{s_2^2}{n_2}} = \sqrt{\frac{5^2}{12} + \frac{4^2}{9}} = 1{,}965$$

Da es sich um den Fall kleiner Stichproben handelt, wird die Studentverteilung verwendet, für die die Anzahl der Freiheitsgrade wie folgt berechnet wird:

$$\nu = \frac{\left(\frac{s_1^2}{n_1} + \frac{s_2^2}{n_2}\right)^2}{\frac{\left(\frac{s_1^2}{n_1}\right)^2}{n_1 - 1} + \frac{\left(\frac{s_2^2}{n_2}\right)^2}{n_2 - 1}} = \frac{\left(\frac{5^2}{12} + \frac{4^2}{9}\right)^2}{\frac{\left(\frac{5^2}{12}\right)^2}{11} + \frac{\left(\frac{4^2}{9}\right)^2}{8}} \approx 19$$

Für $1 - \alpha = 0{,}95$ und $v = 19$ ergibt sich aus der Tabelle der Studentverteilung $t = 2{,}093$. Somit ist das Konfidenzintervall:

$$\begin{aligned} (\bar{x}_1 - \bar{x}_2) - t\hat{\sigma}_D \leq \mu_1 - \mu_2 \leq (\bar{x}_1 - \bar{x}_2) + t\hat{\sigma}_D \\ 6 - 2{,}093 \cdot 1{,}965 \leq \mu_1 - \mu_2 \leq 6 + 2{,}093 \cdot 1{,}965 \\ 1{,}887 \leq \mu_1 - \mu_2 \leq 10{,}113 \end{aligned}$$

Die durchschnittlichen Lebensdauern der beiden Batteriesorten unterscheiden sich mit einer Sicherheit von 95 % um 1,887 bis 10,113 Stunden.

Lösung zu Aufgabe 15.3

Gegeben sind $n_1 = n_2 = 100$, $x_1 = 24$ und $x_2 = 13$. Die Anteilswerte in den Stichproben sind

$$p_1 = \frac{x_1}{n_1} = \frac{24}{100} = 0{,}24, \quad \text{und} \quad p_2 = \frac{x_2}{n_2} = \frac{13}{100} = 0{,}13.$$

Die Standardabweichung der zufälligen Stichprobendifferenz ist gegeben durch:

$$\hat{\sigma}_D = \sqrt{\frac{p_1(1-p_1)}{n_1} + \frac{p_2(1-p_2)}{n_2}} = \sqrt{\frac{0{,}24 \cdot 0{,}76}{100} + \frac{0{,}13 \cdot 0{,}87}{100}} = 0{,}054$$

Aufgrund der Größe der Stichprobenumfänge wird für die Konstruktion des Konfidenzintervalls die Standardnormalverteilung verwendet. Für $1 - \alpha = 0{,}90$ ist $z = 1{,}645$. Das Konfidenzintervall lautet:

$$\begin{aligned} (p_1 - p_2) - z\hat{\sigma}_D \leq \theta_1 - \theta_2 \leq (p_1 - p_2) + z\hat{\sigma}_D \\ 0{,}11 - 1{,}645 \cdot 0{,}054 \leq \theta_1 - \theta_2 \leq 0{,}11 + 1{,}645 \cdot 0{,}054 \\ 0{,}02 \leq \theta_1 - \theta_2 \leq 0{,}20 \end{aligned}$$

Mit einer Sicherheit von 90 % liegt die Differenz $\theta_1 - \theta_2$ zwischen 0,02 und 0,20. In der ersten Liederung befinden sich somit zwischen 2 und 20 Prozentpunkte mehr Dosen minderer Qualität als in der zweiten Lieferung.

Eine Verringerung von α entspricht der Erhöhung des Konfidenzniveaus. Dementsprechend steigt die Wahrscheinlichkeit, dass der wahre Parameter innerhalb des ermittelten Konfidenzintervalls liegt. Dies ist nur durch eine Verbreiterung des Konfidenzintervalls zu erreichen. Da weder die Punktschätzung 0,02 noch der Standardfehler 0,054 durch das

Konfidenzniveau beeinflusst werden, ist es logisch zwingend, dass der Wert des Quantils z bei einer Verringerung von α steigt. Tatsächlich ist $z_{0,995} = 2{,}576$; demzufolge ist der absolute Fehler des Konfidenzintervalls zum Niveau 99 % etwa 2,576/1,645 ≈ 1,57 mal so groß wie der des Konfidenzintervalls zum Niveau 90 %.

Lösung zu Aufgabe 15.4

(a) Berechnung der Stichprobenanteilswerte:

$$p_1 = \frac{x_1}{n_1} = \frac{16}{100} = 0{,}16, \qquad p_2 = \frac{x_2}{n_2} = \frac{4}{100} = 0{,}04$$

Die Differenz der Anteilswerte beträgt somit $D = p_1 - p_2 = 0{,}12$.

(b) Die allgemeine Formel des Konfidenzintervalls lautet

$$(p_1 - p_2) - z\hat{\sigma}_D \leq \theta_1 - \theta_2 \leq (p_1 - p_2) + z\hat{\sigma}_D.$$

Hier sind $z = z_{0,975} = 1{,}96$ und

$$\hat{\sigma}_D = \sqrt{\frac{p_1(1-p_1)}{n_1} + \frac{p_2(1-p_2)}{n_2}} = \sqrt{\frac{0{,}16 \cdot 0{,}84}{100} + \frac{0{,}04 \cdot 0{,}96}{100}} \approx 0{,}0416.$$

Somit folgt:

$$\begin{aligned}(p_1 - p_2) - z\hat{\sigma}_D &\leq \theta_1 - \theta_2 \leq (p_1 - p_2) + z\hat{\sigma}_D \\ 0{,}12 - 1{,}96 \cdot 0{,}0416 &\leq \theta_1 - \theta_2 \leq 0{,}12 + 1{,}96 \cdot 0{,}0416 \\ 0{,}039 &\leq \theta_1 - \theta_2 \leq 0{,}201\end{aligned}$$

Die Differenz der Anteilswerte liegt zu einem Konfidenzniveau von 95 % zwischen 0,039 und 0,201. Der prozentuale Anteil der Kunden, die innerhalb von 10 Jahren eine Insolvenz durchführen, unterscheidet sich demnach zwischen den Bonitätsklassen um etwa 4 bis 20 Prozentpunkte.

(c) Da die Null nicht im Konfidenzintervall enthalten ist, kann auf Grundlage der Stichprobe und zum Konfidenzniveau 95 % davon ausgegangen werden, dass ein wesentlicher Unterschied der Bonitätsklassen besteht.

Lösung zu Aufgabe 15.5

Die Eigenschaft kann mittels Umformung und unter Verwendung der Rechenregeln für den Erwartungswert und die Varianz gezeigt werden:

$$\begin{aligned}\mathrm{E}\left[(X-M)^2\right] &= \mathrm{E}\left[\left[(X-\mu)+(\mu-M)\right]^2\right] = \mathrm{E}\left[(X-\mu)^2 + 2(X-\mu)(\mu-M) + (\mu-M)^2\right] \\ &= \mathrm{E}\left[(X-\mu)^2\right] + 2(\mu-M)\cdot \mathrm{E}(X-\mu) + (\mu-M)^2 \\ &= \sigma^2 + (\mu-M)^2\end{aligned}$$

Hier wird insbesondere genutzt, dass der Erwartungswert linear ist, $\mathrm{E}(X-\mu) = 0$ und allgemein $\mathrm{Var}(X) = \mathrm{E}[(X-\mu)^2]$ gilt.

16. Testverfahren I (Parametertests)

Aufgabe 16.1

Die Wahrscheinlichkeit, die praktische Führerscheinprüfung zu bestehen, beträgt laut einer Studie 75 %. Um diese Aussage zu überprüfen, wird eine Stichprobe von $n = 100$ zufällig ausgewählten Prüflingen gezogen, von denen exakt 80 die Prüfung erfolgreich bestehen.

(a) Prüfen Sie zum Signifikanzniveau $\alpha = 0{,}10$, ob die in der Studie angegebene Wahrscheinlichkeit durch die Stichprobe belegt wird.

(b) Skizzieren Sie den kritischen Bereich und Nichtablehnungsbereich des Hypothesentests. Ergänzen Sie in Ihrer Grafik den Wert der Prüfgröße und den kritischen Wert.

(c) Erläutern Sie die zwei Fehlerarten statistischer Testverfahren in Bezug auf den gegebenen Kontext.

Aufgabe 16.2

Der Bekanntheitsgrad eines Markenartikels in einer Region betrug in der Vergangenheit $\theta = 0{,}67$. Nach einer Werbekampagne soll auf Stichprobenbasis geprüft werden, ob er sich verändert hat. In einer Stichprobe von $n = 2000$ Personen kannten $x = 1395$ Personen den Markenartikel. Führen Sie einen Hypothesentest aus und interpretieren Sie das Ergebnis (Signifikanzniveau $\alpha = 0{,}05$).

Aufgabe 16.3

Eine Produktionsmaschine arbeitete in der Vergangenheit mit einem Ausschussanteil von $\theta = 0{,}26$. Nach einer Generalüberholung soll geprüft werden, ob der Ausschussanteil gesunken ist. Von $n = 400$ produzierten Teilen waren $x = 90$ fehlerhaft. Kann damit zum Signifikanzniveau $\alpha = 0{,}05$ gefolgert werden, dass der Ausschussanteil tatsächlich gesenkt wurde?

Aufgabe 16.4

In der folgenden Tabelle sind mehrere Testsituationen in Bezug auf den Anteilswert gegeben. Ergänzen Sie alle Lücken.

	Nullhypothese	α	n	x	p	σ_p	z	z_c	Testentscheidung
1	H_0: $\theta_0 = 0{,}75$	10 %	100	80	0,8	0,043	1,155	1,645	H_0 wird nicht abgelehnt.
2	H_0: $\theta_0 = 0{,}2$	5 %	64	16				1,960	
3	H_0: $\theta_0 = 0{,}5$	5 %	1000		0,6		6,325		
4	H_0: $\theta_0 = 0{,}2$		256	32				2,576	H_0 wird abgelehnt.
5	H_0: $\theta_0 = 0{,}3$	5 %		24	0,4	0,059			

Aufgabe 16.5

Zwei Angestellte A und B einer Versicherung sind sich uneinig darüber, wie hoch der Anteil von Betrugsfällen bei gemeldeten Schäden ist. Person A geht davon aus, dass der wahre Anteil 10 % beträgt, während B von einem wahren Anteil in Höhe von 15 % ausgeht. Aus einer eingehenden Prüfung von $n = 400$ zufällig ausgewählten Fällen geht hervor, dass tatsächlich 352 Schäden berechtigt und 48 in betrügerischer Absicht gemeldet wurden.

(a) Stellen Sie die konkurrierenden Aussagen von A und B als statistische Hypothesen dar.

(b) Prüfen Sie zum Signifikanzniveau $\alpha = 0{,}05$ die Hypothesen der Angestellten unter Verwendung der Stichprobe.

(c) Erläutern Sie den Begriff der Macht eines Tests und berechnen Sie sie für die gegebene Situation.

Aufgabe 16.6

Eine Abschlussprüferin betrachtet die Buchführung einer von ihr geprüften Firma als ordnungsmäßig, wenn der Prozentsatz fehlerhafter Belege nicht über 1 % liegt; ab einem Fehlerprozentsatz von mehr als 1 % verwirft sie die Ordnungsmäßigkeit der Buchführung. Aus der sehr großen Grundgesamtheit aller Belege werden $n = 200$ zufällig ausgewählt und geprüft, wobei $x = 6$ fehlerhafte auftreten. Untersuchen Sie unter Verwendung der Poissonverteilung, ob die Abschlussprüferin die Ordnungsmäßigkeit der Buchführung bestätigen kann (Signifikanzniveau $\alpha \leq 0{,}05$).

Lösungen

Lösung zu Aufgabe 16.1

(a) Die Hypothesen lauten:

$$H_0\colon \theta = 0{,}75 \qquad H_A\colon \theta \neq 0{,}75$$

Der für die Grundgesamtheit behauptete Anteil beträgt 0,75, während der in der Stichprobe beobachtete Anteilswert $p = x / n = 0{,}8$ ist. Da die Voraussetzung

$$n\theta_0(1 - \theta_0) = 100 \cdot 0{,}75 \cdot 0{,}25 = 18{,}75 \geq 9$$

erfüllt ist, folgt die Prüfgröße

$$Z = \frac{P - \theta_0}{\sqrt{\frac{\theta_0(1-\theta_0)}{n}}}$$

approximativ der Standardnormalverteilung. Der Wert der Prüfgröße ist

$$z = \frac{0{,}8 - 0{,}75}{\sqrt{\frac{0{,}75 \cdot 0{,}25}{100}}} \approx 1{,}155$$

Der kritische Wert lautet $z_c = z_{0,95} = 1{,}645$ und definiert den Ablehnungsbereich. Da $1{,}155 < 1{,}645$, wird die Nullhypothese nicht abgelehnt.
Aufgrund der Stichprobe kann nicht widerlegt werden, dass der in der Studie angegebene Anteilswert korrekt ist. Es kann daher davon ausgegangen werden, dass 75 % der Prüflinge die praktische Führerscheinprüfung bestehen.

(b) Skizze:

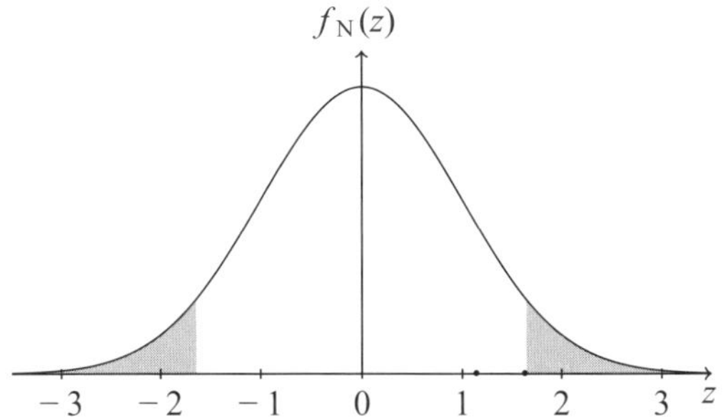

Eingetragen sind der Wert der Prüfgröße $z = 1{,}155$ sowie der kritische Wert $z_c = 1{,}645$, der den rechten Teil des Ablehnungsbereichs begrenzt. Da die Prüfgröße nicht im Ablehnungsbereichs liegt, wird die Nullhypothese nicht abgelehnt.

(c) Im Rahmen von Hypothesentests gibt es zwei Fehlerarten: den α-Fehler und den β-Fehler. Der α-Fehler tritt ein, wenn die Nullhypothese abgelehnt wird, obwohl sie korrekt ist. Im gegebenen Kontext bedeutet dies, dass der wahre Anteil der Prüflinge, die die Führerscheinprüfung bestehen, tatsächlich bei 75 % liegt, diese Aussage jedoch aufgrund der Stichprobe und des ausgeführten Tests abgelehnt wird. Der β-Fehler besteht dagegen darin, die Nullhypothese nicht abzulehnen, obwohl sie inkorrekt ist. In der beschriebenen Situation entspricht dies dem Fall, dass zwar nicht 75 % die praktische Führerscheinprüfung bestehen, der ausgeführte Hypothesentest diese Aussage jedoch nicht widerlegt.
Es kann nach Ausführung des Tests nicht feststellt werden, ob eine der beiden Fehlerarten eingetreten ist.

Lösung zu Aufgabe 16.2

Die Hypothesen sind:

$$H_0\colon\ \theta = 0{,}67 \qquad H_A\colon\ \theta \neq 0{,}67$$

Die Prüfgröße lautet

$$Z = \frac{P - \theta_0}{\sqrt{\dfrac{\theta_0(1-\theta_0)}{n}}}$$

und ist standardnormalverteilt. Das zugehörige Quantil ist $z_{1-\alpha/2} = z_{0,975} = 1{,}96$. Bei $|z| > 1{,}96$ wird H_0 abgelehnt; bei $|z| \leq 1{,}96$ kann H_0 nicht abgelehnt werden. Der Stichprobenanteil lautet

$$p = \frac{x}{n} = \frac{1395}{2000} = 0{,}6975$$

und somit beträgt der Wert der Prüfgröße

$$z = \frac{p - \theta_0}{\sqrt{\dfrac{\theta_0(1-\theta_0)}{n}}} = \frac{0{,}6975 - 0{,}67}{\sqrt{\dfrac{0{,}67 \cdot 0{,}33}{2000}}} \approx 2{,}615.$$

Da $2{,}615 > 1{,}96$, wird H_0 abgelehnt. Daraus wird geschlossen, dass sich der Bekanntheitsgrad des Markenartikels geändert hat.

Lösung zu Aufgabe 16.3

Es wird ein einseitiger Hypothesentest durchgeführt; die Hypothesen lauten:

$$H_0\!: \theta = 0{,}26 \qquad H_A\!: \theta < 0{,}26$$

Die Prüfgröße ist gegeben durch

$$Z = \frac{P - \theta_0}{\sqrt{\dfrac{\theta_0(1-\theta_0)}{n}}}$$

und ist standardnormalverteilt. Da die Alternativhypothese einseitig gestellt ist, ist der Ablehnungsbereich ebenso einseitig. Bei $z < -1{,}645$ wird H_0 abgelehnt; bei $z \geq -1{,}645$ kann H_0 nicht abgelehnt werden. Es ist

$$p = \frac{x}{n} = \frac{90}{400} = 0{,}225$$

und somit hat die Prüfgröße den Wert

$$z = \frac{p - \theta_0}{\sqrt{\dfrac{\theta_0(1-\theta_0)}{n}}} = \frac{0{,}225 - 0{,}26}{\sqrt{\dfrac{0{,}26 \cdot 0{,}74}{400}}} \approx -1{,}596.$$

Wegen $-1{,}596 \geq -1{,}645$ wird H_0 nicht abgelehnt. Es kann daher zum Signifikanzniveau $\alpha = 0{,}05$ aus der Stichprobe nicht geschlossen werden, dass der Ausschussanteil tatsächlich gesunken ist.

Lösung zu Aufgabe 16.4

	Nullhypothese	α	n	x	p	σ_p	z	z_c	Testentscheidung
1	$H_0 : \theta_0 = 0{,}75$	10%	100	80	0,8	0,043	1,155	1,645	H_0 wird nicht abgelehnt.
2	$H_0 : \theta_0 = 0{,}2$	5%	64	16	0,25	0,05	1,0	1,960	H_0 wird nicht abgelehnt.
3	$H_0 : \theta_0 = 0{,}5$	5%	1000		0,6	0,016	6,325	1,960	H_0 wird abgelehnt.
4	$H_0 : \theta_0 = 0{,}2$	1%	256	32	0,125	0,025	–3,0	2,576	H_0 wird abgelehnt.
5	$H_0 : \theta_0 = 0{,}3$	5%	60	24	0,4	0,059	1,69	1,960	H_0 wird nicht abgelehnt.

Lösung zu Aufgabe 16.5

(a) Die Hypothesen lauten:

$$H_0\colon \theta = 0{,}10 \qquad H_A\colon \theta = 0{,}15$$

(b) Für die gegebenen Hypothesen wird die Prüfgröße

$$Z = \frac{p - \theta_0}{\sqrt{\frac{\theta_0(1-\theta_0)}{n}}}.$$

verwendet. Diese besitzt den Wert

$$z = \frac{48/400 - 0{,}10}{\sqrt{\frac{0{,}1\cdot 0{,}9}{400}}} = \frac{0{,}02}{0{,}015} \approx 1{,}33$$

Der kritische Wert lautet $z_c = z_{0{,}975} = 1{,}96$ und ist größer als der Wert der Prüfgröße. Somit wird die Nullhypothese nicht abgelehnt. Auf Grundlage der Stichprobe wird die Annahme des Angestellten A nicht widerlegt.

(c) Die Macht eines Tests ist definiert als die Gegenwahrscheinlichkeit des β-Fehlers. Im vorliegenden Fall von zwei Punkthypothesen kann diese exakt ermittelt werden. Aus dem kritischen Wert $z_c = 1{,}96$ und der Prüfgröße folgt, dass der kritische Anteilswert p_c die Ungleichung

$$\frac{p - 0{,}1}{0{,}015} \geq 1{,}96$$

erfüllt. Dies ist gleichbedeutend mit

$$p_c = 1{,}96 \cdot 0{,}015 + 0{,}1 = 0{,}1294$$

Dies bedeutet, dass die Nullhypothese abgelehnt wird, wenn der beobachtete Anteilswert p den kritischen Wert $p_c = 0{,}1294$ übersteigt.
Unter der Annahme, dass die Alternativhypothese korrekt ist, ist die Zufallsvariable

$$Z = \frac{P - \theta_A}{\sqrt{\frac{\theta_A(1-\theta_A)}{n}}} \approx \frac{P - 0{,}15}{0{,}018}$$

standardnormalverteilt. Daher ist der resultierende kritische Wert unter Annahme der Alternativhypothese gegeben durch

$$z = \frac{p_c - \theta_A}{\sqrt{\frac{\theta_A(1-\theta_A)}{n}}} = -1{,}154.$$

Die Wahrscheinlichkeit des β-Fehlers beträgt somit

$$\beta = F_{\mathrm{N}}(-1{,}154) = 1 - 0{,}8757 = 0{,}1243,$$

d. h. 12,43 %. Die Macht des betracheteten Tests ist daher

$$1 - \beta = 0{,}8757.$$

Die Wahrscheinlichkeit, die Nullhypothese abzulehnen, wenn die Alternativhypothese korrekt ist, beträgt 87,57 %.

Lösung zu Aufgabe 16.6

Die Hypothesen lauten:

$$\mathrm{H}_0\colon\ \theta \leq 0{,}01 \qquad \mathrm{H}_\mathrm{A}\colon\ \theta > 0{,}01$$

Als Prüfgröße des Tests kann die Anzahl X der fehlerhaften Belege in der Stichprobe verwendet werden. Die Zufallsvariable X ist annähernd poissonverteilt mit Parameter $\mu = n\theta = 200 \cdot 0{,}01 = 2$.

Um das Signifikanzniveau von $\alpha \leq 0{,}05$ einzuhalten, muss $x_c = 5$ gewählt werden, da für die Poissonverteilung mit $\mu = 2$ gilt, dass $F_\mathrm{P}(4/2) = 0{,}9473$ und $F_\mathrm{P}(5/2) = 0{,}9834$. Das exakte Signifikanzniveau für $x_c = 5$ beträgt $\alpha = 1 - 0{,}9834 = 0{,}0166$.

Der Ablehnungsbereich ist gegeben durch $x > x_c$; bei $x \leq x_c$ wird H_0 nicht abgelehnt. Da $x = 6 > x_c$ ist, wird H_0 abgelehnt. Die Buchführung wird somit als nicht ordnungsmäßig eingestuft.

17. Testverfahren II (Parametertests)

Aufgabe 17.1

Eine Studie belegt, dass die durchschnittliche Höhe der Disponutzung in Deutschland bei 500 Euro liegt. Eine Bank überprüft, ob sich diese Angabe für ihre Kunden bestätigt. Dafür betrachtet sie die Daten von 100 Kunden; im Durchschnitt nutzen diese einen Dispokredit in Höhe von 512 Euro. Die Standardabweichung dieser Stichprobe beträgt 50 Euro.

(a) Überprüfen Sie zum Signifikanzniveau $\alpha = 1\,\%$, ob sich die durchschnittliche Höhe der Disponutzung der Kunden der Bank von der allgemeinen in Deutschland unterscheidet. Interpretieren Sie Ihr Ergebnis.

(b) Kann zu einem Signifikanzniveau von $\alpha = 5\,\%$ davon ausgegangen werden, dass die durchschnittliche Höhe der Disponutzung der Kunden dieser Bank signifikant größer als 500 Euro ist?

Aufgabe 17.2

Ein Schiffsmotorhersteller behauptet, dass seine Maschinen im Durchschnitt höchstens 29,5 Liter Brennstoff pro Betriebsstunde verbrauchen. Eine Stichprobe von $n = 10$ Motoren liefert einen durchschnittlichen Verbrauch von $\overline{x} = 31$ Litern bei einer Standardabweichung von $s = 3{,}16$. Kann damit die Behauptung des Herstellers widerlegt werden, wenn man voraussetzt, dass der Brennstoffverbrauch pro Betriebsstunde normalverteilt ist (Signifikanzniveau $\alpha = 0{,}05$)?

Aufgabe 17.3

Der Umsatz X eines Tourismusunternehmens wird untersucht. Die folgende Tabelle zeigt die Umsätze von $n = 9$ zufällig ausgewählten Wochen der letzten 2 Jahre in Tsd. Euro. Es wird angenommen, dass alle Umsätze unabhängig und identisch normalverteilt sind.

i	x_i
1	6
2	11
3	7
4	8
5	9
6	18
7	5
8	6
9	11

(a) Schätzen Sie den Mittelwert und die Varianz des Umsatzes.

(b) Der Inhaber des Unternehmens strebt einen durchschnittlichen monatlichen Umsatz von 10000 Euro an. Überprüfen Sie mittels eines statistischen Tests zum Signifikanzniveau 10 %, ob dieses Ziel erreicht wird.

(c) Überprüfen Sie mittels eines statistischen Tests zum Signifikanzniveau 10 %, ob der mittlere Umsatz oberhalb der durchschnittlichen wöchentlichen Kosten von 2000 Euro liegt.

Aufgabe 17.4

Ein Logistikunternehmen rüstet seine Lkw mit zwei verschiedenen Reifensorten A und B aus. 12 Reifen der Sorte A erreichten eine durchschnittliche Laufleistung von $\overline{x}_1 = 40000$ km bei einer Standardabweichung von $s_1 = 5950$; eine gleich große Stichprobe der Reifensorte B erreichte eine durchschnittliche Laufleistung von $\overline{x}_2 = 38000$ km bei einer Standardabweichung von $s_2 = 5150$. Wie beurteilen Sie die Aussage, dass beide Reifensorten die gleiche durchschnittliche Laufleistung besitzen und somit der beobachtete Unterschied nur zufälliger Natur ist, wenn vorausgesetzt wird, dass die Laufleistungen normalverteilt sind mit der gleichen Varianz $\sigma_1^2 = \sigma_2^2$? Das Signifikanzniveau sei $\alpha = 0{,}05$.

Aufgabe 17.5

In einer Smartwatch-Fabrik wird die Qualität zweier besonders günstig angebotener größerer Lieferungen von Halbleitern auf Stichprobenbasis überprüft. Die Stichprobe aus Lieferung 1 im Umfang von $n_1 = 300$ liefert einen Ausschussanteil von $p_1 = 0{,}21$; Lieferung 2 im Umfang von $n_2 = 200$ einen solchen von $p_2 = 0{,}25$. Kann aus diesen Ergebnissen geschlossen werden, dass die Lieferung 2 einen größeren Ausschussanteil aufweist als Lieferung 1 (Signifikanzniveau $\alpha = 0{,}01$)?

Aufgabe 17.6

Zwei professionelle Athletinnen A und B möchten ein für allemal klären, wer auf der 100-Meter-Distanz die schnellere ist. Sie absolvieren deshalb jeweils 5 Läufe und messen ihre Zeiten in Zehntel-Sekunden. Es wird angenommen, dass die Läufe je Athletin unabhängig und identisch normalverteilt sind.

	Laufnummer				
	1	2	3	4	5
Athletin A	101	99	103	97	100
Athletin B	99	103	97	100	101

(a) Berechnen Sie je Athletin den Mittelwert und die Stichprobenvarianz der Sprintzeiten.

(b) Testen Sie auf Varianzgleichheit ($\alpha = 10\,\%$).

(c) Führen Sie einen Signifikanztest ($\alpha = 0{,}05$) für die Behauptung durch, dass sich die mittlere Sprintleistung der Kontrahentinnen unterscheidet. Formulieren Sie hierzu die Nullhypothese, berechnen Sie die Teststatistik und treffen Sie eine Entscheidung. Gehen Sie von Varianzgleichheit aus.

Lösungen

Lösung zu Aufgabe 17.1

(a) Die Hypothesen lauten:

$$H_0\colon \mu = 500 \qquad H_A\colon \mu \neq 500$$

Die Prüfgröße

$$z = \frac{\bar{x} - \mu_0}{\frac{s}{\sqrt{n}}} = \frac{512 - 500}{\frac{50}{\sqrt{100}}} = \frac{12}{5} = 2{,}4$$

folgt näherungsweise der Standardnormalverteilung, da $n > 30$. Der kritische Wert lautet $z_{0,995} = 2{,}576$. Da $z = 2{,}4 < 2{,}576$, wird die Nullhypothese nicht verworfen. Die durchschnittliche Disponutzung der Kunden der Bank unterscheidet sich bei einem Signifikanzniveau von $\alpha = 1\,\%$ nicht signifikant von der durchschnittlichen Dispohöhe in Deutschland.

(b) Die Hypothesen lauten:

$$H_0\colon \mu \leq 500 \qquad H_A\colon \mu > 500$$

Es wird dieselbe Prüfgröße wie in der vorigen Teilaufgabe verwendet. Die anzuwendende Verteilung ist die Standardnormalverteilung, die den kritischen Wert $z_{0,95} = 1{,}645$ liefert. Da $2{,}4 > 1{,}645$, wird die Nullhypothese abgelehnt. Die durchschnittliche Disponutzung der Kunden der Bank liegt zu einem Signifikanzniveau von $\alpha = 5\,\%$ signifikant über der durchschnittlichen Dispohöhe in Deutschland.

Lösung zu Aufgabe 17.2

Die Hypothesen lauten:

$$H_0\colon \mu \leq 29{,}5 \qquad H_A\colon \mu > 29{,}5$$

Es wird ein einseitiger Mittelwertvergleichstest durchgeführt. Die Prüfgröße

$$T = \frac{\bar{X} - \mu_0}{\frac{S}{\sqrt{n}}}$$

folgt der Studentverteilung mit $v = n - 1 = 9$ Freiheitsgraden. Allgemein richtet sich der Ablehnungsbereich bei einseitigen Tests nach der Alternativhypothese. Da diese $\mu > 29{,}5$ lautet und einer Wertüberschreitung entspricht, liegt der Ablehnungsbereich im positiven Bereich. Der kritische Wert lautet $t_{0,95;9} = 1{,}833$. Bei $t > 1{,}833$ wird H_0 abgelehnt, bei $t \leq 1{,}833$ wird H_0 nicht abgelehnt. Der Wert der Prüfgröße ist

$$t = \frac{\bar{x} - \mu_0}{\frac{s}{\sqrt{n}}} = \frac{31 - 29{,}5}{\frac{3{,}16}{\sqrt{10}}} = 1{,}501.$$

H_0 wird nicht abgelehnt, da $t \leq 1{,}833$ ist. Die Behauptung des Schiffsmotorherstellers wird somit zum Signifikanzniveau 0,05 nicht widerlegt.

Lösung zu Aufgabe 17.3

(a) Unterschieden werden die Größen der Grundgesamtheit und der Stichprobe. So ist etwa μ der korrekte Mittelwert in der Grundgesamtheit, während $\overline{x}$ der beobachtete Mittelwert in der Stichprobe ist. Die Größen der Grundgesamtheit werden durch ihre Entsprechungen in der Stichprobe geschätzt:

$$\hat{\mu} = \overline{x} = \frac{1}{9}(6+11+7+\cdots+11) = 9$$

$$\hat{\sigma}^2 = \frac{1}{n-1}\sum_{i=1}^{n}(x_i - \overline{x})^2 = \frac{1}{8}(9+4+\cdots+4) = 16$$

Der geschätzte durchschnittliche wöchentliche Umsatz beträgt 9 Tsd. Euro bei einer geschätzten Varianz der Grundgesamtheit von 16.

(b) Die Hypothesen lauten:

$$H_0\colon \mu = 10 \qquad H_A\colon \mu \neq 10$$

Da Normalverteilung für die Grundgesamtheit angenommen wird, ist die Prüfgröße

$$T = \frac{\overline{X} - \mu_0}{\sigma}$$

bei Gültigkeit der Nullhypothese studentverteilt mit $v = n - 1 = 8$ Freiheitsgraden. Der kritische Wert lautet somit $t_{0,95;8} = 1{,}86$. Der Wert der Prüfgröße für die gegebenen Daten ist

$$t = \frac{9-10}{\sqrt{16}} = -\frac{1}{4} = -0{,}25.$$

Da $|-0{,}25| < 1{,}86$, wird die Nullhypothese nicht abgelehnt. Es lässt sich daher statistisch nicht signifikant widerlegen, dass das vorgegebene durchschnittliche Umsatzziel erreicht wird.

Alternativ kann die Aufgabenstellung so gedeutet werden, dass die Hypothesen

$$H_0\colon \mu < 10 \qquad H_A\colon \mu \geq 10$$

untersucht werden. Die Prüfgröße ist in diesem Fall dieselbe wie im vorigen Fall und besitzt den Wert $-0{,}25$. Der kritische Wert liegt jedoch aufgrund einseitiger Hypothesen bei $t_{0,9;8} = 1{,}397$ und ist somit kleiner als im vorigen Fall. Die Nullhypothese wird nicht abgelehnt, da $-0{,}25 < 1{,}397$. Somit kann auch in der einseitigen Variante des Tests nicht statistisch signifikant belegt werden, dass das angestrebte durchschnittliche Umsatzziel erreicht wird.

(c) Gemäß der einseitigen Fragestellung lauten die Hypothesen:

$$H_0\colon \mu < 2 \qquad H_A\colon \mu \geq 2$$

Die Prüfgröße hat den Wert

$$t = \frac{\bar{x} - \mu_0}{\hat{\sigma}} = \frac{9-2}{4} = 1{,}75$$

und folgt einer Studentverteilung mit $v = n - 1 = 8$ Freiheitsgraden. Der kritische Wert ist $t_{0,9;8} = 1{,}397$. Da $1{,}75 > 1{,}397$, wird die Nullhypothese abgelehnt. Es wird somit belegt, dass der durchschnittliche wöchentliche Umsatz oberhalb von 2000 Euro liegt.

Lösung zu Aufgabe 17.4

Die Hypothesen lauten:

$$H_0\colon \mu_1 = \mu_2 \qquad H_A\colon \mu_1 \neq \mu_2$$

Die zugehörige Prüfgröße

$$T = \frac{\overline{X}_1 - \overline{X}_2}{S\sqrt{\dfrac{n_1 + n_2}{n_1 n_2}}} \quad \text{mit} \quad S = \sqrt{\frac{(n_1 - 1)S_1^2 + (n_2 - 1)S_2^2}{n_1 + n_2 - 2}}$$

ist studentverteilt mit $v = n_1 + n_2 - 2 = 22$ Freiheitsgraden. Bei $|t| > t_{0,975;22} = 2{,}074$ wird H_0 abgelehnt, bei $|t| \leq 2{,}074$ wird H_0 nicht abgelehnt. Es ist

$$s = \sqrt{\frac{(n_1 - 1)s_1^2 + (n_2 - 1)s_2^2}{n_1 + n_2 - 2}} = \sqrt{\frac{11 \cdot 5950^2 + 11 \cdot 5150^2}{22}} = 5564{,}4$$

und somit beträgt der Wert der Prüfgröße

$$t = \frac{\bar{x}_1 - \bar{x}_2}{s\sqrt{\dfrac{n_1 + n_2}{n_1 n_2}}} = \frac{40000 - 38000}{5564{,}4 \cdot \sqrt{\dfrac{24}{144}}} = 0{,}88.$$

H_0 wird nicht abgelehnt, da $0{,}88 \leq 2{,}074$ ist. Die Reifensorten scheinen sich hinsichtlich der Laufleistung nicht zu unterscheiden. Die beobachteten Differenzen sind vermutlich zufälliger Natur.

Lösung zu Aufgabe 17.5

Die Hypothesen lauten:

$$H_0\colon \theta_1 = \theta_2 \qquad H_A\colon \theta_1 < \theta_2$$

Es wird ein einseitiger Anteilswertvergleichstest durchgeführt. Für große Stichprobenumfänge ist die Prüfgröße

$$Z = \frac{P_1 - P_2}{\sqrt{P(1-P)}\sqrt{\frac{n_1+n_2}{n_1 n_2}}} \text{ mit } P = \frac{n_1 P_2 + n_2 P_2}{n_1 + n_2}$$

standardnormalverteilt. Das entsprechende Quantil lautet $z_{1-\alpha/2} = z_{0,99} = 2{,}33$. Bei $z < -2{,}33$ wird H_0 abgelehnt, bei $z \geq -2{,}33$ kann H_0 nicht abgelehnt werden. Es ist

$$p = \frac{n_1 p_2 - n_2 p_2}{n_1 + n_2} = \frac{300 \cdot 0{,}21 + 200 \cdot 0{,}25}{500} = 0{,}226$$

und somit ist der Wert der Prüfgröße

$$z = \frac{p_1 - p_2}{\sqrt{p(1-p)}\sqrt{\frac{n_1+n_2}{n_1 n_2}}} = \frac{0{,}21 - 0{,}25}{\sqrt{0{,}226 \cdot 0{,}774}\sqrt{\frac{500}{60000}}} = -1{,}048.$$

H_0 wird nicht abgelehnt, da $z \geq -2{,}33$ ist. Die Halbleiter aus Lieferung 2 weisen demnach keinen signifikant höheren Ausschussanteil auf als die Halbleiter aus Lieferung 1.

Lösung zu Aufgabe 17.6

(a) Athletin A:

$$\overline{x}_1 = \frac{1}{5}(101 + 99 + 103 + 97 + 100) = \frac{500}{5} = 100$$

$$s_1^2 = \frac{1}{4}((101-100)^2 + (99-100)^2 + (103-100)^2 + (97-100)^2 + (100-100)^2)$$

$$= \frac{1}{4}(1+1+9+9+0) = \frac{20}{4} = 5$$

Da sich die gemessenen Zeiten von Athletin B denen von Athletin A gleichen (bis auf deren Reihenfolge), gilt $\overline{x}_2 = 100$ und $s_2^2 = 5$.

(b) Die Hypothesen lauten:

$$H_0\colon \sigma_1^2 = \sigma_2^2 \qquad H_A\colon \sigma_1^2 \neq \sigma_2^2$$

Die Prüfgröße hat den Wert

$$\tilde{f} = \frac{s_1^2}{s_2^2} = 1.$$

Die kritischen Werte lauten $F_{0,05;4;4} = 1/6{,}39 \approx 0{,}16$ und $F_{0,05;4;4} = 6{,}39$ und begrenzen jeweils den Ablehnungsbereich. Die Nullhypothese wird nicht abgelehnt, da die Prüfgröße nicht im Ablehnungsbereich liegt. Die Varianzen können daher als gleich angenommen werden.

(c) Es wird die Nullhypothese $H_0 : \mu_1 = \mu_2$ überprüft. Die Prüfgröße lautet

$$t = \frac{\overline{x}_1 - \overline{x}_2}{s \cdot \sqrt{\frac{n_1 + n_2}{n_1 n_2}}} = 0$$

und ist studentverteilt mit $v = n_1 + n_2 - 2 = 8$ Freiheitsgraden. Der kritische Wert ist $t_{0,975;8} = 2{,}306$. Die Nullhypothese wird nicht abgelehnt, da $0 < 2{,}306$.
Interpretation: Es kann nicht belegt werden, dass sich die mittleren Sprintleistungen von A und B unterscheiden.

18. Testverfahren III (Varianzanalyse)

Aufgabe 18.1

Ein kleines Modeunternehmen bietet seine Produkte über drei unterschiedliche Vertriebswege an: im eigenen Geschäft, in einem Online-Shop und in einem Kaufhaus. Die folgende Tabelle zeigt die Umsatzzahlen je Vertriebsweg im letzten Quartal des Vorjahres (Angaben in 10 Tsd. Euro).

	Umsatz		
Vertriebsweg	Okt	Nov	Dez
Geschäft	2	1	3
Online-Shop	7	5	6
Kaufhaus	3	5	4

Untersuchen Sie mithilfe der Varianzanalyse, ob sich die Vertriebswege hinsichtlich des Umsatzes systematisch unterscheiden (Signifikanzniveau $\alpha = 5\,\%$).

(a) Geben Sie die Anzahl der Gruppen r und die Anzahl der Beobachtungen n im Sinne der Varianzanalyse an. Geben Sie die Null- und Alternativhypothese sowohl mathematisch als auch verbal an.

(b) Bestimmen Sie SQA, SQR und SQT sowie die Werte von MQA und MQR. Geben Sie außerdem die dazugehörigen Freiheitsgrade an.

(c) Berechnen Sie den Wert der Prüfgöße und geben Sie den kritischen Wert an.

(d) Fällen Sie die Testentscheidung und interpretieren Sie das Ergebnis in Bezug auf die inhaltliche Fragestellung.

Aufgabe 18.2

Die Marketingabteilung eines Startups untersucht die Zahlungsbereitschaft für eine Limonade, die es in drei Geschmacksrichtungen gibt: Gurke-Minze, Ingwer-Limette und Hagebutte-Kirsch. Die drei Geschmacksrichtungen werden jeweils an drei Personen getestet und deren Zahlungsbereitschaft in Euro erfasst.

	Person		
Geschmacksrichtung	1	2	3
Gurke-Minze	2	3	1
Ingwer-Limette	5	3	4
Hagebutte-Kirsch	3	3	3

Untersuchen Sie mittels einer Varianzanalyse, ob sich die Zahlungsbereitschaft für die unterschiedlichen Geschmacksrichtungen unterscheidet ($\alpha = 5\,\%$).

(a) Formulieren Sie die Testhypothesen.

(b) Berechnen Sie SQA, SQR, SQT und MQA und MQR.

(c) Bestimmen Sie die Prüfgröße, den kritischen Wert und die Testentscheidung. Interpretieren Sie die Testentscheidung.

Aufgabe 18.3

Ein Hersteller von Pflanzenschutzmitteln hat drei unterschiedliche Arten der Vorbehandlung eines Saatguts entwickelt. Die Ernte auf jeweils vier Versuchsfeldern brachte folgende Ergebnisse (in dt/ha):

	Versuchsfeld			
Art der Vorbehandlung	1	2	3	4
I	45	50	46	47
II	48	55	53	56
III	46	50	48	56

Überprüfen Sie mittels der Varianzanalyse, ob die Art der Vorbehandlung einen signifikanten Einfluss auf den Ertrag hat (Signifikanzniveau $\alpha = 0{,}01$).

Aufgabe 18.4

Fünf Mittelklassewagen sollen auf ihren durchschnittlichen Benzinverbrauch hin untersucht werden. Jeder Typ wird von jeweils fünf Testfahrern über eine längere Versuchsstrecke gefahren, wobei sich folgende Verbrauchswerte in *l*/100 km ergeben:

	Testfahrer Nr.				
Wagentyp	1	2	3	4	5
I	12,0	12,5	13,2	11,5	12,5
II	13,3	12,0	12,1	13,2	12,5
III	9,5	10,0	9,8	10,8	9,0
IV	10,8	12,0	12,4	11,0	11,5
V	9,1	10,3	10,5	9,0	10,1

Haben die verschiedenen Wagentypen einen signifikant unterschiedlichen Verbrauch (Signifikanzniveau $\alpha = 0{,}05$)?

Aufgabe 18.5

In einer Studie werden die jährlichen Bildungsausgaben von Haushalten verschiedener Bundesländer miteinander verglichen. Die folgende Tabelle stellt die Ergebnisse der Stichprobenziehung dar (Angaben in Tsd. Euro). Es ist insbesondere von Interesse, ob sich die Bundesländer hinsichtlich der mittleren Bildungsausgaben pro Haushalt wesentlich voneinander unterscheiden.

	Haushalt Nr.				
Bundesland	1	2	3	4	5
A	15	16	14	16	14
B	10	12	8	9	11
C	17	12	4	16	6

(a) Nennen Sie die vorliegenden Merkmale und deren Skalierung.

(b) Erstellen Sie die Ergebnismatrix und geben Sie die gemessenen durchschnittlichen Bildungsausgaben je Land an.

(c) Führen Sie eine Varianzanalyse durch, um die Forschungsfrage zu beantworten (Signifikanzniveau $\alpha = 0{,}05$). Geben Sie in diesem Zuge die zugrunde liegenden Hypothesen an und erstellen Sie die Varianztabelle. Interpretieren Sie das Testergebnis.

(d) Angenommen, es wird für jeden Haushalt berücksichtigt, ob er sich in einer Stadt oder ländlichen Region befindet. Wie könnte der zuvor ausgeführte Testansatz erweitert werden, um dieses zusätzliche Merkmal angemessen zu berücksichtigen?

Lösungen

Lösung zu Aufgabe 18.1

(a) Es gibt $r = 3$ Gruppen, von denen jeweils $n = 3$ Beobachtungen vorliegen.
Die Hypothesen lauten

$$H_0\colon \mu_1 = \mu_2 = \mu_3 \qquad H_A\colon \text{es gibt } i \neq j, \text{sodass } \mu_i \neq \mu_j$$

bzw.

H_0: Die Vertriebswege gleichen sich hinsichtlich des mittleren Umsatzes.

H_A: Mindestens zwei Vertriebswege unterscheiden sich hinsichtlich des mittleren Umsatzes.

(b) Für die Berechnung der gesuchten Größen wird die Ergebnismatrix aufgestellt:

Vertriebsweg	Umsatz Okt	Nov	Dez	x_i	$\bar{x}_{i.}$
Geschäft	2	1	3	6	2
Online-Shop	7	5	6	18	6
Kaufhaus	3	5	4	12	4
Summe				36	–
Mittelwert				–	4

Daraus wird ermittelt:

$$\text{SQA} = n\sum_{i=1}^{r}(\bar{x}_{i.} - \bar{x}_{..})^2 = 3 \cdot (4+4+0) = 24$$

$$\text{SQT} = \sum_{i=1}^{r}\sum_{k=1}^{n}(x_{ik} - \bar{x}_{..})^2 = 4+9+1+9+1+4+1+1+0 = 30$$

$$\text{SQR} = \text{SQT} - \text{SQA} = 6$$

$$\text{MQA} = \frac{\text{SQA}}{v_A} = \frac{24}{2} = 12 \quad \text{mit} \quad v_A = r - 1 = 2 \text{ Freiheitsgraden}$$

$$\text{MQR} = \frac{\text{SQR}}{v_R} = \frac{6}{6} = 1 \quad \text{mit} \quad v_R = nr - r = 6 \text{ Freiheitsgraden}$$

(c) Die Prüfgröße hat den Wert

$$\tilde{f} = \frac{\text{MQA}}{\text{MQR}} = \frac{12}{1} = 12$$

und folgt der F-Verteilung mit $v_A = 2$ und $v_R = 6$. Der zugehörige kritische Wert ist demnach $F_{0,95;2;6} = 5{,}14$.

(d) H_0 wird abgelehnt, da die Prüfgröße den kritischen Wert übersteigt. Die Stichprobe belegt, dass sich die Umsatzzahlen hinsichtlich der Vertriebswege unterscheiden.

Lösung zu Aufgabe 18.2

(a) Die Hypothesen lauten:

$$H_0\colon \mu_1 = \mu_2 = \mu_3 \qquad H_A\colon \text{es gibt } i \neq j, \text{ sodass } \mu_i \neq \mu_j$$

(b) Ergebnismatrix:

Geschmacksrichtung	Person 1	2	3	x_i	$\bar{x}_{i.}$
Gurke-Minze	2	3	1	6	2
Ingwer-Limette	5	3	4	12	4
Hagebutte-Kirsch	3	3	3	9	3
Summe				27	–
Mittelwert				–	3

$$\text{SQA} = n\sum_{i=1}^{r}(\bar{x}_{i.} - \bar{x}_{..})^2 = n \cdot ((2-3)^2 + (4-3)^2 + (3-3)^2) = 6$$

$$\text{SQT} = \sum_{i-1}^{r}\sum_{k-1}^{n}(x_{ik} - \bar{x}_{..})^2 = (2-3)^2 + (3-3)^2 + \cdots + (3-3)^2 = 10$$

$$\text{SQR} = \text{SQT} - \text{SQA} = 4$$

Die Freiheitsgrade lauten $v_A = r - 1 = 2$ und $v_R = nr - r = 6$ und somit ergeben sich

$$\text{MQA} = \frac{\text{SQA}}{2} = 3 \qquad \text{und} \qquad \text{MQR} = \frac{\text{SQR}}{6} = \frac{2}{3} \approx 0{,}67.$$

(c) Die Prüfgröße lautet

$$\tilde{f} = \frac{\text{MQA}}{\text{MQR}} = \frac{3}{0{,}67} = 4{,}5$$

und folgt der F-Verteilung mit den Freiheitsgraden $v_A = 2$ und $v_R = 6$. Der kritische Wert beträgt somit $F_{0,95;2;6} = 5{,}14$. Da $4{,}5 < 5{,}14$, wird die Nullhypothese nicht abgelehnt. Hinsichtlich der durchschnittlichen Zahlungsbereitschaft besteht kein signifikanter Unterschied zwischen den Limonaden.

Lösung zu Aufgabe 18.3

Es wird eine Varianzanalyse für die Untersuchung des mittleren Ertrages in Abhängigkeit von der Art der Vorbehandlung durchgeführt. Die Art der Vorbehandlung ist hierbei der Faktor mit $r = 3$ Stichproben, die jeweils $n = 4$ Stichprobenelemente umfassen. Die Hypothesen lauten:

$$H_0\colon\ \mu_1 = \mu_2 = \mu_3 \qquad H_A\colon\ \text{es gibt } i \neq j, \text{sodass } \mu_i \neq \mu_j$$

Die Ergebnismatrix ist gegeben durch:

Art der Vorbehandlung	Versuchsfeld 1	2	3	4	x_i	$\bar{x}_{i.}$
I	45	50	46	47	188	47
II	48	55	53	56	212	53
III	46	50	48	56	200	50
Summe					600	–
Mittelwert					–	50

Berechnungen:

$$\text{SQA} = n\sum_{i=1}^{r}(\bar{x}_{i.} - \bar{x}_{..})^2 = 4\cdot[(47-50)^2 + (53-50)^2 + (50-50)^2] = 4\cdot 18 = 72$$

$$\text{SQT} = \sum_{i=1}^{r}\sum_{k=1}^{n}(x_{ik} - \bar{x}_{..})^2 = 5^2 + 0^2 + 4^2 + \cdots + 2^2 + 6^2 = 180$$

$$\text{SQR} = \text{SQT} - \text{SQA} = 180 - 72 = 108$$

Der Wert der Prüfgröße beträgt:

$$\tilde{f} = \frac{\text{MQA}}{\text{MQR}} = \frac{\dfrac{\text{SQA}}{r-1}}{\dfrac{\text{SQR}}{r(n-1)}} = \frac{\dfrac{72}{3-1}}{\dfrac{108}{3\cdot(4-1)}} = \frac{\dfrac{72}{2}}{\dfrac{108}{9}} = \frac{36}{12} = 3$$

Der kritische Wert lautet $F_c = F_{1-\alpha;\nu_A;\nu_R} = F_{0,99;2;9} = 8{,}02$. Da $\tilde{f} < F_c$, wird H_0 nicht abgelehnt. Die Art der Vorbehandlung hat keinen signifikanten Einfluss auf das Ernteergebnis.

Lösung zu Aufgabe 18.4

Die Hypothesen lauten:

$$H_0\colon\ \mu_1 = \mu_2 = \mu_3 = \mu_4 = \mu_5 \qquad H_A\colon\ \text{mindestens ein Paar von Mittelwerten ist ungleich}$$

Die Ergebnismatrix lautet:

Wagentyp	Testfahrer Nr. 1	2	3	4	5	x_i	$\bar{x}_{i.}$
I	12,0	12,5	13,2	11,5	12,5	61,7	12,34
II	13,3	12,0	12,1	13,2	12,5	63,1	12,62
III	9,5	10,0	9,8	10,8	9,0	49,1	9,82
IV	10,8	12,0	12,4	11,0	11,5	57,7	11,54
V	9,1	10,3	10,5	9,0	10,1	49,0	9,80
Summe						280,6	–
Mittelwert						–	11,224

Es wird die Varianztabelle ermittelt:

Streuungsursache	Abweichungs-quadratsumme	Anzahl der Freiheitsgrade	mittlere Abweichungs-quadratsumme	Wert der Prüfgröße
Faktor A	36,4656	4	9,1164	21,20
Rest	8,6	20	0,4300	
Total	45,0656	24	–	–

Der kritische Wert lautet $F_c = F_{0,95;4;20} = 2{,}87$. Da 21,20 > 2,87, wird H_0 nicht abgelehnt. Die Wagentypen unterscheiden sich hinsichtlich ihres Benzinverbrauchs.

Lösung zu Aufgabe 18.5

(a) Es liegen die Merkmale *Bundesland* (Nominalskala) und *Bildungsausgaben* (Verhältnisskala) vor.

(b) Ergebnismatrix:

Geschmacksrichtung	Haushalt Nr. 1	2	3	4	5	x_i	$\bar{x}_{i.}$
A	15	16	14	16	14	75	15
B	10	12	8	9	11	50	10
C	17	12	4	16	6	55	11
Summe						180	–
Mittelwert						–	12

(c) Hypothesen:

H_0: $\mu_1 = \mu_2 = \mu_3$ H_A: Mindestens zwei Bundesländer unterscheiden sich.

Varianztabelle:

Streuungsursache	Abweichungs-quadratsumme	Anzahl der Freiheitsgrade	mittlere Abweichungs-quadratsumme	Wert der Prüfgröße
Faktor A	70	2	35,0	2,8
Rest	150	12	12,5	
Total	220	14	–	–

Der kritische Wert lautet $F_c = F_{0,95;2;12} = 3{,}89$. Da $2{,}8 < 3{,}89$, wird die Nullhypothese nicht abgelehnt. Es kann daher auf Grundlage der vorliegenden Stichprobe nicht darauf geschlossen werden, dass sich die Länder hinsichtlich der durchschnittlichen Bildungsausgaben je Haushalt unterscheiden.

(d) Die Berücksichtigung des Wohnortes (Stadt/Land) entspricht der Einführung eines zweiten Faktors. Es ist möglich, die beiden vorliegenden Faktoren logisch zu kombinieren, sodass insgesamt $2 \cdot 3 = 6$ Ebenen resultieren: A-Stadt, A-Land, B-Stadt, B-Land, C-Stadt und C-Land. Entsprechend dieser Unterteilung kann eine herkömmliche Varianzanalyse ausgeführt werden, sofern die Stichprobenumfänge dies ermöglichen.

19. Testverfahren IV (Verteilungstests)

Aufgabe 19.1

Bei einer Überprüfung von Buchungsbeträgen eines Kunden stellt eine Mitarbeiterin eines Kreditinstituts Auffälligkeiten fest. Die relativen Häufigkeiten der 1. Ziffer von Buchungsbeträgen entsprechen regulär den Werten f_i in der unten angegebenen Tabelle. Demgegenüber stehen die bei den Buchungsbeträgen des Kunden beobachteten Häufigkeiten h_i der 1. Ziffer. Untersuchen Sie mittels eines Hypothesentests zum Signifikanzniveau $\alpha = 0{,}05$, ob die beobachteten Anzahlen eine signifikante Unregelmäßigkeit darstellen.

1. Ziffer	f_i	h_i
1	0,301	20
2	0,176	14
3	0,125	10
4	0,097	20
5	0,079	0
6	0,067	6
7	0,058	3
8	0,051	5
9	0,046	2

Aufgabe 19.2

Eine Stichprobe von 10 Elektronikbauteilen erbrachte folgende Lebensdauern (in Stunden):

1490, 1610, 1740, 1860, 1930, 1990, 2080, 2150, 2230, 2420

Steht dieses Ergebnis im Widerspruch zu der Behauptung des Herstellers, die Lebensdauer des Bauteils folge einer Normalverteilung mit den Parametern $\mu = 2000$ Stunden und $\sigma^2 = 78\,400$ (Signifikanzniveau $\alpha = 0{,}05$)?

Aufgabe 19.3

Im Rahmen einer Studie zum Mietverhalten von Familien wurde für die Mietdauer (in Jahren) eine Gleichverteilung angenommen. Diese Annahme soll nun unter Verwendung eines Datensatzes mit $n = 100$ Einträgen überprüft werden. Die maximal mögliche Mietdauer betrage 5 Jahre. Die folgende Tabelle enthält die für einen Anpassungstest vorbereitete Intervalleinteilung mit den zugehörigen beobachteten Häufigkeiten.

Intervall	[0,1)	[1,2)	[2,3)	[3,4)	[4,5]
beobachtete Häufigkeit	19	22	24	16	19

Führen Sie einen Anpassungstest zum Signifikanzniveau $\alpha = 5\,\%$ durch.

Aufgabe 19.4

An einem Glücksspielstand wird folgendes Spiel angeboten: Ein Spieldurchgang besteht darin, dass gleichzeitig drei Münzen geworfen und von diesen die Anzahl der Köpfe bestimmt wird. Die Spielteilnehmer tippen vor dem Wurf die Anzahl an Köpfen und gewinnen, wenn sie richtig liegen. Sie beobachten am Stand insgesamt 40 Durchgänge dieses Spiels mit den folgenden Ergebnissen:

- 10 mal kein Kopf
- 15 mal ein Kopf
- 14 mal zwei Köpfe und
- 1 mal drei Köpfe.

Sind die Münzen fair (Signifikanzniveau 5 %)?

Aufgabe 19.5

Die Beschäftigten eines Wirtschaftszweiges sind in zwei miteinander konkurrierenden Gewerkschaften organisiert. Nach dem Zustandekommen eines neuen Tarifabkommens werden je 500 zufällig ausgewählte Gewerkschaftsmitglieder nach ihrer Zufriedenheit mit dem Abkommen befragt.

	Grad der Zufriedenheit			
Gewerkschaft	sehr zufrieden	zufrieden	unzufrieden	sehr unzufrieden
1	260	150	30	60
2	280	140	30	50

Wird das Tarifabkommen von den Mitgliedern beider Gewerkschaften gleich beurteilt (Signifikanzniveau $\alpha = 0{,}05$)?

Aufgabe 19.6

Für einen Supermarkt wird untersucht, ob sich gewisse Kundengruppen in ihrem Einkaufverhalten unterscheiden. Unter anderem ist von Interesse, ob es in den Altersgruppen systematische Unterschiede bzgl. des Zeitpunkts des Einkaufs gibt. Die folgende Tabelle enthält die Anzahlen der Kunden nach Alter und Tageszeit.

Tageszeit	Alter < 25	Alter ≥ 25
Vormittag	0	10
Nachmittag	20	20
Abend	30	20

(a) Bestimmen Sie die erwarteten Häufigkeiten unter der Annahme, dass der Zeitpunkt des Einkaufs nicht vom Alter der Kunden abhängt.

(b) Führen Sie einen Hypothesentest durch, mit dem Sie die Verteilung der Einkaufszeitpunkte der beiden Altersgruppen vergleichen (Signifikanzniveau 5 %). Nennen Sie den anzuwendenden Test und die dazugehörigen Hypothesen. Berechnen Sie die Prüfgröße, bestimmen Sie den kritischen Wert und treffen Sie die Testentscheidung. Interpretieren Sie das Ergebnis.

(c) Angenommen, die Altersgruppe ≥ 25 lässt sich noch feiner in die Klassen *Alter zwischen 25 und 45* und *Alter ≥ 45* unterteilen; die Einteilung der Tageszeiten und die Gesamtzahl der Kunden bleiben unverändert. Wie lautet dann der kritische Wert für den Hypothesentest? Begründen Sie Ihre Antwort.

Lösungen

Lösung zu Aufgabe 19.1

Da die theoretischen Wahrscheinlichkeiten f_i bereits gegeben sind, kann ein Chi-Quadrat-Anpassungstest ausgeführt werden. Die Hypothesen lauten:

H_0: Die 1. Ziffer der Buchungsbeträge entspricht der gegebenen Verteilung.

H_A: Die 1. Ziffer der Buchungsbeträge folgt nicht der gegebenen Verteilung.

Die Prüfgröße lautet:

$$\chi^2 = \sum_{i=1}^{k} \frac{(h_i^o - h_i^e)^2}{h_i^e}$$

Die erwarteten Häufigkeiten h_i^e werden mittels der Formel $h_i^e = f_i \cdot n$ bestimmt:

x_i	f_i	h_i^o	h_i^e
1	0,301	20	24,08
2	0,176	14	14,08
3	0,125	10	10,00
4	0,097	20	7,76
5	0,079	0	6,32
6	0,067	6	5,36
7	0,058	3	4,64
8	0,051	5	4,08
9	0,046	2	3,68

Für die Anwendung des Anpassungstests ist es erforderlich, dass alle erwarteten Häufigkeiten mindestens 5 betragen. Um dies zu erreichen, werden die Merkmalsausprägungen, bei denen $h_i^e < 5$, mit den angrenzenden Merkmalsausprägungen zu Klassen zusammengefasst:

x_i	f_i	h_i^o	h_i^e
1	0,301	20	24,08
2	0,176	14	14,08
3	0,125	10	10,00
4	0,097	20	7,76
5	0,079	0	6,32
6–7	0,125	9	10,00
8–9	0,097	7	7,76

Der Wert der Prüfgröße ist somit

$$\chi^2 = \frac{(20-24{,}08)^2}{24{,}08} + \cdots + \frac{(7-7{,}76)^2}{7{,}76} \approx 26{,}493.$$

Der kritische Wert beträgt $\chi^2_{0,95;6} = 12{,}592$, wobei $v = 7 - 1 = 6$ Freiheitsgrade vorliegen, da nach der Klasseneinteilung 7 Ausprägungen existieren und kein Parameter geschätzt wird. Da die Prüfgröße den kritischen Wert übersteigt, wird die Nullhypothese abgelehnt. Es ist somit statistisch signifikant belegt, dass die Buchungsbeträge des Kunden nicht der vorgegebenen Verteilung folgen.

Lösung zu Aufgabe 19.2

Die Hypothesen lauten:

H_0: Die Lebensdauer ist normalverteilt. H_A: Die Lebensdauer ist nicht normalverteilt.

Die Prüfgröße

$$D = \max_x \left| F_n^e(x/2000;78400) - F^o(x) \right|,$$

d. h. der maximale Abstand der erwarteten theoretischen und der beobachteten empirischen Verteilung, folgt der Kolmogorov-Smirnov-Verteilung. Für $\alpha = 0{,}05$ und $n = 10$ beträgt der kritische Wert $d_c = 0{,}409$. Für einen konkreten Wert d der Prüfgröße mit $d > 0{,}409$ wird H_0 somit abgelehnt; für $d \leq 0{,}409$ hingegen nicht. Zur Berechnung von d für die gegebenen Daten wird die folgende Tabelle aufgestellt.

x_i	$F^o(x_i)$	$F_n^e(x_i)$	$\lvert F_n^e(x_i) - F^o(x_{i-1})\rvert$	$\lvert F_n^e(x_i) - F^o(x_i)\rvert$
1490	0,1	0,0343	0,0343	0,0657
1610	0,2	0,0818	0,0182	0,1182
1740	0,3	0,1764	0,0236	**0,1236**
1860	0,4	0,3085	0,0085	0,0915
1930	0,5	0,4013	0,0013	0,0987
1990	0,6	0,4856	0,0144	0,1144
2080	0,7	0,6126	0,0126	0,0874
2150	0,8	0,7040	0,0040	0,0960
2230	0,9	0,7942	0,0058	0,1058
2420	1,0	0,9332	0,0332	0,0668

Hierbei ist zu beachten, dass zusätzlich zur Spalte $\lvert F_n^e(x_i) - F^o(x_i)\rvert$ die Spalte $\lvert F_n^e(x_i) - F^o(x_{i-1})\rvert$ zur Ermittlung von d betrachtet werden muss, denn F_n^e ist zwar eine stetige Verteilungsfunktion, F^o dagegen jedoch eine unstetige Treppenfunktion.

Das Maximum befindet sich bei $x = 1740$ und beträgt $d = 0{,}1236$. Da $0{,}1236 \leq 0{,}409$ ist, wird H_0 nicht abgelehnt. Anhand der Stichprobe wird nicht widerlegt, dass die Lebensdauer des Bauteils normalverteilt ist.

Lösung zu Aufgabe 19.3

Die Hypothesen lauten:

H_0: Die Mietdauern sind gleichverteilt. H_A: Die Mietdauern sind nicht gleichverteilt.

Da von einer Gleichverteilung ausgegangen wird, lauten die Wahrscheinlichkeiten der Ausprägungen jeweils $1/k = 1/5$. Die erwarteten Häufigkeiten sind demnach je Intervall $1/5 \cdot 100 = 20$:

Intervall	[0,1]	[1,2]	[2,3]	[3,4]	[4,5]
beobachtete Häufigkeit	19	22	24	16	19
Wahrscheinlichkeit	0,2	0,2	0,2	0,2	0,2
erwartete Häufigkeit	20	20	20	20	20

Die Bedingung für die anzuwendende Verteilung lautet $h_i^e \geq 5$ für alle $1 \leq i \leq k$ und ist hier erfüllt, da alle $h_i^e = 20 \geq 5$. Die Prüfgröße hat den Wert

$$\chi^2 = \sum_{i=1}^{5} \frac{(h_i^o - h_i^e)^2}{h_i^e} = \frac{(19-20)^2}{20} + \frac{(22-20)^2}{20} + \frac{(24-20)^2}{20} + \frac{(16-20)^2}{20} + \frac{(19-20)^2}{20}$$

$$= \frac{1}{20} + \frac{4}{20} + \frac{16}{20} + \frac{16}{20} + \frac{1}{20} = \frac{38}{20} = 1{,}9.$$

Der kritische Wert lautet $\chi^2_{0,95;4} = 9{,}488$, denn es werden $m = 0$ Parameter für die Bestimmung der Gleichverteilung geschätzt und somit liegen $v = k - m - 1 = 4$ Freiheitsgrade vor. Da $1{,}9 < 9{,}488$, also die Prüfgröße den kritischen Wert nicht überschreitet, wird die Nullhypothese nicht abgelehnt.

Auf Grundlage der Daten wird die Annahme der Gleichverteilung der Mietdauern nicht widerlegt.

Lösung zu Aufgabe 19.4

Es wird ein Chi-Quadrat-Anpassungstest auf eine Binomialverteilung durchgeführt. Die Hypothesen lauten

H_0: Die Münzen sind fair. H_A: Die Münzen sind nicht fair.

oder gleichbedeutend

H_0: Die Anzahl an Köpfen in einem Spieldurchgang ist binomialverteilt mit $n = 3$ und $\theta = 0{,}5$.

H_A: Die Anzahl an Köpfen eines Spieldurchgangs ist nicht binomialverteilt mit $n = 3, \theta = 0{,}5$.

Begründung: Die Anzahl an Köpfen beim gleichzeitigen Werfen von drei Münzen entspricht genau der Definition eines Binomialexperiments, da in $n = 3$ unabhängigen Versuchen jeweils der Erfolg (Kopf)/Misserfolg (Zahl) erfasst wird und die Erfolgswahrscheinlichkeit θ konstant ist. Wenn die Münzen fair sind, ist diese Wahrscheinlichkeit $\theta = 0{,}5$.

Für die Binomialverteilung mit $k = 4$ Ausprägungen sind unter Annahme von H_0 keine Parameter zu schätzen und somit ist $m = 0$. Die Gesamtzahl der Beobachtungen ist 40. Die erwarteten Häufigkeiten können anhand der Formel $h_i^e = p_i \cdot 40$ bestimmt werden, wobei die Werte von p_i der Wahrscheinlichkeitsfunktion der Binomialverteilung mit $n = 3$ und $\theta = 0{,}5$ entstammen:

x_i	h_i^o	p_i	h_i^e
0	10	0,125	5
1	15	0,375	15
2	14	0,375	15
3	1	0,125	5

Die Prüfgröße hat den Wert

$$\chi^2 = \sum_{i=1}^{k} \frac{(h_i^o - h_i^e)^2}{h_i^e} = \frac{5^2}{5} + \frac{0^2}{15} + \frac{1^2}{15} + \frac{4^2}{5} \approx 8{,}267$$

und besitzt $v = k - m - 1 = 4 - 0 - 1 = 3$ Freiheitsgrade. Der kritische Wert ist demnach $\chi^2_{0,95;3} = 7{,}815$ und weil $8{,}267 > 7{,}815$, wird H_0 abgelehnt. Die Münzen sind nicht fair.

Lösung zu Aufgabe 19.5

Hypothesen:

H_0: Das Tarifabkommen wird von beiden Gewerkschaften gleich beurteilt.

H_A: Das Tarifabkommen wird nicht gleich beurteilt.

Die Prüfgröße

$$\chi^2 = \sum_{i=1}^{r} \sum_{j=1}^{s} \frac{(h_{ij}^o - h_{ij}^e)^2}{h_{ij}^e}$$

folgt der Chi-Quadrat-Verteilung mit $v = (r-1)(s-1) = (2-1)(4-1) = 3$ Freiheitsgraden. Für $\alpha = 0{,}05$ und $v = 3$ ist der kritische Wert $\chi_c^2 = 7{,}815$. Bei $\chi^2 > 7{,}815$ wird H_0 abgelehnt, bei $\chi^2 \leq 7{,}815$ wird H_0 nicht abgelehnt.

Tabelle der erwarteten Häufigkeiten:

	Grad der Zufriedenheit				
Gewerkschaft	sehr zufrieden	zufrieden	unzufrieden	sehr unzufrieden	$\sum$
1	270	145	30	55	500
2	270	145	30	55	500
$\sum$	540	290	60	110	1000

Somit hat die Prüfgröße den Wert

$$\chi^2 = \sum_{i=1}^{2} \sum_{j=1}^{4} \frac{(h_{ij}^o - h_{ij}^e)^2}{h_{ij}^e} = 1{,}995.$$

Da $1{,}995 \leq 7{,}815$ ist, wird H_0 nicht abgelehnt.

Lösung zu Aufgabe 19.6

(a) Die erwarteten Häufigkeiten werden aus den beobachteten Häufigkeiten h_{ij}^{o} entsprechend der Formel $h_{ij}^{e} = h_{i.}^{o} \cdot h_{.j}^{o} / n$ bestimmt:

Tageszeit	Alter < 25	Alter ≥ 25	Σ
Vormittag	5	5	10
Nachmittag	20	20	40
Abend	25	25	50
Σ	50	50	100

(b) Es wird ein Chi-Quadrat-Homogenitätstest durchgeführt. Die Hypothesen lauten:

H_0: Die Verteilungen der Einkaufszeitpunkte sind in beiden Altersgruppen gleich.

H_A: Die Altersgruppen unterscheiden sich hinsichtlich der Einkaufszeitpunkte.

Die Prüfgröße besitzt den Wert

$$\chi^2 = \sum_{i=1}^{r} \sum_{j=1}^{s} \frac{(h_{ij}^{o} - h_{ij}^{e})^2}{h_{ij}^{e}} = 5 + 5 + 0 + 0 + 1 + 1 = 12.$$

Der kritische Wert beträgt $\chi^2_{0,95;2} = 5{,}991$. H_0 wird abgelehnt, da $12 > 5{,}991$. Die Altersgruppen unterscheiden sich hinsichtlich der Einkaufszeitpunkte.

(c) In der beschriebenen Situation liegen $r = 3$ Zeilen und $s = 3$ Spalten vor; daher gibt es $(r-1)(s-1) = 4$ Freiheitsgrade. Der zugehörige kritische Wert lautet $\chi^2_{0,95;4} = 9{,}488$.

20. Regressionsanalyse I (Lineare Einfachregression – Methode der kleinsten Quadrate)

Aufgabe 20.1

Gegeben sind die folgenden Werte.

x_i	1	2	3	4	5
y_i	3	1	5	7	10

(a) Bestimmen Sie die Werte der Regressionskoeffizienten für die lineare Regressionsfunktion $\hat{y} = b_1 + b_2 x$.

(b) Zeichnen Sie die Regressionsgerade gemeinsam mit den zugrunde liegenden Werten (x_i, y_i) und interpretieren Sie die Regressionskoeffizienten b_1 und b_2.

(c) Bestimmen Sie die Residuen und ermitteln und interpretieren Sie das Bestimmtheitsmaß.

Aufgabe 20.2

In einem Unternehmen, das Keramik herstellt, wurden für $n = 12$ Beobachtungszeiträume folgende Produktionsmengen und Gesamtkosten gemessen:

Beobachtungszeitraum	Produktionsmenge x_i (in Tsd. Stück)	Gesamtkosten y_i (in Tsd. Euro)
1	45	205
2	30	128
3	35	165
4	40	175
5	20	104
6	55	240
7	65	275
8	58	250
9	30	142
10	60	265
11	25	112
12	49	214

(a) Bestimmen Sie nach der Methode der kleinsten Quadrate eine lineare Gesamtkostenfunktion der Form $\hat{y} = b_1 + b_2 x$ und interpretieren Sie b_2.

(b) Berechnen und interpretieren Sie das Bestimmtheitsmaß.

Aufgabe 20.3

Für ein Beratungsunternehmen wird die Effizienz der abgeschlossenen Projekte des vergangenen Jahres untersucht. Insbesondere wird der Zusammenhang zwischen dem

Arbeitsaufwand x_i eines Projekts (in Stunden) und dem Umsatz y_i (in Tsd. Euro) näher betrachtet. Die $n = 20$ Projekte des vergangenen Jahres nahmen im Durchschnitt 130 Stunden in Anspruch und erzielten einen durchschnittlichen Umsatz in Höhe von 15 Tsd. Euro. Es ergaben sich darüber hinaus die Werte $\overline{xy} = 2100$ und $\overline{x^2} = 18400$.

(a) Bestimmen Sie anhand der vorliegenden Werte eine lineare Regressionsfunktion für den Zusammenhang des Arbeitsaufwands und des erzielten Umsatzes eines Projekts. Interpretieren Sie die berechneten Regressionskoeffizienten.

(b) Weisen Sie nach, dass die Regressionsgerade durch den Schwerpunkt $(\overline{x}, \overline{y})$ verläuft.

(c) Die Korrelation von x und y betrage 0,9. Bestimmen und interpretieren Sie das Bestimmtheitsmaß der Regressionsfunktion.

Aufgabe 20.4

Nach der Methode der kleinsten Quadrate wurde die folgende Regressionsgerade bestimmt:

$$\hat{y} = 5 + 2x$$

(a) Zeichnen Sie die Regressionsgerade in dem Bereich $0 \leq x \leq 6$ und interpretieren Sie die Werte der Regressionskoeffizienten.

(b) Kennzeichnen Sie in Ihrer Zeichnung die Residuen der Punkte (1,3), (2,12), (4,17) und (6,13) und erläutern Sie anhand der Zeichnung die Methode der kleinsten Quadrate.

Aufgabe 20.5

Um die Nachfrage für ein neues Produkt zu ermitteln, bietet ein Unternehmen das Produkt in 5 verschiedenen Städten zu unterschiedlichen Preisen x_i (in Euro) an. Zusätzlich wird der monatliche Umsatz y_i je Stadt erfasst (in Tsd. Euro).

x_i	y_i
2	11
4	8
6	9
8	4
10	3

(a) Bestimmen Sie die lineare Regressionsfunktion für die gegebenen Wertepaare (x_i, y_i).

(b) Belegen Sie durch Rechnung folgende Eigenschaften:

(1) Die Summe der Residuen $\sum e_i$ ist Null.

(2) Die Summe $\sum x_i e_i$ ist Null.

(3) Das arithmetische Mittel $\overline{y}$ der beobachteten y_i-Werte ist gleich dem arithmetischen Mittel $\overline{\hat{y}}$ der geschätzten Werte $\hat{y}_i$.

(4) Die Regressionsgerade läuft durch den Schwerpunkt $(\overline{x}, \overline{y})$.

Lösungen

Lösung zu Aufgabe 20.1

(a) Zur Bestimmung der Regressionskoeffizienten wird die folgende Tabelle verwendet.

i	x_i	y_i	$x_i y_i$	x_i^2
1	1	3	3	1
2	2	1	2	4
3	3	5	15	9
4	4	7	28	16
5	5	10	50	25
Mittelwert	3	5,2	19,6	11

Daraus werden die Regressionskoeffizienten bestimmt:

$$b_2 = \frac{\overline{xy} - \overline{x} \cdot \overline{y}}{\overline{x^2} - \overline{x}^2} = \frac{19{,}6 - 15{,}6}{11 - 9} = \frac{4}{2} = 2$$

$$b_1 = \overline{y} - b_2 \cdot \overline{x} = 5{,}2 - 2 \cdot 3 = -0{,}8$$

Die Regressionsfunktion lautet daher

$$\hat{y} = -0{,}8 + 2x.$$

(b) Zeichnung der Regressionsfunktion und der zugrunde liegenden Werte:

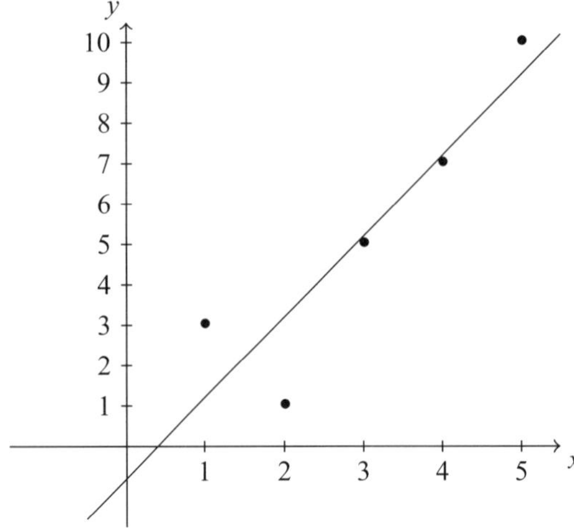

Der Regressionskoeffizient b_1 ist der konstante Term der ermittelten Geraden und entspricht dem geschätzten y-Wert für $x = 0$. Die ermittelte Gerade schneidet die y-Achse im Wert $-0{,}8$.

Der Regressionskoeffizient b_2 gibt den Anstieg der ermittelten Regressionsgeraden an und stellt die tendenzielle Veränderung von y bei Änderung von x um eine Einheit dar. Wenn ausgehend von einem bestimmten Punkt (x,y) der Wert von x um eine Einheit erhöht wird, steigt der Wert von y tendenziell um 2 Einheiten.

(c) Die Bestimmung der Residuen erfolgt mittels der Formel $e_i = y_i - \hat{y}_i$, wobei $\hat{y}_i$ der durch die Regressionsgerade geschätzte Wert an der Stelle x_i ist:

x_i	y_i	$\hat{y}_i$	e_i
1	3	1,2	1,8
2	1	3,2	–2,2
3	5	5,2	–0,2
4	7	7,2	–0,2
5	10	9,2	0,8

Berechnung des Bestimmtheitsmaßes:

$$B = 1 - \frac{\sum e_i^2}{\sum (y_i - \bar{y})^2} = 1 - \frac{8,8}{48,8} \approx 0,82$$

Das Bestimmtheitsmaß gibt an, dass durch die lineare Regressionsfunktion etwa 82 % der beobachteten Streuung von y erklärt werden.

Lösung zu Aufgabe 20.2

(a) Bestimmung der Regressionskoeffizienten entsprechend der Methode der kleinsten Quadrate:

$$b_1 = \frac{\sum x_i^2 \sum y_i - \sum x_i \sum x_i y_i}{n\sum x_i^2 - \left(\sum x_i\right)^2} = \frac{24290 \cdot 2275 - 512 \cdot 106941}{12 \cdot 24290 - 512^2} = 17,247$$

$$b_2 = \frac{n\sum x_i y_i - \sum x_i \sum y_i}{n\sum x_i^2 - \left(\sum x_i\right)^2} = \frac{12 \cdot 106491 - 512 \cdot 2275}{12 \cdot 24290 - 512^2} \approx 4,039$$

Die lineare Gesamtkostenfunktion lautet somit:

$$\hat{y} = 17,247 + 4,039x$$

Der Regressionskoeffizient $b_2 = 4,039$ gibt an, dass die Herstellung einer Produktionseinheit etwa 4,04 Euro kostet.

(b) Zur Berechnung des Bestimmtheitsmaßes werden zunächst die Residuen anhand der Regressionsgerade bestimmt:

i	Produktionsmenge x_i (in Tsd. Stück)	Gesamtkosten y_i (in Tsd. Euro)	geschätzter Wert $\hat{y}_i$	Residuum e_i
1	45	205	199,01	5,99
2	30	128	138,42	–10,42
3	35	165	158,62	6,38
4	40	175	178,81	–3,81
5	20	104	98,03	5,97
6	55	240	239,40	0,60
7	65	275	279,79	–4,79
8	58	250	251,52	–1,52
9	30	142	138,42	3,58
10	60	265	259,59	5,41
11	25	112	118,23	–6,23
12	49	214	215,16	–1,16

Es ist zu erkennen, dass die Residuen im Verhältnis zu den beobachteten Werten y_i kleine Werte aufweisen. Daher ist zu erwarten, dass das Bestimmtheitsmaß einen Wert nahe an 1 annimmt. Das Bestimmtheitsmaß beträgt

$$B = 1 - \frac{\sum e_i^2}{\sum (y_i - \overline{y})^2} = 1 - \frac{343{,}173}{40226{,}92} \approx 0{,}991.$$

Die berechnete Regressionsgerade erklärt somit etwa 99,1 % der beobachteten Streuung von y.

Lösung zu Aufgabe 20.3

(a) Die Regressionskoeffizienten können für die vorliegenden Werte wie folgt berechnet werden:

$$b_2 = \frac{\overline{xy} - \overline{x} \cdot \overline{y}}{\overline{x^2} - \overline{x}^2} = \frac{2100 - 130 \cdot 15}{18400 - 130^2} = \frac{150}{1500} = 0{,}1$$
$$b_1 = \overline{y} - b_2\overline{x} = 15 - 0{,}1 \cdot 130 = 2$$

Die berechneten Koeffizienten sagen aus, dass für ein Projekt ein Basisumsatz (Umsatz unabhängig vom Arbeitsaufwand) in Höhe von etwa 2 Tsd. Euro anfällt und jede Stunde Arbeitsaufwand einen zusätzlichen Umsatz in Höhe von 0,1 Tsd. bzw. 100 Euro bewirkt.

(b) Zum Nachweis, dass die Regressionsgerade tatsächlich durch den Schwerpunkt $(\overline{x}, \overline{y}) = (130{,}15)$ verläuft, wird der Wert $x_0 = \overline{x} = 130$ in die Regressionsgerade eingesetzt:

$$y_0 = 2 + 0{,}1 \cdot x_0 = 2 + 0{,}1 \cdot 130 = 15$$

Der Funktionswert der Regressionsgeraden ist 15 an der Stelle $x_0 = 130$. Da dies ebenso der Mittelwert $\overline{y} = 15$ ist, verläuft die Regressionsgerade bewiesenermaßen durch $(\overline{x}, \overline{y})$.

(c) Das Bestimmtheitsmaß ist gleich dem quadrierten Korrelationskoeffizienten und daher gilt $B = r^2 = (0{,}9)^2 = 0{,}81$. Durch die Regressionsgerade werden daher 81 % der beobachteten Streuung von y erklärt.

Lösung zu Aufgabe 20.4

(a) Zeichnung inkl. der ergänzten Punkte und Residuen (siehe Teilaufgabe (b)):

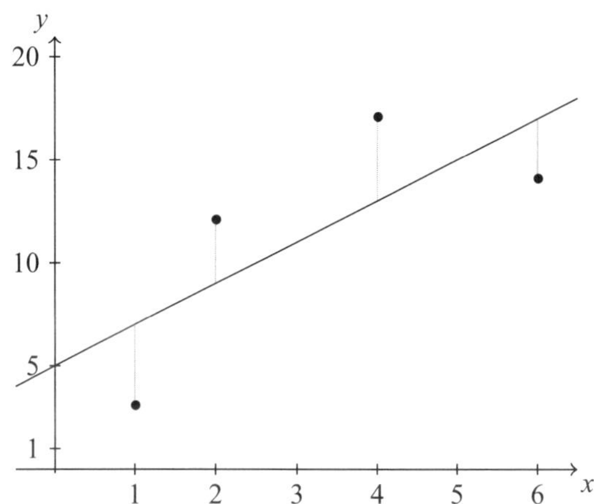

Interpretation der Koeffizienten: Je Zunahme von x um eine Einheit steigt der Wert von y tendenziell um $b_2 = 2$ Einheiten. Umgekehrt sinkt y um durchschnittlich 2 Einheiten, wenn x um eine Einheit fällt. Der Wert $b_1 = 5$ beschreibt den Schnittpunkt mit der y-Achse und gibt somit den durchschnittlichen bzw. geschätzten Wert von y an für den Fall, dass $x = 0$. Je nach Kontext kann diese Interpretation sinnvoll oder unangebracht sein.

(b) Die Zeichnung enthält die ergänzten vier Punkte sowie deren Verbindungsstrecke zur Regressionsgerade. Die Differenzen der Höhen, d. h. $e_i = y_i - \hat{y}_i$, sind definiert als die Residuen und stellen so die Abweichung der Regressionsgerade von den vorliegenden Beobachtungen dar. Die Methode der kleinsten Quadrate besteht darin, die Regressionskoeffizienten gerade so zu bestimmen, dass die *Summe der quadrierten Residuen* minimal ist. Es wird demnach der Ausdruck

$$\sum_{i=1}^{n} e_i^2 = \sum_{i=1}^{n} (y_i - \hat{y}_i)^2 = \sum_{i=1}^{n} (y_i - (b_1 + b_2 x_i))^2$$

mittels geeigneter Wahl von b_1 und b_2 minimiert.
Beispielsweise wird bei der hypothetischen Wahl von $b_1 = 8$ und $b_2 = 1$ ein Wert von $\sum e_i^2 = 65$ erreicht, die Wahl von $b_1 = 4$ und $b_2 = 2{,}5$ ergibt $\sum e_i^2 = 55{,}25$. Die Wahl von $b_1 = 5$ und $b_2 = 2$ führt dagegen zu dem geringeren Wert $\sum e_i^2 = 50$. Dieser Wert ist minimal, da nach der KQ-Methode für die vier gegebenen Punkte die (optimalen) Regressionskoeffizienten $b_1 = 5$ und $b_2 = 2$ lauten und somit zwingend ein Minimum vorliegt.

Lösung zu Aufgabe 20.5

(a) Nebenrechnung:

	x_i	y_i	x_iy_i	x_i^2
	2	11	22	4
	4	8	32	16
	6	9	54	36
	8	4	32	64
	10	3	30	100
Summe	30	35	170	220
Mittelwert	6	7	36	44

Bestimmung der Regressionskoeffizienten:

$$b_2 = \frac{\overline{xy} - \overline{x} \cdot \overline{y}}{\overline{x^2} - \overline{x}^2} = \frac{36 - 42}{44 - 36} = -1$$

$$b_1 = \overline{y} - b_2\overline{x} = 7 - (-1) \cdot 6 = 13$$

Die Regressionsfunktion lautet somit $\hat{y} = 13 - x$.

(b) Zum Nachweis der Eigenschaften werden die Residuen bestimmt:

x_i	y_i	$\hat{y}_i$	e_i
2	11	11	0
4	8	9	–1
6	9	7	2
8	4	5	–1
10	3	3	0

Nachweis der Eigenschaften:

1. $\sum e_i = 0 - 1 + 2 - 1 + 0 = 0$
2. $\sum x_i e_i = 2 \cdot 0 + 4 \cdot (-1) + 6 \cdot 2 + 8 \cdot (-1) + 10 \cdot 0 = -4 + 12 - 8 = 0$
3. Es sind $\overline{y} = 7$ und $\overline{\hat{y}} = \frac{1}{5}(11 + 9 + 7 + 5 + 3) = 7$.
4. Am Punkt $x_0 = \overline{x} = 6$ hat die Regressionsgerade den Wert $y_0 = 13 - x_0 = 13 - 6 = 7 = \overline{y}$, wie behauptet.

21. Regressionsanalyse II (Lineare Einfachregression – Schätz- und Testverfahren)

Aufgabe 21.1

Für eine Stichprobe im Umfang von $n = 30$ wurden die Regressionsfunktion $\hat{y} = 20 + 3x$ sowie die folgenden Werte bestimmt:

$$s_E^2 = 25 \qquad s_{B_1} = 5 \qquad s_{B_2} = 1$$

Zusätzlich zu den Grundannahmen der Einfachregression wird angenommen, dass die zufälligen Störvariablen U_i normalverteilt sind.

(a) Bestimmen Sie für die Regressionskoeffizienten β_1 und β_2 das 90%-Konfidenzintervall.

(b) Überprüfen Sie für beide Regressionskoeffizienten zum Signifikanzniveau $\alpha = 10\,\%$, ob diese signifikant von Null verschieden sind.

(c) Überprüfen Sie die Hypothese $\beta_1 > 10$ (Signifikanzniveau $\alpha = 5\,\%$).

(d) Erläutern Sie, inwiefern die Annahme der Normalverteilung eine Rolle in den vorgehenden Teilaufgaben spielt.

Aufgabe 21.2

Um die Nachfrage für ein neues Produkt zu ermitteln, bietet ein Unternehmen das Produkt in 5 verschiedenen Städten zu unterschiedlichen Preisen x_i (in Euro) an. Zusätzlich wird der monatliche Umsatz y_i je Stadt erfasst (in Tsd. Euro).

x_i	y_i
2	11
4	8
6	9
8	4
10	3

Die vorliegenden Werte werden als Stichprobe aufgefasst und geschätzt wird die Regressionsfunktion $\hat{y} = 13 - x$. Zusätzlich zu den Grundannahmen der Einfachregression gelte die Annahme, dass die zufälligen Störvariablen U_i normalverteilt sind.

(a) Bestimmen Sie die Residuen und schätzen Sie die Varianz der Residuen mithilfe der Formel

$$s_E^2 = \frac{1}{n-2}\sum e_i^2 .$$

(b) Bestimmen und interpretieren Sie für die Regressionskoeffizienten β_1 und β_2 das 95%-Konfidenzintervall.

(c) Überprüfen Sie, ob β_2 signifikant von Null verschieden ist (Signifikanzniveau $\alpha = 0{,}05$). Falls dies erfüllt ist, testen Sie anschließend, ob β_2 kleiner als Null ist.

Aufgabe 21.3

Für 8 Zeitschriftengeschäfte, die in verschiedenen Straßen einer Innenstadt liegen, wurden folgende Werte für den Jahresumsatz und die jahresdurchschnittliche tägliche Passantenfrequenz bestimmt:

Geschäft i	Passantenfrequenz x_i in Tsd. Passanten pro Tag	Jahresumsatz y_i in Tsd. Euro
1	20	265
2	10	150
3	19	250
4	14	180
5	15	210
6	8	110
7	17	220
8	11	144

Es wird davon ausgegangen, dass alle betrachteten Geschäfte und deren Umsätze unabhängig voneinander sind.

(a) Bestimmen Sie nach der Methode der kleinsten Quadrate eine lineare Umsatzfunktion der Form $\hat{y} = b_1 + b_2 x$.

(b) Prüfen Sie, ob der Regressionskoeffizient β_2 zum Signifikanzniveau $\alpha = 0{,}01$ gegen Null gesichert ist. Interpretieren Sie das Ergebnis.

Aufgabe 21.4

Mittels einer Regression werden die Sanierungskosten von Wohnimmobilien untersucht. Für $n = 12$ zufällig ausgewählte Sanierungsprojekte des vergangenen Jahres innerhalb einer bestimmten Region wurden folgende Werte ermittelt:

i	Wohnfläche x_i (in m^2)	Sanierungskosten y_i (in Tsd. Euro)
1	230	81
2	76	24
3	161	53
4	154	60
5	116	55
6	77	30
7	158	45
8	267	87
9	111	28
10	180	39
11	152	58
12	70	28

Die durchschnittliche Wohnfläche beträgt in diesem Datensatz 146 m² und die Gesamtsanierungskosten 588 Tsd. Euro. Als weitere Zwischenergebnisse sind die Werte

$$\overline{xy} = 8180 \quad \text{und} \quad \overline{x^2} = 24723$$

gegeben.

(a) Bestimmen Sie für die vorliegende Stichprobe eine Regressionsfunktion, die die Beziehung der Wohnfläche und der Sanierungskosten beschreibt.

(b) Interpretieren Sie die geschätzten Regressionskoeffizienten und bilden Sie 90%-Konfidenzintervalle für die Regressionskoeffizienten.

(c) Ist der Regressionskoeffizient β_1 zum Signifikanzniveau $\alpha = 10\,\%$ signifikant von Null verschieden? Interpretieren Sie Ihr Ergebnis.

Aufgabe 21.5

Bei der Untersuchung der Abhängigkeit der monatlichen Konsumausgaben (Y) von dem Monatseinkommen (X) wurde eine Stichprobe von $n = 18$ Familien herangezogen. Aus den Daten ergaben sich die Werte $\sum(y_i - \overline{y})^2 = 751$ und $\sum e_i^2 = 300$. Prüfen Sie unter Verwendung des F-Tests, ob eine Abhängigkeit zwischen den monatlichen Konsumausgaben und dem Monatseinkommen vorliegt (Signifikanzniveau $\alpha = 0{,}05$).

Lösungen

Lösung zu Aufgabe 21.1

(a) Für die Konfidenzintervalle wird das Quantil $t = t_{0,95;28} = 1{,}701$ der Studentverteilung benötigt. Die darüber hinaus erforderlichen Standardfehler s_{B_1} und s_{B_2} sind bereits in der Aufgabenstellung gegeben. Die Konfidenzintervalle lauten

$$\begin{aligned} b_1 - ts_{B_1} &\le \beta_1 \le b_1 + ts_{B_1} \\ 20 - 1{,}701 \cdot 1 &\le \beta_1 \le 20 + 1{,}701 \cdot 5 \\ 11{,}49 &\le \beta_1 \le 28{,}51 \end{aligned}$$

und

$$\begin{aligned} b_1 - ts_{B_2} &\le \beta_2 \le b_2 + ts_{B_2} \\ 3 - 1{,}701 \cdot 1 &\le \beta_2 \le 3 + 1{,}701 \cdot 1 \\ 1{,}30 &\le \beta_2 \le 4{,}70 \end{aligned}$$

Mit einer Sicherheit von 90 % liegt β_1 zwischen 11,49 und 28,51 sowie β_2 zwischen 1,30 und 4,70.

(b) Der erste Test erfolgt zu den Hypothesen:

$$H_0\colon \beta_1 = 0 \qquad H_A\colon \beta_1 \ne 0$$

Die Prüfgröße hat den Wert

$$t = \frac{b_1}{s_{B_1}} = \frac{20}{5} = 4$$

und wird dem kritischen Wert $t_c = t_{0,95;28} = 1{,}701$ gegenübergestellt. Da $4 > 1{,}701$, wird H_0 abgelehnt. Der Regressionskoeffizient β_1 ist signifikant von Null verschieden. Analog lauten die Hypothesen des zweiten Tests:

$$H_0\colon \beta_2 = 0 \qquad H_A\colon \beta_2 \neq 0$$

Der kritische Wert lautet wie im vorigen Test $t_c = t_{0,95;28} = 1{,}701$, wohingegen die Prüfgröße den Wert

$$t = \frac{b_2}{s_{B_2}} = \frac{3}{1} = 3$$

besitzt. Da $3 > 1{,}701$, wird H_0 abgelehnt. Der Regressionskoeffizient β_2 ist signifikant von Null verschieden.

(c) Die Hypothesen lauten:

$$H_0\colon \beta_1 \leq 10 \qquad H_A\colon \beta_1 > 10$$

Die Prüfgröße lautet in diesem Fall

$$t = \frac{b_1 - 10}{s_{B_1}} = \frac{10}{5} = 2$$

und wird mit dem kritischen Wert $t_c = t_{0,975;28} = 2{,}048$ verglichen. Da $2 < 2{,}048$, wird H_0 nicht abgelehnt. Der Regressionskoeffizient β_1 ist nicht signifikant größer als 10.

(d) In allen vorherigen Teilaufgaben wurde die Aussage verwendet, dass die zufälligen Terme B_1 / S_{B_1} und B_2 / S_{B_2} der Studentverteilung mit $n - 2$ Freiheitsgraden folgen. Unter Nutzung dieser Eigenschaft konnten Konfidenzintervalle und kritische Werte mittels der Studentverteilung ermittelt werden. Die Eigenschaft der Studentverteilung ist jedoch nur dann gewährleistet, wenn die zugrundeliegenden Störterme U_i unabhängig und identisch normalverteilt sind. Läge diese Eigenschaft nicht vor, würden die zentralen Terme B_1 / S_{B_1} und B_2 / S_{B_2} einer anderen Verteilung folgen, für die gegebenenfalls andere Quantile und somit andere Konfidenz- und Ablehnungsbereiche gelten. Umgekehrt bedeutet dies, dass die oben gebildeten Konfidenzintervalle nicht das angestrebte Konfidenzniveau besitzen sowie Hypothesentests das vorgegebene Signifikanzniveau nicht einhalten, falls die Annahme der Normalverteilung verletzt ist.

Lösung zu Aufgabe 21.2

(a) Bestimmung der Residuen $e_i = y_i - \hat{y}_i$:

x_i	y_i	$\hat{y}_i$	e_i
2	11	11	0
4	8	9	-1
6	9	7	2
8	4	5	-1
10	3	3	0

Die Varianz der Residuen wird geschätzt als

$$s_E^2 = \frac{1}{n-2}\sum e_i^2 = \frac{1}{3}(1+4+1) = 2.$$

(b) Für die Bestimmung der Konfidenzintervalle werden die Standardfehler der Regressionskoeffizenten geschätzt:

$$s_{B_1}^2 = s_E^2 \frac{\sum x_i^2}{n\sum(x_i-\bar{x})^2} = 2\cdot\frac{220}{5\cdot 40} = 2{,}2 \qquad s_{B_1} = \sqrt{s_{B_1}^2} \approx 1{,}48$$

$$s_{B_2}^2 = s_E^2 \frac{1}{\sum(x_i-\bar{x})^2} = 2\cdot\frac{1}{40} = 0{,}05 \qquad s_{B_2} = \sqrt{s_{B_2}^2} \approx 0{,}22$$

Darüber hinaus wird das passende Quantil der Studentverteilung mit $v = n - 2 = 3$ Freiheitsgraden benötigt. Es hat den Wert $t = t_{0,975;3} = 3{,}182$. Die Konfidenzintervalle lauten schließlich

$$\begin{aligned} b_1 - ts_{B_1} &\le \beta_1 \le b_1 + ts_{B_1} \\ 13 - 3{,}182\cdot 1{,}48 &\le \beta_1 \le 13 + 3{,}182\cdot 1{,}48 \\ 8{,}27 &\le \beta_1 \le 17{,}72 \end{aligned}$$

und

$$\begin{aligned} b_2 - ts_{B_2} &\le \beta_2 \le b_2 + ts_{B_2} \\ -1 - 3{,}182\cdot 0{,}22 &\le \beta_2 \le -1 + 3{,}182\cdot 0{,}22 \\ -1{,}71 &\le \beta_2 \le -0{,}29. \end{aligned}$$

Interpretation: Mit einer Sicherheit von 95 % liegt der wahre Regressionskoeffizient β_1 zwischen 8,27 und 17,72 sowie der wahre Regressionskoeffizient β_2 zwischen –1,71 und –0,29.

(c) Hypothesen:

$$H_0\colon \beta_2 = 0 \qquad H_A\colon \beta_2 \neq 0$$

Die Prüfgröße $T = B_2 / S_{B_2}$ ist studentverteilt mit $v = n - 2 = 3$ Freiheitsgraden. Der kritische Wert lautet daher $t_c = t_{0,975;3} = 3{,}182$. Der Wert der Prüfgröße beträgt

$$t = \frac{-1}{0{,}22} \approx -4{,}47$$

und da $|t| = 4{,}47 > 3{,}182$, wird die Nullhypothese abgelehnt. Der Regressionskoeffizient β_2 ist somit signifikant von Null verschieden.
Der anschließende Test erfolgt zu den Hypothesen

$$H_0\colon \beta_2 \geq 0 \quad \text{und} \quad H_A\colon \beta_2 < 0.$$

Die Prüfgröße $T = B_2 / S_{B_2}$ ist dieselbe wie im vorigen Test und besitzt daher denselben Wert und dieselbe Verteilung. Der Ablehnungsbereich des Tests wird mit dem Quantil $t_{0,95;3} = 2{,}353$ gebildet und ist aufgrund der einseitigen Fragestellung gegeben durch $t < -2{,}353$, d. h. die Nullhypothese wird abgelehnt, wenn der Wert der Prüfgröße kleiner als $-2{,}353$ ist. Da $t \approx -4{,}47$, wird H_0 abgelehnt. Der Regressionskoeffizient β_2 ist somit signifikant kleiner als Null.

Lösung zu Aufgabe 21.3

(a) Bestimmung der Regressionskoeffizienten:

$$b_1 = \frac{\sum x_i^2 \sum y_i - \sum x_i \sum x_i y_i}{n\sum x_i^2 - \left(\sum x_i\right)^2} = \frac{1756 \cdot 1529 - 114 \cdot 23424}{8 \cdot 1756 - (114)^2} \approx 13{,}867$$

$$b_2 = \frac{n\sum x_i y_i - \sum x_i \sum y_i}{n\sum x_i^2 - \left(\sum x_i\right)^2} = \frac{8 \cdot 23424 - 114 \cdot 1529}{8 \cdot 1756 - (114)^2} \approx 12{,}439$$

Die Regressionsfunktion hat die Form

$$\hat{y} = 13{,}867 + 12{,}439x$$

(b) Es wird überprüft, ob der Koeffizient β_2 signifikant von Null verschieden ist.
Die Hypothesen lauten H_0: $\beta_2 = 0$ und H_A: $\beta_2 \neq 0$. Zur Berechnung der Prüfgröße $T = B_2 / S_{B_2}$ wird der Standardfehler von B_2 mittels der Formel

$$s_{B_2} = \frac{s_E}{\sqrt{\sum (x_i - \overline{x})^2}}$$

geschätzt. Es gilt

$$s_E = \sqrt{\frac{1}{n-2}\sum e_i^2} = \sqrt{\frac{1}{6} \cdot 383{,}5133} \approx 7{,}995; \qquad \sum (x_i - \overline{x})^2 = 131{,}5$$

und deshalb hat der geschätzte Standardfehler von B_2 den Wert

$$s_{B_2} \approx \frac{7{,}995}{\sqrt{131{,}5}} \approx 0{,}697.$$

Die Prüfgröße hat demnach den Wert

$$t = \frac{12{,}439}{0{,}697} \approx 17{,}846.$$

Da die Prüfgröße studentverteilt ist mit $n - 2 = 6$ Freiheitsgraden, lautet der kritische Wert für die Testentscheidung $t_c = t_{0,995;6} = 3{,}707$. Wegen $t > t_c$ wird H_0 abgelehnt. Der Regressionskoeffizient β_2 ist folglich signifikant von Null verschieden. Die Passantenfrequenz hat demzufolge einen statistisch signifikanten Effekt auf den Jahresumsatz eines Zeitschriftengeschäfts.

Lösung zu Aufgabe 21.4

(a) Aus den Angaben ergeben sich die Werte $\overline{x} = 146$ und $\overline{y} = 1/n\sum y_i = 1/12 \cdot 588 = 49$, mit deren Hilfe die Regressionskoeffizienten geschätzt werden:

$$b_2 = \frac{\overline{xy} - \overline{x} \cdot \overline{y}}{\overline{x^2} - \overline{x}^2} = \frac{8180 - 146 \cdot 49}{24723 - (146)^2} = \frac{1026}{3407} \approx 0{,}3$$

$$b_1 = \overline{y} - b_2 \cdot \overline{x} \approx 49 - 0{,}3 \cdot 146 \approx 5{,}03$$

Die geschätzte Regressionsfunktion für den Zusammenhang der Wohnfläche und der Sanierungskosten lautet somit

$$\hat{y} = 5{,}03 + 0{,}3x.$$

(b) Interpretation von b_1 und b_2: Die fixen (von der Wohnfläche unabhängigen) Sanierungskosten belaufen sich auf etwa 5,03, d. h. 5030 Euro. Je m^2 Wohnfläche fallen darüber hinaus Sanierungskosten von etwa 0,3, d. h. 300 Euro an.
Zwischenrechnung für die Bestimmung der Konfidenzintervalle:

$$s_E^2 = \frac{1}{n-2}\sum e_i^2 \approx 99{,}83$$

$$s_{B_1}^2 = s_E^2 \cdot \frac{\sum x_i^2}{n\sum (x_i - \overline{x})^2} \approx 99{,}83 \cdot \frac{296676}{490608} \approx 60{,}37$$

$$s_{B_2}^2 = s_E^2 \cdot \frac{1}{\sum (x_i - \overline{x})^2} \approx 99{,}83 \cdot \frac{1}{40884} \approx 0{,}0024$$

Das Quantil für die Konfidenzintervalle ist $t = t_{0,95;10} = 1{,}812$. Die Konfidenzintervalle lauten

$$\begin{aligned} b_1 - ts_{B_1} &\le \beta_1 \le b_1 + ts_{B_1} \\ 5{,}03 - 1{,}812 \cdot 7{,}77 &\le \beta_1 \le 5{,}03 + 1{,}812 \cdot 7{,}77 \\ -9{,}05 &\le \beta_1 \le 19{,}12 \end{aligned}$$

$$\begin{aligned} b_2 - ts_{B_2} &\le \beta_2 \le b_2 + ts_{B_2} \\ 0{,}3 - 1{,}812 \cdot 0{,}05 &\le \beta_1 \le 0{,}3 + 1{,}812 \cdot 0{,}05 \\ 0{,}21 &\le \beta_1 \le 0{,}39. \end{aligned}$$

Mit einer Sicherheit von 90 % liegt β_1 zwischen –9,05 und 19,12 sowie β_2 zwischen 0,21 und 0,39.

(c) Da das Konfidenzintervall von β_1 zum Niveau 90 % die Null enthält, ist der Regressionskoeffizient nicht signifikant von Null verschieden. Dies kann ebenso wie folgt mit einem Hypothesentest belegt werden. Die Hypothesen lauten

$$H_0\colon \beta_1 = 0 \quad \text{und} \quad H_A\colon \beta_1 \neq 0.$$

Die Prüfgröße hat den Wert

$$t = \frac{b_1}{s_{B_1}} = \frac{5{,}03}{7{,}77} \approx 0{,}65$$

und ist studentverteilt mit $v = n - 2 = 10$ Freiheitsgraden. Der kritische Wert lautet daher $t_c = t_{0,95;10} = 1{,}812$. Da $t < t_c$, wird die Nullhypothese nicht verworfen. Es kann daher auf Grundlage der Stichprobe nicht signifikant belegt werden, dass sich β_1 von Null unterscheidet.
Somit ist es statistisch nicht gerechtfertigt, die geschätzten fixen Sanierungskosten in Höhe von 5030 Euro zuverlässig zu interpretieren. Es ist denkbar, dass die fixen Sanierungskosten tatsächlich bei 0 Euro bzw. bei einem wesentlich kleineren Betrag als 5030 Euro liegen.

Lösung zu Aufgabe 21.5

Die Hypothesen lauten:

H_0: Monatliche Konsumausgaben und Monatseinkommen sind voneinander unabhängig.

H_A: Monatliche Konsumausgaben und Monatseinkommen sind voneinander abhängig.

Der F-Test wird mittels der Varianztabelle ausgeführt, für die SQE und SQR benötigt werden. Es gilt laut Aufgabenstellung $\text{SQR} = \sum e_i^2 = 300$. Wegen der Beziehung SQT = SQE + SQR und $\text{SQT} = \sum (y_i - \bar{y})^2 = 751$ ist

$$\text{SQE} = \text{SQT} - \text{SQR} = 751 - 300 = 451.$$

Die zugehörigen Freiheitsgrade lauten $v_E = 1$ und $v_R = n - 2 = 16$.

Varianztabelle zum F-Test:

Streuungsursache	Abweichungs-quadratsumme	Anzahl der Freiheitsgrade	mittlere Abweichungs-quadratsumme	Wert der Prüfgröße
Regressor X	451	1	451	24,05
Rest	300	16	18,75	
Total	751	17	–	–

Der kritische Wert lautet $F_c = F_{0,95;1;16} = 4{,}49$. Da $\tilde{f} > F_c$, wird die Nullhypothese abgelehnt. Es ist somit signifikant belegt, dass die monatlichen Konsumausgaben und das Monatseinkommen voneinander abhängig sind.

22. Regressionsanalyse III (Lineare Einfachregression – Prognosen, Residualanalyse)

Aufgabe 22.1

Um die Nachfrage für ein neues Produkt zu ermitteln, bietet ein Unternehmen das Produkt in 5 verschiedenen Städten zu unterschiedlichen Preisen x_i (in Euro) an. Zusätzlich wird der monatliche Umsatz y_i je Stadt erfasst (in Tsd. Euro).

x_i	y_i
2	11
4	8
6	9
8	4
10	3

Für die vorliegende Stichprobe wird die Regressionsfunktion

$$\hat{y} = 13 - x$$

geschätzt. Es wird angenommen, dass die Störvariablen U_i normalverteilt sind. Das Konfidenzniveau der folgenden Teilaufgaben betrage $1 - \alpha = 95\,\%$.

(a) In einer weiteren Stadt soll das Produkt zum Preis $x_0 = 5$ Euro angeboten werden. Bestimmen Sie eine Prognose für den monatlichen Umsatz in dieser Stadt.

(b) Auch in einigen weiteren Städten wird das Produkt in Zukunft zum Preis $x_0 = 5$ angeboten. Bestimmen Sie ein Konfidenzintervall für den durchschnittlichen Prognosewert $E(Y_0)$, um so den erwarteten durchschnittlichen monatlichen Umsatz je Stadt zu schätzen.

Aufgabe 22.2

Von einem neu eingeführten Markenartikel wurden in den ersten 6 Monaten die folgenden Mengen abgesetzt.

Monat x_i	abgesetzte Menge y_i (in Tsd. Stück)
1	0,5
2	2,7
3	6,4
4	15,9
5	40,2
6	105,3

(a) Zeichnen Sie ein Streuungsdiagramm für die gegebenen Punkte und bestimmen Sie nach der Methode der kleinsten Quadrate die lineare Regressionsfunktion der Form $\hat{y} = b_1 + b_2 x$

(b) Überprüfen Sie anhand der Residuen, ob hier die Verwendung einer linearen Regressionsfunktion sinnvoll ist.

Aufgabe 22.3

Im Zuge einer Regressionsanalyse ergeben sich die folgenden Berechnungen.

x_i	y_i	$\hat{y}_i$	e_i
0	2,6	3,0	–0,4
2	15,1	13,5	1,6
3	18,0	18,7	–0,7
4	23,7	23,9	–0,2
5	27,2	29,1	–1,9
5	30,0	29,1	0,9
7	38,9	39,5	–0,6
8	46,6	44,7	1,9
9	50,1	49,9	0,2
10	54,4	55,2	–0,8

(a) Zeichnen Sie zur Untersuchung der Residuen das Streuungsdiagramm, in dem auf der horizontalen Achse die x_i-Werte und auf der vertikalen Achse die Werte der Residuen e_i abgetragen sind. Beurteilen Sie grafisch, ob in der vorliegenden Situation eine grundlegende Annahme der Regressionsanalyse verletzt ist. Gehen Sie insbesondere auf die Annahme der Heteroskedastizität ein.

(b) Untersuchen Sie die Annahme der nicht vorhandenen Autokorrelation der Residuen mit einem geeigneten Diagramm.

Aufgabe 22.4

Nachfolgend sind für drei verschiedene Regressionsanalysen die Streuungsdiagramme der Residuen gegeben. Auf der linken Seite werden jeweils die Wertepaare (x_i, e_i) und auf der rechten Seite die Wertepaare (e_i, e_{i+1}) dargestellt.

Situation 1:

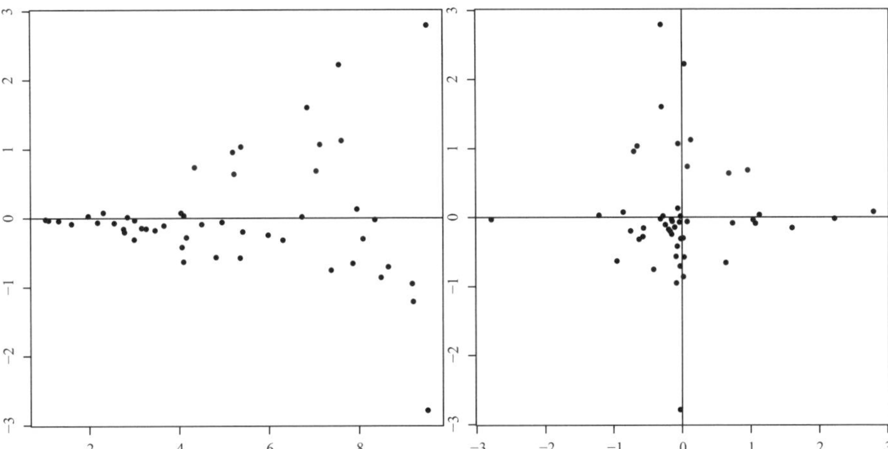

Situation 2:

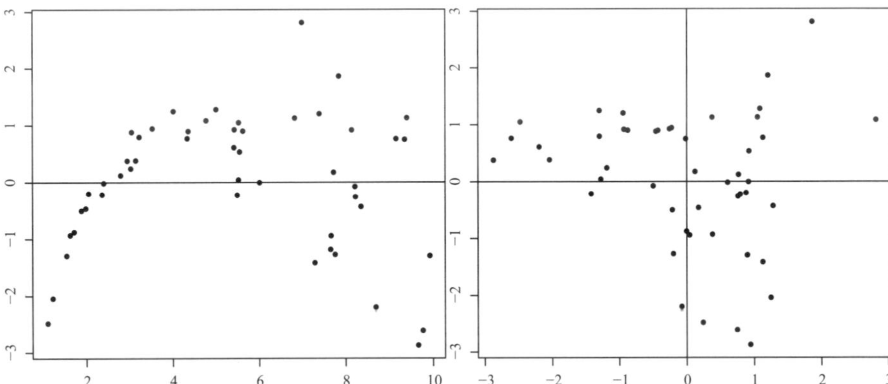

Situation 3:

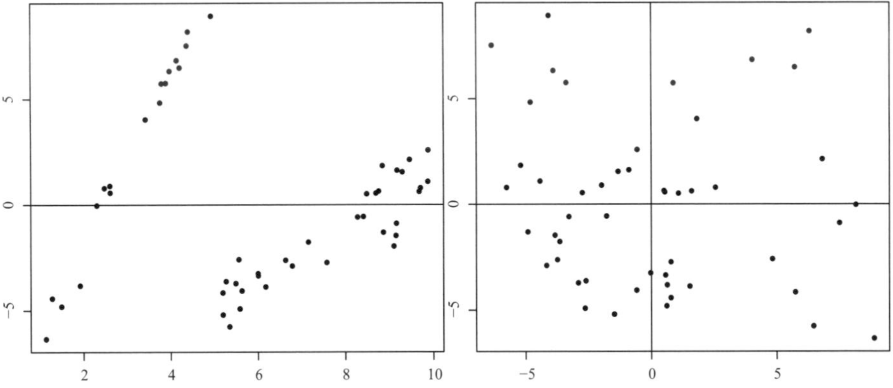

Beurteilen Sie für jede der drei Regressionsanalysen grafisch, ob eine Annahmeverletzung (Heteroskedastizität, Fehlspezifikation, Strukturbruch) zu erkennen ist.

Aufgabe 22.5

Die folgende Tabelle gibt die installierte Leistung der Photovoltaikanlagen in Niedersachsen im Verlauf von 2004 bis 2015 wieder.

Jahr	Leistung (MWp)
2004	43
2005	109
2006	174
2007	256
2008	352
2009	709
2010	1512
2011	2286
2012	3042
2013	3316
2014	3461
2015	3560

(a) Bestimmen Sie die lineare Regressionsfunktion für die Entwicklung der installierten Leistung im Zeitverlauf. Nummerieren Sie zur Vereinfachung der Berechnungen die angegebenen Jahre x von 1 bis 12.

(b) Berechnen Sie die Residuen und zeichnen Sie ein Streuungsdiagramm der Wertepaare (x_i, e_i). Erkennen Sie Hinweise auf einen oder mehrere Strukturbrüche?

(c) Zerlegen Sie den Datensatz in drei Teildatensätze gemäß der Jahreseinteilung 2004–2008, 2009–2012 und 2013–2015, und bestimmen Sie für jeden Teildatensatz eine lineare Regressionsfunktion. Zeichnen Sie das Streuungsdiagramm für den gesamten Datensatz und ergänzen Sie die drei geschätzten Regressionsfunktionen.

(d) Bestimmen Sie eine Punktprognose für die installierte Leistung der Photovoltaikanlagen für das Jahr 2018.

Lösungen

Lösung zu Aufgabe 22.1

(a) Da der monatliche Umsatz für *eine* weitere Stadt von Interesse ist, wird eine Prognose des individuellen Wertes y_0 bestimmt. Die Punktprognose lautet

$$\hat{y}_0 = 13 - x_0 = 13 - 5 = 8.$$

Der Erwartungswert des monatlichen Umsatzes in der zusätzlichen Stadt wird auf 8 Tsd. Euro geschätzt.

Das symmetrische Prognoseintervall wird darüber hinaus mittels

$$\hat{y}_0 - ts_F \le y_0 \le \hat{y}_0 + ts_F,$$

gebildet, wobei t das passende Quantil der Studentverteilung mit $v = n - 2 = 3$ Freiheitsgraden und s_F den Standardfehler des individuellen Prognosewerts bezeichnet. Es wird darüber hinaus die geschätzte Standardabweichung der Residuen $s_E = \sqrt{2}$ benötigt (siehe Aufgabe 21.2 (a)). Es gilt $t = t_{0{,}975;3} = 3{,}182$ und

$$s_F = s_E \sqrt{1 + \frac{1}{n} + \frac{(x_0 - \overline{x})^2}{\sum (x_i - \overline{x})^2}} = \sqrt{2} \cdot \sqrt{1 + \frac{1}{5} + \frac{1}{40}} = \sqrt{2}\sqrt{1{,}225} \approx 1{,}57$$

Daher lautet das Prognoseintervall für den individuellen Prognosewert y_0:

$$8 - 3{,}182 \cdot 1{,}57 \le y_0 \le 8 + 3{,}182 \cdot 1{,}57$$
$$3{,}02 \le y_0 \le 12{,}98$$

Für den monatlichen Umsatz in einer Stadt bei einem Preis von $x_0 = 5$ wird der Bereich 3,02 bis 12,98 zum Konfidenzniveau von 95 % prognostiziert.

(b) Da sich die Prognose in dieser Teilaufgabe auf *einige weitere Städte* bezieht, ist hier die Prognose für den durchschnittlichen monatlichen Umsatz pro Stadt von Interesse. Das Konfidenzintervall wird allgemein gebildet als

$$\hat{y}_0 - ts_{\hat{Y}_0} \le \mathrm{E}(Y_0) \le \hat{y}_0 + ts_{\hat{Y}_0},$$

wobei $s_{\hat{Y}_0}$ den geschätzten Standardfehler des durchschnittlichen Prognosewerts bezeichnet. Der Wert t ist wie in der vorigen Aufgabe das passende Quantil der Studentverteilung mit $v = n - 2 = 3$ Freiheitsgraden, d. h. $t = 3{,}182$. Der Standardfehler wird geschätzt mittels

$$s_{\hat{Y}_0} = \sqrt{\frac{1}{n} + \frac{(x_0 - \overline{x})^2}{\sum (x_i - \overline{x})^2}} \approx 0{,}67.$$

Das Konfidenzintervall lautet somit:

$$8 - 3{,}182 \cdot 0{,}67 \le \mathrm{E}(Y_0) \le 8 - 3{,}182 \cdot 0{,}67$$
$$5{,}87 \le \mathrm{E}(Y_0) \le 10{,}13$$

Für den durchschnittlichen monatlichen Umsatz je Stadt wird zum Konfidenzniveau 95 % ein Bereich von 5,87 bis 10,13 prognostiziert.

Lösung zu Aufgabe 22.2

(a) Streuungsdiagramm:

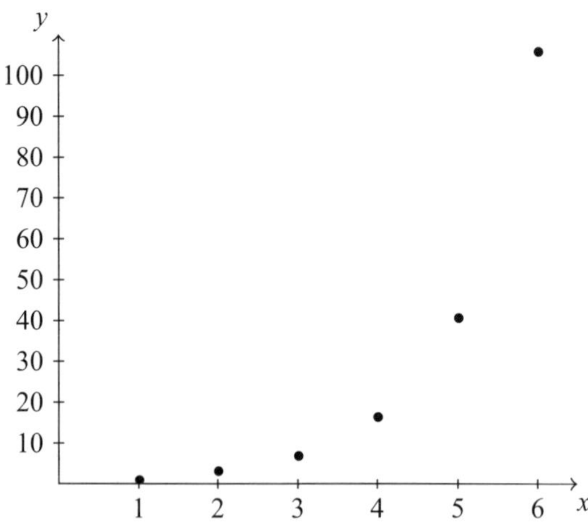

Bestimmung der Regressionskoeffizienten:

$$b_2 = \frac{\overline{xy} - \overline{x} \cdot \overline{y}}{\overline{x^2} - \overline{x}^2} = \frac{153{,}58 - 3{,}5 \cdot 28{,}5}{15{,}167 - 12{,}25} \approx 18{,}457$$

$$b_1 = \overline{y} - b_2\overline{x} = 28{,}5 - 18{,}457 \cdot 3{,}5 \approx -36{,}1$$

(b) Bestimmung der Residuen $e_i = y_i - \hat{y}_i$:

Monat x_i	abgesetzte Menge y_i (in Tsd. Stück)	$\hat{y}_i$	e_i
1	0,5	–17,64	18,14
2	2,7	0,81	1,89
3	6,4	19,27	–12,87
4	15,9	37,73	–21,83
5	40,2	56,19	–15,99
6	105,3	74,64	30,66

Die Residuen besitzen offenbar systematisches Verhalten, was u.a. an der geringen Anzahl von Vorzeichenwechseln erkennbar ist. Ideal wäre dagegen ein zufälliges Streuen der Residuen um den Wert Null.

Grafisch bestätigt sich dieser Eindruck:

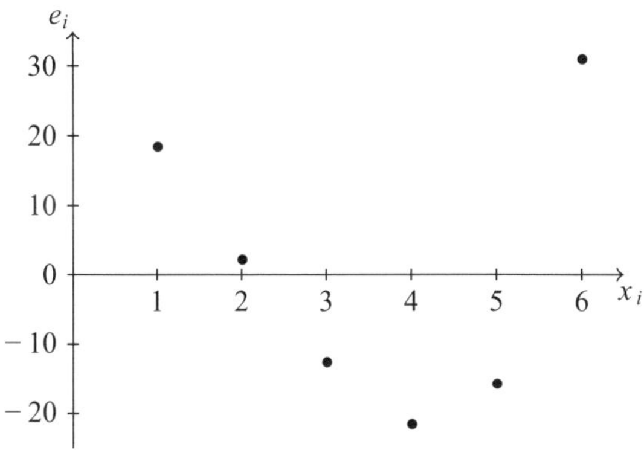

Abgesehen vom relativ geringen Stichprobenumfang in diesem Beispiel kann die Verwendung einer linearen Regressionsfunktion nicht als sinnvoll eingestuft werden. Das Streuungsdiagramm zeigt, dass stattdessen eher ein exponentieller Zusammenhang zwischen x und y plausibel ist. Ein Vorteil einer solchen Betrachtung bestünde darin, dass die geschätzten y-Werte der Regressionsfunktion dann allesamt nichtnegativ wären, was im beschriebenen Kontext, da es sich bei den Werten von y um abgesetzte Mengen handelt, inhaltlich erforderlich ist.

Lösung zu Aufgabe 22.3

(a) Streuungsdiagramm der Residuen:

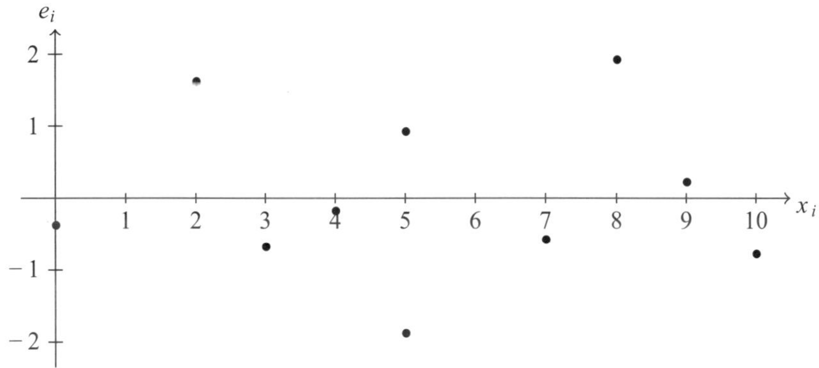

Für die zufälligen Störterme wird grundsätzlich angenommen, dass diese unverzerrt sind, keine Autokorrelation aufweisen und dieselbe Varianz besitzen (Homoskedastizität).

In der vorliegenden Situation streuen die Residuen ohne erkennbare Systematik um den Wert Null. Da die Intensität der Streuung bzw. die Distanz der Residuen zum Wert Null weder steigend noch fallend ist, gibt es kein direktes Indiz für Heteroskedastizität. Die Annahme der unverzerrten Störterme, d. h. dass diese im Erwartungswert Null sind, kann im Rahmen einer Regressionsanalyse nicht unmittelbar untersucht werden, da der Mittelwert der Residuen bei der Methode der kleinsten Quadrate generell bei Null liegt. Es gibt keine unmittelbar erkennbaren Verstöße gegen die Annahmen der Regressionsanalyse.

(b) Um die Annahme der Autokorrelation näher zu untersuchen, wird ein Streuungsdiagramm der paarweise zugeordneten Residuen (e_i, e_{i+1}) erstellt:

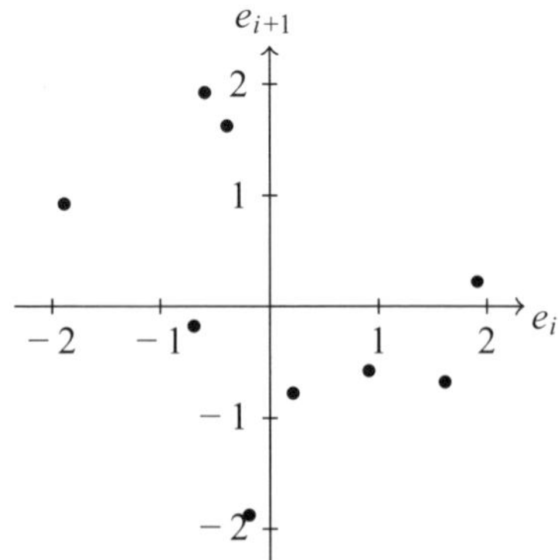

Besonderes Augenmerk wird auf das gleichzeitige Vorliegen identischer Vorzeichen der Residuenpaare gelegt. So liegt z. B. das 8. Residuenpaar $(e_8, e_9) = (1{,}9;\ 0{,}2)$ im ersten Quadranten des Diagramms, d. h. auf das positive Residuum e_8 folgt ein ebenso positives Residuum e_9. Dies spricht tendenziell für positive Autokorrelation. Die Residuenpaare $(e_2, e_3) = (1{,}6;\ -0{,}7)$, $(e_5, e_6) = (0{,}9;\ -0{,}6)$ und $(e_9, e_{10}) = (0{,}2;\ -0{,}8)$ liegen im vierten Quadranten des Koordinatensystems und sprechen dagegen tendenziell für negative Autokorrelation, da jeweils ein negativer Wert auf einen positiven folgt. Insgesamt ist dann von fehlender Autokorrelation auszugehen, wenn sich die Residuenpaare ausgewogen auf die einzelnen Quadranten verteilen.

Aufgrund des relativ geringen Stichprobenumfangs kann in diesem Beispiel keine definitive Aussage getroffen werden; ein deutliches Indiz für das Vorliegen von Autokorrelation wird nicht festgestellt.

Lösung zu Aufgabe 22.4

Situation 1: Es ist zu erkennen, dass die Streuung der Residuen mit zunehmenden x-Werten ansteigt. Dies ist ein klarer Hinweis auf Heteroskedastizität, da die Störterme augenscheinlich nicht dieselbe Varianz besitzen. Obwohl die Schätzer der Regressionskoeffizienten in dieser Situation unverzerrt sind, können deren Verteilungen nicht ohne Weiteres bestimmt werden. Infolgedessen sind Hypothesentests und Konfidenzintervalle mit den üblichen Formeln nicht zulässig. Im Streuungsdiagramm der gepaarten Residuen sind auffällig viele Werte im dritten Quadranten, was für positive Autokorrelation spricht. Jedoch liegen diese oft relativ nahe am Koordinatenursprung, weshalb eine genauere Untersuchung nötig wäre, um eine verlässliche Aussage in Bezug auf die Autokorrelation zu erhalten. Insbesondere ist somit kein klares Indiz für eine Fehlspezifikation des Modells vorhanden.

Situation 2: Auffällig ist der systematische Verlauf der Residuen im Bereich $1 \leq x \leq 4$, da dort die Residuen tendenziell monoton wachsend verlaufen. Dies ist ein Indiz für ein fehlspezifiziertes Modell, d. h. die Annahme des linearen Zusammenhangs steht grundsätzlich in Frage. Darüber hinaus kann am Streuungsdiagramm der gepaarten Residuen festgestellt werden, dass die Verteilung der Residuenpaare auf die Quadranten nicht ausgewogen ist. Deshalb liegt zusätzlich zur festgestellten Fehlspezifikation die Vermutung auf Autokorrelation nahe.

Situation 3: Die Residuen verlaufen im Bereich $1 \leq x \leq 5$ zunächst positiv wachsend, woraufhin ab $x = 5$ plötzlich die Höhe der Residuen sinkt. Dies ist ein klares Anzeichen für einen Strukturbruch. Dieser könnte eventuell auch den systematischen Anstieg der Residuen erklären. Bei korrekter Berücksichtigung des vermuteten Strukturbruchs könnten die resultierenden Residuen insofern ein reguläres Verhalten besitzen.

Lösung zu Aufgabe 22.5

(a) Zwischenwerte zur Bestimmung der Regressionskoeffizienten:

	Jahr x_i	Leistung y_i (MWp)	$x_i y_i$	x_i^2
	1	43	43	1
	2	109	218	4
	3	174	522	9
	4	256	1024	16
	5	352	1760	25
	6	709	4254	36
	7	1512	10584	49
	8	2286	18288	64
	9	3042	27378	81
	10	3316	33160	100
	11	3461	38071	121
	12	3560	42720	144
Summe	78	18820	178022	650
Mittelwert	6,5	1568,333	14835,17	54,167

Berechnung der Regressionskoeffizienten:

$$b_2 = \frac{\overline{xy} - \overline{x} \cdot \overline{y}}{\overline{x^2} - \overline{x}^2} \approx \frac{14835{,}17 - 6{,}5 \cdot 1568{,}333}{54{,}167 - (6{,}5)^2} \approx 389{,}5$$

$$b_1 = \overline{y} - b_2 \overline{x} \approx -963{,}1$$

Die Regressionsgerade lautet somit

$$\hat{y} = -963{,}1 + 389{,}5x.$$

(b) Berechnung der Residuen:

x_i	y_i	$\hat{y}_i$	e_i
1	43	–573,67	616,67
2	109	–184,21	293,21
3	174	205,24	–31,24
4	256	594,70	–338,70
5	352	984,15	–632,15
6	709	1373,61	–664,61
7	1512	1763,06	–251,06
8	2286	2152,52	133,48
9	3042	2541,97	500,03
10	3316	2931,42	384,58
11	3461	3320,88	140,12
12	3560	3710,33	–150,33

Streuungsdiagramm der Wertepaare (x_i, e_i):

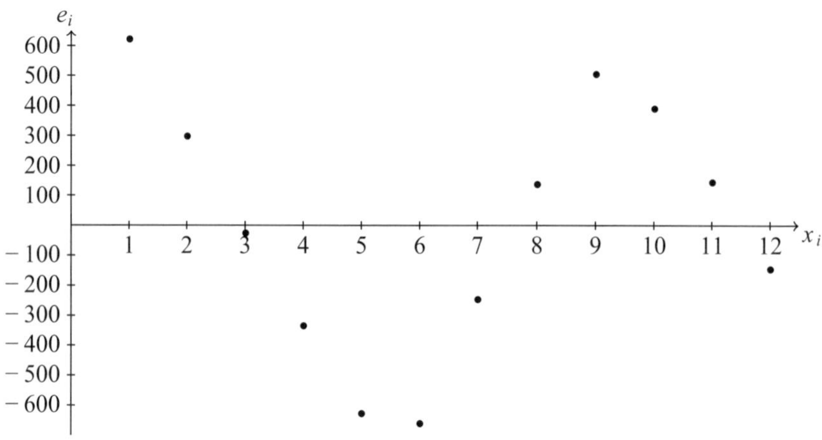

Das Diagramm zeigt einen systematischen Verlauf der Residuen. Diese sind zunächst bis $x = 6$ monoton fallend, dann steigend bis $x = 9$ und dann wiederum monoton fallend. Dieser Verlauf deutet erkennbar einen oder mehrere Strukturbrüche an.

(c) Die folgende Tabelle enthält die Zwischenrechnungen zur Bestimmung der Regressionsfunktionen für die drei angegebenen Zeiträume:

Zeitraum	x_i	y_i	Zwischenwerte	Koeffizienten
2004–2008	1	43	$\overline{xy} = 713{,}4$	$b_1 = -42{,}7$
	2	109	$\overline{x} = 3$; $\overline{y} = 186{,}8$	$b_2 = 76{,}5$
	3	174	$\overline{x^2} = 11$	
	4	256		
	5	352		
2009–2012	6	709	$\overline{xy} = 15126$	$b_1 = -3942{,}5$
	7	1512	$\overline{x} = 7{,}5$; $\overline{y} = 1887{,}25$	$b_2 = 777{,}3$
	8	2286	$\overline{x^2} = 57{,}5$	
	9	3042		

Zeitraum	x_i	y_i	Zwischenwerte	Koeffizienten
2013–2015	10	3316	$\overline{xy} = 37983{,}67$	$b_1 = 2103{,}67$
	11	3461	$\overline{x} = 11; \overline{y} = 3445{,}67$	$b_2 = 122$
	12	3560	$\overline{x^2} = 121{,}67$	

Durch die Regressionskoeffizienten b_1 und b_2 je Zeitraum sind drei lineare Regressionsfunktionen charakterisiert, die in der folgenden Abbildung dargestellt sind (jeweils beschränkt auf den zugehörigen Zeitraum).

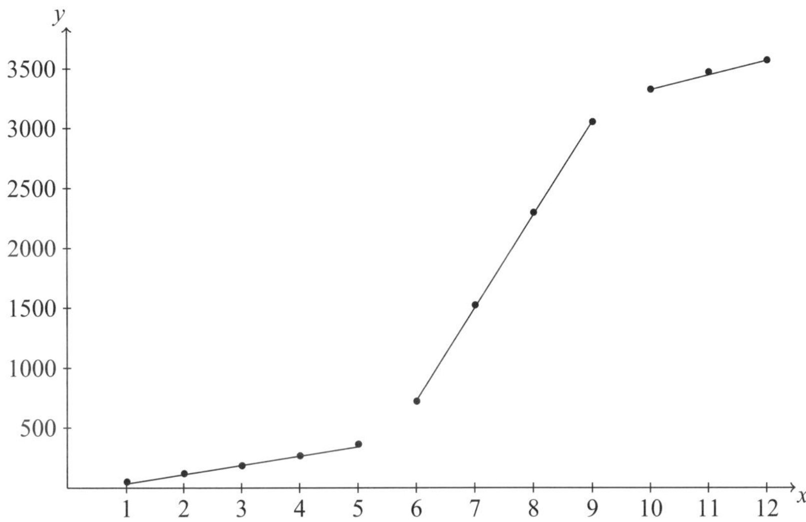

(d) Das Jahr 2018 entspricht in der vorliegenden Nummerierung dem Wert $x_0 = 15$. Auf Grundlage der ursprünglich bestimmten Regressionsgerade $\hat{y} = -963{,}1 + 389{,}5x$ ergibt sich die Punktprognose $y_0 = -963{,}1 + 389{,}5 \cdot 15 \approx 4879{,}4$. Für das Jahr 2018 wird somit eine installierte Photovoltaik-Leistung in Niedersachsen in Höhe von 4879,4 MWp prognostiziert.

Unter Verwendung der abschnittsweise durchgeführten Regressionsanalyse in Teilaufgabe (c) wird dagegen der Wert $2103{,}67 + 122 \cdot 15 = 3933{,}67$ MWp prognostiziert. In Anbetracht der überzeugenden Anpassung der abschnittsweise durchgeführten Regressionsanalyse an die vorliegenden Daten kann dies aus statistischer Perspektive als die plausiblere Punktprognose angesehen werden.

23. Regressionsanalyse IV (Lineare Mehrfachregression – Schätz- und Testverfahren)

Aufgabe 23.1

Für ein neues Produkt wird die Nachfrage y in Abhängigkeit von dem Verkaufspreis x_2 (in Euro) und der Produktqualität x_3 untersucht. Gegeben sind die folgenden Daten aus 6 Testphasen:

x_{2i}	x_{3i}	y_i
3	10	6
4	10	4
5	10	2
3	5	2
4	5	1
5	5	0

(a) Bestimmen Sie die Regressionsfunktion

$$y = b_1 + b_2 x_2,$$

d. h., ignorieren Sie zunächst die Produktqualität x_3 und berücksichtigen Sie lediglich den Verkaufspreis als Regressor. Berechnen und interpretieren Sie das Bestimmtheitsmaß.

(b) Unter Berücksichtigung der Produktqualität lautet die Regressionsfunktion

$$y = 4 - 1{,}5x_2 + 0{,}6x_3.$$

Bestimmen Sie auf dieser Grundlage alle Residuen und das Bestimmtheitsmaß. Vergleichen Sie Ihr Resultat mit der vorherigen Schätzung.

(c) Eine neue Variante des Produkts besitzt eine Produktqualität von 8. Wie hoch ist die prognostizierte Nachfrage nach diesem Produkt, wenn es für 4 Euro verkauft wird?

(d) Belegen Sie durch eigene Rechnung die angegebenen Regressionskoeffizienten

$$b_1 = 4, \quad b_2 = -1{,}5, \quad b_3 = 0{,}6.$$

Aufgabe 23.2

Für Schüler unterschiedlicher Jahrgangsstufen wird ein standardisierter Leistungstest durchgeführt, in dem jeder Teilnehmer bzw. jede Teilnehmerin eine Punktzahl zwischen 0 und 100 erreichen kann. Zusätzlich zur Punktzahl wird das Alter x_2, die Vorbereitungszeit für den Test x_3 (in Stunden) sowie der IQ x_4 erhoben. Auf Grundlage der Ergebnisse von $n = 11$ Personen ergibt sich folgende Regressionsfunktion:

$$\hat{y} = -65 + 0{,}58x_2 + 1{,}92x_3 + 0{,}99x_4$$

Im Zuge der Regressionsanalyse werden zudem die Zwischenergebnisse

$$(\boldsymbol{X}'\boldsymbol{X})^{-1} = \begin{pmatrix} -17,6001 & -1,1877 & 0,2056 & -0,0049 \\ -1,1877 & 0,1015 & -0,0197 & -0,0025 \\ 0,2056 & -0,0197 & 0,0136 & 0,0002 \\ -0,0049 & -0,0025 & 0,0002 & 0,0004 \end{pmatrix}, \qquad s_E^2 = 4$$

berechnet.

(a) Interpretieren Sie die geschätzten Regressionskoeffizienten.

(b) Bestimmen Sie die Standardfehler der Regressionskoeffizienten.

(c) Nennen Sie alle signifikant von Null verschiedenen Regressionskoeffizienten ($\alpha = 5\,\%$).

(d) Die Entwickler des Leistungstests behaupten, dass dieser präzise den IQ einer Testperson unabhängig von deren Alter bestimmen kann, sofern die Vorbereitungszeit der Testperson bekannt ist. Stimmen Sie dieser Behauptung auf Grundlage der Ergebnisse zu?

Aufgabe 23.3

Für ein Land wird untersucht, inwieweit der Export von den relativen Exportpreisen und dem Welthandelsvolumen abhängt. Für 8 Jahre liegen die folgenden Indexreihen vor:

Jahr i	Index des Welthandelsvolumens x_{2i}	Index der relativen Exportpreise x_{3i}	Index der Exporte y_i
1	100	100	100
2	109	119	111
3	129	111	119
4	121	91	109
5	142	82	121
6	158	101	131
7	171	120	149
8	200	130	170

(a) Bestimmen Sie nach der Methode der kleinsten Quadrate eine lineare Regressionsfunktion der Form $\hat{y} = b_1 + b_2 x_2 + b_3 x_3$. Interpretieren Sie die Werte von b_2 und b_3.

(b) Bestimmen und interpretieren Sie das 95%-Konfidenzintervall für den Regressionskoeffizienten β_2.

(c) Prüfen Sie zum Signifikanzniveau $\alpha = 0{,}05$, ob β_3 statistisch gegen Null gesichert ist.

Aufgabe 23.4

Untersucht wird das monatliche Einkommen y von Erwerbstätigen in einer bestimmten Region, angegeben in Euro. Als Regressoren werden die Jahre der Ausbildung x_2 sowie die Berufserfahrung x_3 in Jahren berücksichtigt. Auf Grundlage einer Stichprobe vom Umfang $n = 100$ ergibt sich die geschätzte Regressionsfunktion

$$\hat{y} = 980 + 263x_2 + 87x_3.$$

(a) Interpretieren Sie die geschätzte Regressionsfunktion.

(b) Erläutern Sie schematisch die Methode der kleinsten Quadrate in der beschriebenen Situation. Inwiefern unterscheidet sich der KQ-Ansatz der Mehrfachregression zur Einfachregression?

(c) Skizzieren Sie darüber hinaus die Matrix-Schreibweise im Kontext der Mehrfachregression. Welche Bedeutung besitzt diese hinsichtlich der Regressionsanalyse?

Aufgabe 23.5

Die Schätzung eines Mehrfachregressionsmodells für einen Datensatz vom Umfang $n = 250$ ergibt die geschätzte Regressionsfunktion

$$\hat{y} = -200 + 4x_2 + 20x_3 - 10x_4$$

sowie die folgenden Standardfehler:

$$s_{B_1} = 20 \qquad s_{B_2} = 1 \qquad s_{B_3} = 30 \qquad s_{B_4} = 3$$

Zusätzlich zu den Grundannahmen des linearen Regressionsmodells wird angenommen, dass alle Störvariablen normalverteilt sind.

(a) Prüfen Sie für alle Regressionskoeffizienten, ob diese signifikant von Null verschieden sind ($\alpha = 0{,}05$).

(b) Konstruieren Sie für alle signifikanten Regressionskoeffizienten ein 95%-Konfidenzintervall.

(c) Welche Rolle spielt in den vorherigen Teilaufgaben die Annahme der normalverteilten Störvariablen?

Aufgabe 23.6

Fur ein Unternehmen wird der Zusammenhang der verkauften Produkte und der Anzahl der Angestellten mittels einer Regressionsanalyse untersucht. Das Angebot des Unternehmens umfasst insgesamt zwei Produkttypen, die unterschiedliche Qualität besitzen (niedrige und hohe Qualität). Der Datensatz, der der Analyse zugrunde liegt, enthält für jeden Monat der vergangenen vier Jahre die Anzahl der verkauften Produkte niedriger Qualität (x_2 bzw. *LQ*), die Anzahl der verkauften Produkte hoher Qualität (x_3 bzw. *HQ*), die Anzahl der beschäftigten Mitarbeiter (x_4 bzw. *Empl*) sowie den monatlichen Gewinn y (in Euro).

Die Ergebnisse einer Statistik-Software sind in der folgenden Tabelle dargestellt.

Anz. Beobachtungen: 48 Bestimmtheitsmaß: 0,92		
Variable	Parameterschätzer	Standardfehler
Intercept	55,99	128,000
LQ	5,00	3,105
HQ	2,12	0,119
Empl	–113,73	9,337

(a) Stellen Sie die geschätzte Regressionsfunktion auf und interpretieren Sie die geschätzten Koeffizienten.

(b) Ordnen Sie die weiteren gegebenen Informationen in die Notation der Mehrfachregression ein. Ermitteln Sie anschließend alle signifikant von Null verschiedenen Regressionskoeffizienten ($\alpha = 0{,}05$).

(c) Bestimmen Sie das 95%-Konfidenzintervall für den Regressionskoeffizienten des Merkmals *Empl.*

(d) Interpretieren Sie das Bestimmtheitsmaß.

Lösungen

Lösung zu Aufgabe 23.1

(a) Bestimmung der Regressionskoeffizienten:

i	x_{2i}	y_i	$x_{2i}y_i$	x_{2i}^2
1	3	6	18	9
2	4	4	16	16
3	5	2	10	25
4	3	2	6	9
5	4	1	4	16
6	5	0	0	25
Summe	24	15	54	100
Mittelwert	4	2,5	9	16,67

$$b_2 = \frac{9 - 4 \cdot 2{,}5}{16{,}67 - 4^2} = -1{,}5$$

$$b_1 = 2{,}5 - (1{,}5) \cdot 4 = 8{,}5$$

Die Regressionsfunktion lautet somit

$$\hat{y} = 8{,}5 - 1{,}5x_2.$$

Anschließend werden die Residuen zur Berechnung des Bestimmtheitsmaßes ermittelt:

x_{2i}	y_i	$\hat{y}_i$	e_i	e_i^2
3	6	4,0	2,0	4,00
4	4	2,5	1,5	2,25
5	2	1,0	1,0	1,00
3	2	4,0	−2,0	4,00
4	1	2,5	−1,5	2,25
5	0	1,0	−1,0	1,00

Das Bestimmtheitsmaß hat den Wert

$$B = 1 - \frac{\sum e_i^2}{\sum (y_i - \bar{y})^2} = 1 - \frac{14{,}5}{23{,}5} \approx 0{,}383.$$

Die Regressionsfunktion erklärt ca. 38 % der beobachteten Gesamtstreuung.

(b) Zur Ermittlung des Bestimmtheitsmaßes werden zunächst die Residuen und quadrierten Residuen anhand der Regressionsfunktion ermittelt:

$$\hat{y}_i = 4 - 1{,}5x_{2i} + 0{,}6x_{3i}$$

x_{2i}	x_{3i}	y_i	$\hat{y}_i$	e_i	e_i^2
3	10	6	5,5	0,5	0,25
4	10	4	4,0	0,0	0,00
5	10	2	2,5	–0,5	0,25
3	5	2	2,5	–0,5	0,25
4	5	1	1,0	0,0	0,00
5	5	0	–0,5	0,5	0,25

Damit ergibt sich

$$\text{SQR} = \sum e_i^2 = 1$$
$$\text{SQT} = \sum (y_i - \bar{y})^2 = (6-2{,}5)^2 + (4-2{,}5)^2 + \cdots + (0-2{,}5)^2 = 23{,}5$$
$$B = 1 - \frac{\text{SQR}}{\text{SQT}} = 1 - \frac{1}{23{,}5} \approx 0{,}957$$

Das Bestimmtheitsmaß ist durch die Berücksichtigung der Produktqualität wesentlich angestiegen.

(c) Prognose für $x_2 = 4$ und $x_3 = 8$:

$$\hat{y} = 4 - 1{,}5 \cdot 4 + 0{,}6 \cdot 8 = 2{,}8$$

Für die beschriebene Produktvariante wird eine Nachfrage von 2,8 prognostiziert.

(d) Die Koeffizienten werden mittels des Normalgleichungssystems bestimmt:

$$\begin{array}{lrcrcrcr} \text{I} & 6b_1 & + & 24b_2 & + & 45b_3 & = & 15 \\ \text{II} & 24b_1 & + & 100b_2 & + & 180b_3 & = & 54 \\ \text{III} & 45b_1 & + & 180b_2 & + & 375b_3 & = & 135 \end{array}$$

Nachfolgend werden die Rechenschritte zur Lösung dieses Gleichungssystems beschrieben.
Gleichung II minus 4 × I ergibt:

$$4b_2 = -6$$
$$\Rightarrow b_2 = -1{,}5$$

Einsetzen von $b_2 = -1{,}5$ in I und III:

$$\begin{array}{lrcrcrcr} \text{I} & 6b_1 & - & 36 & + & 45b_3 & = & 15 \\ \text{III} & 45b_1 & - & 270 & + & 375b_3 & = & 135 \end{array}$$

Anschließend 2 × III minus 15 × I:

$$75b_3 = 45$$
$$\Rightarrow b_3 = 0{,}6$$

Schließlich ist $b_1 = \overline{y} - b_2\overline{x_2} - b_3\overline{x_3} = 4$. Insgesamt ist somit gezeigt, dass $b_1 = 4$, $b_2 = -1{,}5$ und $b_3 = 0{,}6$, wie in der Aufgabenstellung angegeben.

Lösung zu Aufgabe 23.2

(a) Der konstante Term $b_1 = -65$ besitzt keine inhaltliche Interpretation. Die mit dem Test gemessene Leistung nimmt mit dem Alter um durchschnittlich 0,58 Punkte je Jahr zu. Darüber hinaus führt jede Vorbereitungsstunde zu einer durchschnittlichen Erhöhung der Punktzahl um 1,92. Schließlich wirkt sich der IQ positiv auf die Testleistung aus, da je IQ-Punkt etwa 0,99 zusätzliche Punkte im Leistungstest erreicht werden.

(b) Die Standardfehler der Regressionskoeffizienten können mithilfe der geschätzten Varianz-Kovarianz-Matrix bestimmt werden. Diese lautet:

$$\hat{V} = s_E^2(\boldsymbol{X}'\boldsymbol{X})^{-1} = \begin{pmatrix} 70{,}4004 & -4{,}7508 & 0{,}8224 & -0{,}0196 \\ -4{,}7508 & 0{,}4060 & -0{,}0788 & -0{,}0100 \\ 0{,}8224 & -0{,}0788 & 0{,}0544 & 0{,}0008 \\ -0{,}0196 & -0{,}0100 & 0{,}0008 & 0{,}0016 \end{pmatrix}$$

Die Einträge auf der Hauptdiagonalen dieser Matrix entsprechen den Varianzen der Schätzer, d. h. deren Wurzeln sind die geschätzten Standardfehler der Regressionskoeffizienten:

$$s_{B_1} = \sqrt{70{,}4004} \approx 8{,}39 \qquad s_{B_2} = \sqrt{0{,}4006} \approx 0{,}64$$
$$s_{B_3} = \sqrt{0{,}0544} \approx 0{,}23 \qquad s_{B_4} = \sqrt{0{,}0016} = 0{,}04$$

(c) Um die signifikant von Null verschiedenen Regressionskoeffizienten zu bestimmen, wird der kritische Wert $t_c = t_{1-\alpha/2;n-k} = t_{0{,}975;7} = 2{,}365$ mit den Prüfgrößen b_j/s_{B_j} verglichen:

$$\frac{b_1}{s_{B_1}} = \frac{-65}{8{,}39} \approx -7{,}75 \qquad \frac{b_2}{s_{B_2}} \approx 0{,}91 \qquad \frac{b_3}{s_{B_3}} \approx 8{,}23 \qquad \frac{b_4}{s_{B_4}} \approx 24{,}75$$

Da die Werte aller Prüfgrößen bis auf b_2/s_{B_2} den kritischen Wert überschreiten, sind die Regressionskoeffizienten β_1, β_3 und β_4 zum Niveau $\alpha = 5\,\%$ signifikant von Null verschieden. Der Regressionskoeffizient β_2 (d. h. das Alter) ist nicht signifikant.

(d) Die vorigen Untersuchungen ergeben, dass der konstante Term der Regressionsfunktion sowie die Vorbereitungszeit und der IQ statistisch relevant für die Erklärung der erreichten Punktzahl einer am Test teilnehmenden Person sind. Das Alter hat dagegen keinen signifikanten Effekt auf die Leistung. Abgesehen vom geringen Stichprobenumfang und bei Gültigkeit der der Regressionsanalyse zugrunde liegenden Annahmen kann deshalb darauf geschlossen werden, dass ein klarer Zusammenhang zwischen der Testleistung und dem IQ hergestellt wird.

Nach Umstellen der geschätzten Regressionsfunktion (mit ausschließlich signifikanten Regressionskoeffizienten) ergibt sich die Gleichung

$$x_4 = \frac{1}{0{,}99} \cdot (\hat{y} + 65 - 1{,}92x_3),$$

mit der sich der IQ x_4 einer Testperson für eine gegebene Testpunktzahl $\hat{y}$ und Vorbereitungszeit x_3 schätzen lässt.

Lösung zu Aufgabe 23.3

(a) Die Regressionskoeffizienten werden anhand des Normalgleichungssystems bestimmt:

$$\begin{array}{llllllll} b_1 n & + & b_2 \sum x_{2i} & + & b_3 \sum x_{3i} & = & \sum y_i \\ b_1 \sum x_{2i} & + & b_2 \sum x_{2i}^2 & + & b_3 \sum x_{2i} x_{3i} & = & \sum x_{2i} y_i \\ b_1 \sum x_{3i} & + & b_2 \sum x_{3i} x_{2i} & + & b_3 \sum x_{3i}^2 & = & \sum x_{3i} y_i \end{array}$$

$$\begin{array}{llllllll} 8b_1 & + & 1130b_2 & + & 854b_3 & = & 1010 \\ 1130b_1 & + & 167532b_2 & + & 122423b_3 & = & 147998 \\ 854b_1 & + & 122423b_2 & + & 92988b_3 & = & 109470 \end{array}$$

Als Lösung dieses Gleichungssystems (bspw. mittels Gauß-Verfahren) erhält man

$$b \approx 7{,}725, \qquad b_2 \approx 0{,}603, \qquad b_3 \approx 0{,}313$$

und somit lautet die Regressionsfunktion

$$\hat{y} = 7{,}725 + 0{,}603x_2 + 0{,}313x_3.$$

Interpretation: Je Anstieg des Welthandelsvolumens um einen Prozentpunkt wächst der Export um durchschnittlich 0,603 Prozentpunkte im Vergleich zum Basisjahr. Eine Erhöhung der relativen Exportpreise um 1 % führt zu einer Erhöhung des Exports um tendenziell 0,313 % im Vergleich zum Basisjahr.

(b) Um das Konfidenzintervall für β_2 zu bestimmen, wird zunächst die Standardabweichung s_E der Störterme geschätzt. Es gilt

$$\boldsymbol{X'X} = \begin{pmatrix} 8 & 1130 & 854 \\ 1130 & 167532 & 122423 \\ 854 & 122423 & 92988 \end{pmatrix} \qquad (\boldsymbol{X'X})^{-1} = \begin{pmatrix} 6{,}5866 & -0{,}0059 & -0{,}0528 \\ -0{,}0059 & 0{,}0002 & -0{,}0002 \\ -0{,}0528 & -0{,}0002 & 0{,}0007 \end{pmatrix}$$

$$s_E^2 = \frac{1}{n-k} \sum e_i^2 = \frac{1}{n-k} \left(\sum y_i^2 - b_1 \sum y_i - b_2 \sum x_{2i} y_i - b_3 \sum x_{3i} y_i \right) \approx 4{,}0862$$

Somit ergibt sich für die Varianz-Kovarianz-Matrix der Regressionskoeffizienten:

$$\hat{\boldsymbol{V}} = s_E^2 (\boldsymbol{X'X})^{-1} = \begin{pmatrix} 26{,}91418 & -0{,}02401 & -0{,}21557 \\ -0{,}02401 & 0{,}00066 & -0{,}00065 \\ -0{,}21557 & -0{,}00065 & 0{,}00288 \end{pmatrix}$$

Das Konfidenzintervall für β_2 lautet allgemein

$$b_2 - ts_{B_2} \leq \beta_2 \leq b_2 + ts_{B_2},$$

wobei sich der Wert von s_{B_2} aus dem Eintrag $\hat{v}_{22}$, d. h. dem Eintrag in der zweiten Zeile und zweiten Spalte der Varianz-Kovarianz-Matrix, ergibt. Es ist $s_{B_2} = \sqrt{0{,}00066} \approx 0{,}026$. Für $1 - \alpha = 0{,}95$ und $v = n - 3 = 5$ ist $t = t_{0{,}975;5} = 2{,}571$. Somit lautet das Konfidenzintervall

$$0{,}603 - 2{,}571 \cdot 0{,}026 \leq \beta_2 \leq 0{,}603 + 2{,}571 \cdot 0{,}026$$
$$0{,}563 \leq \beta_2 \leq 0{,}670$$

Mit einer Sicherheit von 95 % befindet sich der wahre Regressionskoeffizient β_2 zwischen 0,563 und 0,670.

(c) Die Hypothesen lauten:

$$H_0\colon \beta_3 = 0 \qquad H_A\colon \beta_3 \neq 0$$

Die Prüfgröße hat den Wert

$$t = \frac{b_3}{s_{B_3}} = \frac{0{,}313}{\sqrt{0{,}00288}} \approx 5{,}821$$

und ist studentverteilt mit $v = n - 3 = 5$ Freiheitsgraden. Der kritische Wert lautet $t_c = t_{0{,}975;5} = 2{,}571$. Da $t > t_c$, wird die Nullhypothese abgelehnt. Der Parameter β_3 ist somit signifikant von Null verschieden.

Lösung zu Aufgabe 23.4

(a) Die Regressionsfunktion stellt einen quantitativen Zusammenhang zwischen den Jahren der Ausbildung, der Berufserfahrung und dem monatlichen Einkommen von Erwerbstätigen dar. Unabhängig von der Länge der Ausbildung und der Berufserfahrung liegt das (durchschnittliche) Monatseinkommen laut der Regressionsfunktion bei 980 Euro. Je absolviertem Ausbildungsjahr steigt das Monatseinkommen um 263 Euro. Zusätzlich bewirkt jedes weitere Jahr Berufserfahrung eine Steigerung des Monatseinkommens um 87 Euro.

(b) Die Methode der kleinsten Quadrate wird verwendet, um Regressionskoeffizienten als Lösung eines Minimierungsproblems zu definieren. Konkret werden in Abhängigkeit von den beobachteten Werten y_i und den geschätzten bzw. hypothetischen Werten $\hat{y}_i$ die Residuen $e_i = y_i - \hat{y}_i$ gebildet, die die Abweichung des unterstellten Modells von den Daten beschreiben. Die nach dem KQ-Ansatz gebildeten Regressionskoeffizienten sind so definiert, dass sie die Summe der quadrierten Residuen, d. h. $\sum e_i^2$, minimieren. Dieser Zusammenhang ist exakt derselbe in der Einfachregression. Im Unterschied zur Einfachregression werden in der Mehrfachregression insgesamt $k \geq 2$ Regressionskoeffizienten betrachtet, deren Werte sich allesamt auf die Residuen auswirken. In der Einfachregression haben die Residuen die Form

$$e_i = \hat{y}_i = y_i - (b_1 + b_2 x),$$

während diese bei der Mehrfachregression mathematisch gegeben sind als

$$e_i = \hat{y}_i = y_i - (b_1 + b_2 x_{2i} + b_3 x_{3i} + \cdots + b_k x_{ki})$$

(c) Die Matrix-Schreibweise zur Darstellung der Daten und des KQ-Ansatzes ist eine Alternative zum Normalgleichungssystem und ist aus mathematischer Sicht kompakter. Sie ist in dem Sinne alternativ, als sie dieselben Regressionskoeffizienten liefert. Zugrunde liegen die Werte der Regressoren x_{2i} und x_{3i} sowie die Werte des Regressanden y_i, $i = 1, \ldots, n$. Auf die allgemeine Situation von k Regressoren wird an dieser Stelle verzichtet, um eine übersichtlichere Erläuterung zu ermöglichen. Aus den Werten der Regressoren und einer konstanten Spalte wird die Matrix $\boldsymbol{X}$ gebildet:

$$\boldsymbol{X} = \begin{pmatrix} 1 & x_{21} & x_{31} \\ 1 & x_{22} & x_{32} \\ \vdots & \vdots & \vdots \\ 1 & x_{2n} & x_{3n} \end{pmatrix}$$

Ähnlich werden die Werte des Regressanden, der Störterme u_i sowie der Regressionskoeffizienten vektorwertig dargestellt:

$$\boldsymbol{y} = \begin{pmatrix} y_1 \\ y_2 \\ \vdots \\ y_n \end{pmatrix} \qquad \boldsymbol{u} = \begin{pmatrix} u_1 \\ u_2 \\ \vdots \\ u_n \end{pmatrix} \qquad \boldsymbol{\beta} = \begin{pmatrix} \beta_1 \\ \beta_2 \\ \vdots \\ \beta_k \end{pmatrix}$$

Fundamental für die Mehrfachregression ist der angenommene Zusammenhang

$$y_i = \beta_1 + \beta_2 x_{2i} + \cdots + \beta_k x_{ki} + u_i$$

für alle $i = 1, \ldots, n$. Gemäß algebraischer Rechenregeln lässt sich dies unter Verwendung der oben definierten Vektoren $\boldsymbol{y}$, $\boldsymbol{\beta}$ und $\boldsymbol{u}$ und der Matrix $\boldsymbol{X}$ kompakt formulieren als

$$\boldsymbol{y} = \boldsymbol{X\beta} + \boldsymbol{u}.$$

Für die geschätzten Regressionskoeffizienten $\boldsymbol{b}$ und die geschätzten Werte $\hat{y}_i$ gilt, dass $\hat{\boldsymbol{y}} = \boldsymbol{Xb}$. Schließlich sind die Residuen e_i vektorwertig gegeben durch $\boldsymbol{e} = \boldsymbol{y} - \hat{\boldsymbol{y}} = \boldsymbol{y} - \boldsymbol{Xb}$. Es kann gezeigt werden, dass die Lösung des KQ-Ansatzes die Matrix-Gleichung

$$(\boldsymbol{X'X})\boldsymbol{b} = \boldsymbol{X'y}$$

erfüllt, die wiederum exakt dem Normalgleichungssystem entspricht. Dessen Lösung kann kompakt geschrieben werden als

$$\boldsymbol{b} = (\boldsymbol{X'X})^{-1}\boldsymbol{X'y}.$$

Durch diese Gleichung wird der Vektor der geschätzten Regressionskoeffizienten als Ergebnis einer explizit ausführbaren Rechnung dargestellt. Die Faktoren sind einerseits die Matrix-Inverse des Matrixprodukts $\boldsymbol{X'X}$ und andererseits das Produkt der transponierten Matrix $\boldsymbol{X'}$ und der beobachteten Werte $\boldsymbol{y}$ des Regressanden.

Lösung zu Aufgabe 23.5

(a) Die Hypothesen lauten

$$H_0\colon \beta_j = 0 \qquad H_A\colon \beta_j \neq 0$$

und werden mittels der Prüfgrößen

$$z_j = \frac{b_j}{s_{B_j}}$$

überprüft. Der kritische Wert lautet in allen Tests $z_c = z_{0,975} = 1{,}96$. Wenn der Absolutbetrag der Prüfgröße oberhalb des kritischen Werts liegt, wird die Nullhypothese jeweils verworfen. Die Prüfgrößen haben die folgenden Werte:

$$z_1 = \frac{b_1}{s_{B_1}} = \frac{-200}{20} = -10 \qquad z_2 = 4 \qquad z_3 \approx 0{,}67 \qquad z_4 \approx -3{,}33$$

Die Nullhypothesen für β_1, β_2 und β_4 werden abgelehnt. Diese sind die signifikant von Null verschiedenen Regressionskoeffizienten.

(b) Die allgemeine Form des Konfidenzintervalls für Regressionskoeffizienten ist gegeben durch:

$$b_j - z \cdot s_{B_j} \leq \beta_j \leq b_j + z \cdot s_{B_j}$$

Hier ist $z = z_{0,975} = 1{,}96$ und unter Verwendung der in der Aufgabenstellung gegebenen Standardfehler ergibt sich:

$$\begin{aligned} -239{,}20 &\leq \beta_1 \leq -160{,}80 \\ 2{,}04 &\leq \beta_2 \leq 5{,}96 \\ -38{,}80 &\leq \beta_3 \leq 78{,}80 \\ -15{,}88 &\leq \beta_4 \leq -4{,}12 \end{aligned}$$

(c) Die Annahme der normalverteilten Störvariablen ist Voraussetzung dafür, dass die Prüfgrößen Z_j annähernd standardnormalverteilt sind. Die Bestimmung des kritischen Werts wäre ohne normalverteilte Störvariablen zunächst unklar. Ähnlich verhält es sich mit der Konstruktion der Konfidenzintervalle, da diese das Quantil z der Standardnormalverteilung verwenden. Ist die Annahme der Normalverteilung verletzt, kann das beabsichtigte Konfidenzniveau bei der verwendeten Konstruktion nicht gewährleistet werden.

Lösung zu Aufgabe 23.6

(a) Die Spalte *Parameterschätzer* enthält die Werte der Regressionskoeffizienten. In statistischer Software wird der konstante Term b_1 der Regressionsfunktion oft als *Intercept* bezeichnet, da b_1 gleichzeitig den Schnittpunkt mit der y-Achse beschreibt. Die geschätzte Regressionsfunktion lautet somit

$$\hat{y} = 55{,}99 + 5{,}00x_2 + 2{,}12x_3 - 113{,}73x_4.$$

Gemäß der geschätzten Regressionsfunktion wird je verkauftem Produkt niedriger Qualität ein Gewinn in Höhe von 5 Euro erzielt, während ein verkauftes Produkt hoher Qualität einen Gewinn von durchschnittlich 2,12 Euro erzeugt. Je angestellter Person reduziert sich der durchschnittliche Gesamtgewinn um etwa 113,73 Euro.
Die Interpretation des konstanten Terms $b_1 = 55{,}99$ ist im gegebenen Kontext fragwürdig, da dieser den Gewinn beschreibt, wenn keine Personen angestellt wären und keine Produkte verkauft würden. In diesem Szenario wäre jedoch kein Gewinn möglich.

(b) Zusätzlich zu den geschätzten Regressionskoeffizienten sind der Stichprobenumfang $n = 48$, das Bestimmtheitsmaß $B = 0{,}92$ und die Standardfehler

$$s_{B_1} = 128, \quad s_{B_2} = 3{,}105, \quad s_{B_3} = 0{,}119, \quad s_{B_4} = 9{,}337$$

gegeben. Das Modell umfasst $k = 4$ Regressionskoeffizienten.
Unter Verwendung des Stichprobenumfangs und der Standardfehler lassen sich die signifikant von Null verschiedenen Regressionskoeffizienten ermitteln. Der kritische Wert für alle entsprechenden Hypothesentests ist $t_c = t_{1-\alpha/2;n-3} = t_{0{,}975;44} \approx z_{0{,}975} = 1{,}96$. Die Prüfgrößen sind jeweils gegeben durch den Quotienten $b_j \,/\, s_{B_j}$. Liegt der Betrag einer Prüfgröße oberhalb von 1,96, so wird die jeweilige Nullhypothese abgelehnt und der entsprechende Regressionskoeffizient ist signifikant von Null verschieden.
Für die gegebenen Werte wird berechnet:

$$\frac{b_1}{s_{B_1}} \approx 0{,}44 \qquad \frac{b_2}{s_{B_2}} \approx 1{,}61 \qquad \frac{b_3}{s_{B_3}} \approx 17{,}82 \qquad \frac{b_4}{s_{B_4}} \approx -12{,}18$$

Die signifikant von Null verschiedenen Regressionskoeffizienten sind daher β_3 und β_4.

(c) Das 95%-Konfidenzintervall wird mittels des Standardfehlers und des passenden Quantils der Student- bzw. Standardnormalverteilung gebildet:

$$\begin{aligned} b_4 - ts_{B_4} &\leq \beta_4 \leq b_4 + ts_{B_4} \\ -113{,}73 - 1{,}96 \cdot 9{,}337 &\leq \beta_4 \leq -113{,}73 + 1{,}96 \cdot 9{,}337 \\ -143{,}44 - 143{,}44 &\leq \beta_4 \leq -84{,}02 \end{aligned}$$

(d) Das Bestimmtheitsmaß beträgt 0,92 und bedeutet, dass 92 % der beobachteten Streuung von y durch die geschätzte Regressionsfunktion erklärt werden.

24. Regressionsanalyse V (Lineare und nichtlineare Mehrfachregression)

Aufgabe 24.1

Die folgende Tabelle enthält Index-Daten zum Export eines Landes. Es wurde zu diesen Daten eine Regressionsanalyse durchgeführt, bei der für die Residuen die Varianz $s_E^2 = 4{,}0862$ ermittelt wurde. Prüfen Sie unter Verwendung des F-Tests die Hypothese, dass der Export von den relativen Exportpreisen und dem Welthandelsvolumen unabhängig ist (Signifikanzniveau $\alpha = 0{,}05$).

Jahr i	Index des Welthandelsvolumens x_{2i}	Index der relativen Exportpreise x_{3i}	Index der Exporte y_i
1	100	100	100
2	109	119	111
3	129	111	119
4	121	91	109
5	142	82	121
6	158	101	131
7	171	120	149
8	200	130	170

Aufgabe 24.2

Für die in Aufgabe 24.1 gegebenen Daten wurde eine Regressionsanalyse mit dem Ergebnis $b_1 = 7{,}725$, $b_2 = 0{,}603$ und $b_3 = 0{,}313$ durchgeführt. Geben Sie für ein beliebiges Jahr mit einem Index des Welthandelsvolumens von $x_2 = 170$ und einem Index der relativen Exportpreise von $x_3 = 110$ ein 95%-Prognoseintervall für den Index der Exporte an. (Hinweis: Als weitere Zwischenergebnisse sind $s_{\hat{Y}_0}^2 = 0{,}9735$ und $s_E^2 = 4{,}0862$ gegeben.)

Aufgabe 24.3

Für $n = 10$ Beobachtungszeiträume wurden in einem Unternehmen die folgenden Gesamtkosten in Abhängigkeit von der Produktionsmenge festgestellt.

Beobachtungszeitraum i	Produktionsmenge x_i (in Tsd. Stück)	Gesamtkosten y_i (in Tsd. Euro)
1	9	7
2	5	9
3	5	9
4	3	11
5	3	8
6	1	6
7	5	12
8	5	11
9	1	8
10	6	10

Bestimmen und interpretieren Sie nach der Methode der kleinsten Quadrate eine Gesamtkostenfunktion der Form

$$\hat{y} = b_1 + b_2 x + b_3 x^2.$$

Aufgabe 24.4

Die historische Entwicklung der Einwohnerzahl von New York City ist in der folgenden Tabelle gegeben.

Jahr	Einwohnerzahl (in Tsd.)
1800	79
1810	120
1820	152
1830	242
1840	391
1850	696
1860	1175
1870	1478
1880	1911
1890	2507
1900	3437
1910	4767
1920	5620
1930	6930
1940	7455

(a) Stellen Sie die gegebenen Werte in einem Streuungsdiagramm dar.

(b) Konstruieren Sie ein geeignetes nichtlineares Regressionsmodell für die historische Entwicklung der Einwohnerzahl New York Citys unter Verwendung der vorliegenden Werte. Bestimmen Sie die zugehörigen Regressionskoeffizienten und zeichnen Sie die geschätzte Regressionsfunktion.

(c) Konstruieren Sie weitere plausible Regressionsmodelle und vergleichen Sie diese unter Verwendung des Bestimmtheitsmaßes.

Lösungen

Lösung zu Aufgabe 24.1

Die Hypothesen lauten:

$$H_0\colon \beta_2 = \beta_3 = 0 \qquad H_A\colon \text{Mindestens ein } \beta_j\,(j = 2{,}3) \text{ ist ungleich Null.}$$

Die Prüfgröße F mit der konkreten Ausprägung

$$\tilde{f} = \frac{\text{MQE}}{\text{MQR}}$$

folgt einer F-Verteilung mit $v_E = k - 1 = 2$ und $v_R = n - k = 5$ Freiheitsgraden. Bei $\alpha = 0{,}05$ und $v_E = 2$, $v_R = 5$ beträgt der kritische Wert $F_c = 5{,}79$. Für $\tilde{f} > 5{,}79$ wird H_0 abgelehnt, für $\tilde{f} \leq 5{,}79$ wird H_0 nicht abgelehnt. Es gilt:

$$\text{SQT} = \sum(y_i - \bar{y})^2 = \sum y_i^2 - \frac{1}{n}\left(\sum y_i\right)^2 = 131266 - \frac{1010^2}{8} = 3753{,}500$$
$$\text{SQR} = \sum e_i^2 = (n-k)s_E^2 = 5 \cdot 4{,}0862 = 20{,}431$$
$$\text{SQE} = \text{SQT} - \text{SQR} = 3753{,}500 - 20{,}431 = 3733{,}069$$

Varianztabelle zum F-Test:

Streuungsursache	Abweichungs-quadratsumme	Anzahl der Freiheitsgrade	mittlere Abweichungs-quadratsumme	Wert der Prüfgröße
Erklärende Variablen X_2, X_3	3733,069	2	1866,5345	456,8
Rest	20,431	5	4,0862	
Total	3753,500	7	–	–

H_0 wird abgelehnt, da $\tilde{f} > F_c$ ist. Der Export ist somit abhängig von den relativen Exportpreisen oder dem Welthandelsvolumen.

Lösung zu Aufgabe 24.2

Das Prognoseintervall für y_0 lautet allgemein

$$\hat{y}_0 - ts_F \leq y_0 \leq \hat{y}_0 + ts_F.$$

Als Punktprognose ergibt sich der Wert

$$\hat{y}_0 = b_1 + b_2x_2 + b_3x_3 = 7{,}725 + 0{,}603 \cdot 170 + 0{,}313 \cdot 110 = 144{,}665.$$

Für den Standardfehler der Punktprognose gilt

$$s_F^2 = s_{\hat{Y}_0}^2 + s_E^2 = 0{,}9735 + 4{,}0862 = 5{,}0597$$

und somit $s_F = \sqrt{s_F^2} \approx 2{,}249$. Für $1 - \alpha = 0{,}95$ und $v = n - 3 = 5$ ergibt sich aus der Tabelle der Studentverteilung $t = t_{0,975;5} = 2{,}571$. Das Prognoseintervall lautet schließlich

$$144{,}665 - 2{,}571 \cdot 2{,}249 \leq y_0 \leq 144{,}665 + 2{,}571 \cdot 2{,}249$$
$$138{,}883 \leq y_0 \leq 150{,}447.$$

Mit einer Sicherheit von 95 % liegt der Index der Exporte für ein beliebiges Jahr zwischen 138,883 und 150,447.

Lösung zu Aufgabe 24.3

Zur Bestimmung der Regressionskoeffizienten wird zunächst im Sinne der Mehrfachregression $x_{2i} = x_i$ und $x_{3i} = x_i^2$ gesetzt:

x_{2i}	x_{3i}	y_i
9	81	7
5	25	9
5	25	9
3	9	11
3	9	8
1	1	6
5	25	12
5	25	11
1	81	8
6	36	10

Das Normalgleichungssystem lautet

$$\begin{aligned} 10b_1 &+ 43b_2 &+ 237b_3 &= 91 \\ 43b_1 &+ 237b_2 &+ 1501b_3 &= 399 \\ 237b_1 &+ 1501b_2 &+ 10521b_3 &= 2137 \end{aligned}$$

und besitzt die Lösung

$$b_1 \approx 5{,}19, \qquad b_2 \approx 2{,}03, \qquad b_3 \approx -0{,}20.$$

Folglich lautet die geschätzte Gesamtkostenfunktion

$$\hat{y} = 5{,}19 + 2{,}03x - 0{,}20x^2$$

Interpretation: Die Produktionsmenge x_i wirkt sich sowohl linear als auch quadratisch auf die Gesamtkosten aus.

Lösung zu Aufgabe 24.4

(a) Streuungsdiagramm:

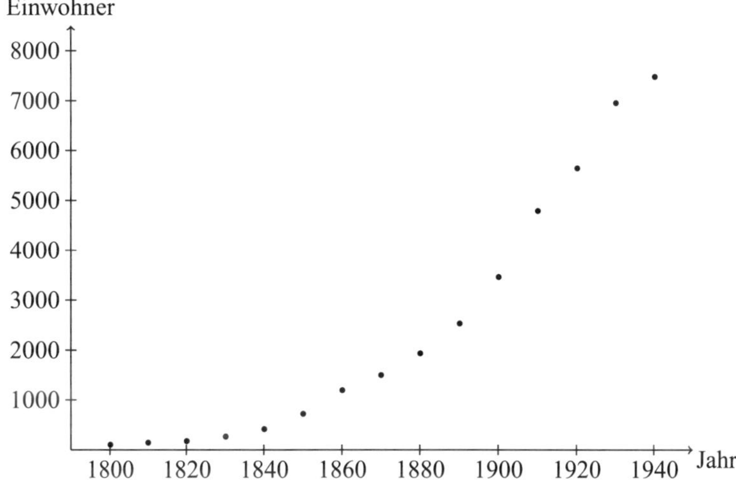

(b) Die Einwohnerzahl wird mithilfe einer Exponentialfunktion modelliert:

$$Y_i = \beta_1 e^{\beta_2 x_i} U_i$$

Dieses nichtlineare Regressionsmodell wird mittels Logarithmierung in ein lineares transformiert:

$$\ln Y_i = \ln\beta_1 + \beta_2 x_i + \ln U_i$$

Durch die Definition von $Y_i' = \ln Y_i$, $\beta_1' = \ln\beta_1$, $\beta_2' = \beta_2$ und $U_i' = \ln U_i$ ergibt sich die herkömmliche Form der linearen Regressionsfunktion

$$Y_i' = \beta_1' + \beta_2' x_i + U_i',$$

für die die Schätzer nach der Methode der kleinsten Quadrate ermittelt werden. Hierfür werden die logarithmierten Werte von y_i benötigt. Außerdem werden die betrachteten Jahrzehnte von 1 bis 15 nummeriert und deren quadrierte Werte bestimmt:

	x_i	x_i^2	y_i	$y_i' = \ln y_i$	$x_i y_i'$
	1	1	79	4,37	4,37
	2	4	120	4,79	9,57
	3	9	152	5,02	15,07
	4	16	242	5,49	21,96
	5	25	391	5,97	29,84
	6	36	696	6,55	39,27
	7	49	1175	7,07	49,48
	8	64	1478	7,30	58,39
	9	81	1911	7,56	68,00
	10	100	2507	7,83	78,27
	11	121	3437	8,14	89,57
	12	144	4767	8,47	101,63

	x_i	x_i^2	y_i	$y_i' = \ln y_i$	$x_i y_i'$
	13	169	5620	8,63	112,24
	14	196	6930	8,84	123,81
	15	225	7455	8,92	133,75
Mittelwert	8	82,67	–	6,996	62,35

Darüber hinaus wird berechnet, dass $\overline{x^2} \approx 82{,}67$. Es folgt

$$b_2 = \frac{\overline{xy'} - \overline{x} \cdot \overline{y}}{\overline{x^2} - \overline{x}^2} = \frac{62{,}35 - 8 \cdot 6{,}996}{82{,}67 - (8)^2} = \frac{6{,}38}{18{,}67} \approx 0{,}342$$
$$b_1 = \overline{y} - b_2\overline{x} = 6{,}996 - 0{,}342 \cdot 8 \approx 4{,}26$$

Die Regressionsfunktion lautet infolgedessen (in der transformierten Darstellung)

$$\widehat{y'} = 4{,}26 + 0{,}342 x_i$$

bzw. nach Rücktransformation mittels $b_1 = \mathrm{e}^{b_1'}$:

$$\hat{y} = 70{,}93 \mathrm{e}^{0{,}342 x_i}$$

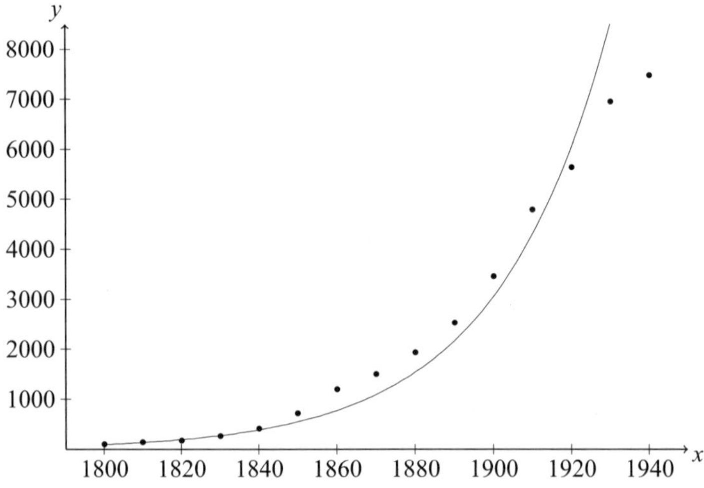

(c) Als Beispiel wird ein Regressionsmodell auf Basis der Potenzfunktion gebildet:

$$Y_i = \beta_1 x_i^{\beta_2} U_i$$

Die linearisierte Form dieses Regressionsmodells ist gegeben als

$$\ln Y_i = \ln \beta_1 + \beta_2 \ln x_i + \ln U_i$$

und für die transformierten Regressionskoeffizienten $\beta_1' = \ln \beta_1$ und $\beta_2' = \beta_2$ ergeben sich die Schätzungen $b_1' \approx 3{,}443$ und $b_2' \approx 1{,}991$, sodass die rücktransfomierte Regressionsfunktion

$$\hat{y} = 31{,}27 \cdot x_i^{1{,}991}$$

lautet.

Das Bestimmtheitsmaß dieses Modells besitzt den Wert $B = 0{,}931$. Für das in der vorherigen Teilaufgabe bestimmte exponentielle Regressionsmodell ergibt sich der Wert $B = 0{,}975$ (Berechnungen hier nicht dargestellt). Hinsichtlich dieses Kriteriums ist ersteres Modell vorzuziehen.

25. Indizes

Aufgabe 25.1

Für vier Warenarten seien die folgenden Werte bekannt:

Warenart	Preis im Jahr 2015	2016	2017	Menge im Jahr 2015	2016	2017
A	1,2	2,0	2,5	1000	1200	1400
B	1,5	1,8	2,1	400	1000	1300
C	0,5	1,5	1,3	1000	800	1200
D	2,0	3,0	3,4	800	700	900

(a) Berechnen Sie für 2016 und 2017 die Preis- und Mengenindizes nach *Laspeyres* und *Paasche* zur Basis 2015.

(b) Ermitteln Sie den Preis- und Mengenindex nach *Lowe* für 2017 zur Basis 2015.

Aufgabe 25.2

Für das Hochbaugewerbe eines Landes wurden die folgenden Reihen zum Basisjahr 1990 ermittelt.

Jahr	Preisindex nach Laspeyres in %	Umsatz in Mrd. Währungseinheiten
1990	100	2,0
2000	145	4,5
2010	180	6,0

Berechnen Sie für die Produktion im Hochbaugewerbe den Mengenindex nach *Paasche* für die Jahre 2000 und 2010 zur Basis 1990.

Aufgabe 25.3

Ein Unternehmen berechnete von 2011 bis 2014 für seine Erzeugnisse einen Preisindex zum Basisjahr 2011. Da das Gewichtungsschema im Laufe der Jahre an Aktualität verloren hatte, wurde ab 2014 ein neuer Preisindex zum Basisjahr 2014 berechnet. Die Werte des alten und des neuen Index sind in der folgenden Tabelle wiedergegeben.

Jahr t	alter Index $I_{11,t}$ (2011 = 100)	neuer Index $I_{14,t}$ (2014 = 100)
2011	100	.
2012	105	.
2013	113	.
2014	117	100
2015	.	106
2016	.	111
2017	.	115

Um die Preisentwicklung von 2011 bis 2017 in einer einzigen Indexreihe zusammenzufassen, soll eine Verknüpfung des alten mit dem neuen Index vorgenommen werden. Welche Indexreihe ergibt sich …

(a) bei Fortführung des alten Index und

(b) bei Rückrechnung des neuen Index?

Aufgabe 25.4

Der vom Statistischen Bundesamt berechnete Verbraucherpreisindex (2010 = 100) stand 2015 bei 106,9 (Jahresdurchschnitt) und im März 2018 bei 110,7. Der ebenfalls vom Statistischen Bundesamt berechnete Index der durchschnittlichen Bruttomonatsverdienste der vollbeschäftigten Arbeitnehmer und Arbeitnehmerinnen im Produzierenden Gewerbe und Dienstleistungsbereich (2015 = 100) betrug im 1. Quartal 2018 106,1.

Um wie viel Prozent haben sich die durchschnittlichen Bruttomonatsverdienste von 2015 (Jahresdurchschnitt) bis zum 1. Quartal 2018 real verändert?

Aufgabe 25.5

Anhand der nachgefragten Mengen und der entsprechenden Preise von 4 Gütern wird ein Kaufkraftvergleich zwischen Euro und Schweizer Franken (CHF) vorgenommen.

	Deutschland (D)		Schweiz (CH)	
Gut	Menge	Preis in Euro	Menge	Preis in CHF
A	10	2,56	5	3,74
B	15	4,09	20	5,90
C	30	3,07	25	4,41
D	20	7,67	25	11,21

(a) Berechnen Sie die Kaufkraftparität anhand des gegebenen deutschen Warenkorbs.

(b) Berechnen Sie die Kaufkraftparität anhand des gegebenen schweizer Warenkorbs.

(c) Berechnen Sie die Kaufkraftparität als geometrisches Mittel aus den unter (a) und (b) berechneten Kaufkraftparitäten. Interpretieren Sie die so erhaltene Kaufkraftparität.

Lösungen

Lösung zu Aufgabe 25.1

(a) Dem Jahr 2015 wird die Basiszeit 0, dem Jahr 2016 die Berichtszeit 1 und dem Jahr 2017 die Berichtszeit 2 zugeordnet. Die allgemeinen Indexformeln lauten:

$$_{L}P_{01} = \frac{\sum p_1 q_0}{\sum p_0 q_0} 100\% \qquad _{L}P_{02} = \frac{\sum p_2 q_0}{\sum p_0 q_0} 100\%$$

$$_{P}P_{01} = \frac{\sum p_1 q_1}{\sum p_0 q_1} 100\% \qquad _{P}P_{02} = \frac{\sum p_2 q_2}{\sum p_0 q_2} 100\%$$

$$_{L}Q_{01} = \frac{\sum q_1 p_0}{\sum q_0 p_0} 100\% \qquad _{L}Q_{02} = \frac{\sum q_2 p_0}{\sum q_0 p_0} 100\%$$

$$_{L}Q_{01} = \frac{\sum q_1 p_1}{\sum q_0 p_1} 100\% \qquad _{L}Q_{02} = \frac{\sum q_2 p_2}{\sum q_0 p_2} 100\%$$

Es ergibt sich die folgende Arbeitstabelle für weitere Berechnungen:

Warenart	p_0q_0	p_1q_0	p_2q_0	p_1q_1	p_0q_1	p_2q_2	p_0q_2
A	1200	2000	2500	2400	1440	3500	1680
B	600	720	840	1800	1500	2730	1950
C	500	1500	1300	1200	400	1560	600
D	1600	2400	2720	2100	1400	3060	1800
Σ	3900	6620	7360	7500	4740	10850	6030

Auf dieser Grundlage können die gesuchten Indizes bestimmt werden. Beispielsweise ergibt sich für den Preisindex nach Laypeyres für die Basiszeit und Berichtszeit 1:

$$_{L}P_{01} = \frac{\sum p_1 q_0}{\sum p_0 q_0} 100\% = \frac{2000 + 720 + 1500 + 2400}{1200 + 600 + 500 + 1600} 100\% = \frac{6620}{3900} 100\% \approx 169{,}7\%$$

Die übrigen Ergebnisse sind:

$$_{L}P_{01} = 169{,}7\% \qquad _{L}P_{02} = 188{,}7\%$$

$$_{P}P_{01} = 158{,}2\% \qquad _{P}P_{02} = 179{,}9\%$$

$$_{L}Q_{01} = 121{,}5\% \qquad _{L}Q_{02} = 154{,}6\%$$

$$_{P}Q_{01} = 113{,}3\% \qquad _{P}Q_{02} = 147{,}4\%$$

(b) Die Indexformeln lauten

$$_{Lo}P_{02} = \frac{\sum p_2 \overline{q}}{\sum p_0 \overline{q}} 100\% \quad \text{und} \quad _{Lo}Q_{02} = \frac{\sum q_2 \overline{p}}{\sum q_0 \overline{p}} 100\%$$

mit $\overline{q} = (q_0 + q_1 + q_2)/3$ und $\overline{p} = (p_0 + p_1 + p_2)/3$. Man erhält

$$\overline{q}^{(A)} = \frac{1000+1200+1400}{3} = 1200, \quad \overline{q}^{(B)} = 900, \quad \overline{q}^{(C)} = 1000, \quad \overline{q}^{(D)} = 800 \quad \text{und}$$

$$\overline{p}^{(A)} = \frac{1,2+2,0+2,5}{3} = 1,9, \quad \overline{p}^{(B)} = 1,8, \quad \overline{p}^{(C)} = 1,1, \quad \overline{p}^{(D)} = 2,8.$$

Arbeitstabelle:

Warenart	$\overline{q}$	$p_2\overline{q}$	$p_0\overline{q}$	$\overline{p}$	$q_2\overline{p}$	$q_0\overline{p}$
A	1200	3000	1440	1,9	2660	1900
B	900	1890	1350	1,8	2340	720
C	1000	1300	500	1,1	1320	1100
D	800	2720	1600	2,8	2520	2240
$\sum$	–	8910	4890	–	8840	5960

Somit ergibt sich:

$${}_{Lo}P_{02} = \frac{\sum p_2\overline{q}}{\sum p_0\overline{q}} 100\% = \frac{8910}{4890} 100\% \approx 182,2\%$$

$${}_{Lo}Q_{02} = \frac{\sum q_2\overline{p}}{\sum q_0\overline{p}} 100\% = \frac{8840}{5960} 100\% \approx 148,3\%$$

Lösung zu Aufgabe 25.2

Der Mengenindex nach Paasche ist definiert als

$${}_PQ_{01} = \frac{\sum q_1 p_1}{\sum q_0 p_1} 100\%,$$

der Preisindex nach *Laspeyres* als

$${}_LP_{01} = \frac{\sum p_1 q_0}{\sum q_0 p_0} 100\%$$

und der Umsatzindex als

$$U_{01} = \frac{\sum p_1 q_1}{\sum p_0 q_0} 100\%.$$

Es gilt also $U_{01} = {}_LP_{01\,P}Q_{01}$ und damit

$${}_PQ_{01} = \frac{U_{01}}{{}_LP_{01}}.$$

Mit den Umsatzindizes

$$U_{01} = \frac{4,5}{2,0} 100\% = 225\% \quad \text{und} \quad U_{02} = \frac{6}{2} 100\% = 300\%$$

erhält man

$$_PQ_{01} = \frac{225}{145}100\% = 155\% \quad \text{und} \quad _PQ_{02} = \frac{300}{180}100\% = 167\%.$$

Lösung zu Aufgabe 25.3

(a) Die Fortführung des alten Index für ein beliebiges Jahr t wird mithilfe der allgemeinen Beziehung

$$I^*_{11,t} = \frac{I_{11,14} \cdot I_{14,t}}{100}$$

ermöglicht. Es ergeben sich die folgenden Werte:

$$I^*_{11,15} = \frac{I_{11,14} \cdot I_{14,15}}{100} = \frac{117 \cdot 106}{100} \approx 124$$

$$I^*_{11,16} = \frac{I_{11,14} \cdot I_{14,16}}{100} = \frac{117 \cdot 111}{100} \approx 130$$

$$I^*_{11,17} = \frac{I_{11,14} \cdot I_{14,17}}{100} = \frac{117 \cdot 115}{100} \approx 135$$

(b) Mittels der allgemeinen Formel

$$I^*_{14,t} = \frac{I_{11,t} \cdot 100}{I_{11,14}}$$

wird der neue Index auf die Jahre 2011 bis 2013 rückgerechnet:

$$I^*_{14,11} = \frac{I_{11,11} \cdot 100}{I_{11,14}} = \frac{100 \cdot 100}{117} \approx 85$$

$$I^*_{14,12} = \frac{I_{11,12} \cdot 100}{I_{11,14}} = \frac{105 \cdot 100}{117} \approx 90$$

$$I^*_{14,13} = \frac{I_{11,13} \cdot 100}{I_{11,14}} = \frac{113 \cdot 100}{117} \approx 97$$

Aus den Teilaufgaben (a) und (b) ergibt sich somit insgesamt die folgende vervollständigte Tabelle.

Jahr t	alter Index $I_{11,t}$ (2011 = 100)	neuer Index $I_{14,t}$ (2014 = 100)
2011	100	(85)
2012	105	(90)
2013	113	(97)
2014	117	100
2015	(124)	106
2016	(130)	111
2017	(135)	115

Beide Zeitreihen besitzen denselben Informationsgehalt und unterscheiden sich lediglich hinsichtlich der Wahl des Basisjahrs.

Lösung zu Aufgabe 25.4

Von 2015 bis zum 1. Quartal 2018 ist der Bruttomonatsverdienstindex von 100,0 auf 106,1, also auf 106,1/100,0 · 100 % = 106,1 % und der Verbraucherpreisindex von 106,9 auf 110,7, also auf 110,7/106,9 · 100 % = 103,6 % gestiegen. Aus der Beziehung

$$\text{Reallohnindex} = \frac{\text{Nominallohnindex}}{\text{Verbraucherpreisindex}}$$

ergibt sich so ein Anstieg der realen Bruttomonatsverdienste von

$$(106{,}1/103{,}6 - 1) \cdot 100\,\% = 2{,}4\,\%.$$

Lösung zu Aufgabe 25.5

(a) Es gilt:

$$\text{VGP}_{\text{D,CH}} = \frac{\sum p_{\text{CH}} \cdot q_{\text{D}}}{\sum p_{\text{D}} \cdot q_{\text{D}}} = \frac{3{,}74 \cdot 10 + 5{,}90 \cdot 15 + 4{,}41 \cdot 30 + 11{,}21 \cdot 20}{2{,}56 \cdot 10 + 4{,}09 \cdot 15 + 3{,}07 \cdot 30 + 7{,}67 \cdot 20} = \frac{482{,}40\ \text{CHF}}{332{,}45\ \text{Euro}}$$

Damit ergibt sich 1 CHF = 0,6892 Euro bzw. 1 Euro = 1,4510 CHF.

(b) Es gilt:

$$\text{VGP}_{\text{CH,D}} = \frac{\sum p_{\text{D}} \cdot q_{\text{CH}}}{\sum p_{\text{CH}} \cdot q_{\text{CH}}} = \frac{2{,}56 \cdot 5 + 4{,}09 \cdot 20 + 3{,}07 \cdot 25 + 7{,}67 \cdot 25}{3{,}74 \cdot 5 + 5{,}90 \cdot 20 + 4{,}41 \cdot 25 + 11{,}21 \cdot 25} = \frac{363{,}10\ \text{Euro}}{527{,}10\ \text{CHF}}$$

Damit ergibt sich 1 CHF = 0,6892 Euro bzw. 1 Euro = 1,4519 CHF.

(c) Die Kaufkraftparität als geometrisches Mittel aus den unter Teilaufgabe (a) und (b) berechneten Kaufkraftparitäten beträgt 1 CHF = $\sqrt{0{,}6892 \cdot 0{,}6887}$ Euro ≈ 0,6890 Euro und analog entspricht 1 Euro = $\sqrt{1{,}4510 \cdot 1{,}4519}$ CHF ≈ 1,4515 CHF.
Die Interpretation der Kaufkraftparität setzt die Kenntnis des Wechselkurses voraus. Steht dieser bei bspw. 1 Euro = 1,136 CHF, so kostet der schweizer Warenkorb in Deutschland

$$\frac{\text{Kaufkraftparität}}{\text{Wechselkurs}} \cdot 100\% = \frac{0{,}6890}{1{,}136} \cdot 100\% \approx 60{,}65\%.$$

Der Kaufkraftgewinn für eine Person, die aus Deutschland in die Schweiz zieht, beträgt somit

$$\frac{100}{60{,}65} \cdot 100\% - 100\% \approx 64{,}88\%.$$

26. Konzentrationsmessung

Aufgabe 26.1

Die folgende Tabelle zeigt die Umsätze (in Mrd. Euro) von 4 Smartphone-Herstellern in drei Ländern:

	Land		
Hersteller	A	B	C
H1	60	10	10
H2	20	10	0
H3	14	10	15
H4	6	10	0

(a) Bestimmen und interpretieren Sie für Land A alle Konzentrationsraten.

(b) Bestimmen und vergleichen Sie die Konzentrationsraten C_2 für alle betrachteten Länder.

(c) Berechnen Sie den Herfindahl-Index für Land A. Wie lautet der Herfindahl-Index für Land B (ohne Berechnung)?

Aufgabe 26.2

In der folgenden Tabelle ist der Medaillenspiegel (Gold, Silber, Bronze) der 5 erfolgreichsten Nationen der Olympischen Sommerspiele 2012 aufgeführt:

Nation	Gold	Silber	Bronze
Vereinigte Staaten	46	28	30
Volksrepublik China	38	31	22
Vereinigtes Königreich	29	17	19
Russland	20	17	32
Südkorea	13	8	9
Summe	146	101	112

(a) Bestimmen Sie die Konzentrationsraten C_1, C_2 und C_3 für die Verteilung der Goldmedaillen.

(b) Berechnen Sie den Herfindahl-Index jeweils für die Verteilung der Gold- und Silbermedaillen und vergleichen Sie die Ergebnisse.

(c) Zeichnen Sie die Lorenzkurve für die Verteilung der Bronzemedaillen.

Aufgabe 26.3

In einer Region gibt es 5 Städte A bis E, deren Einwohnerzahlen (in Tsd.) in der folgenden Tabelle dargestellt sind:

Einwohner	A	B	C	D	E
2015	20	50	5	20	5
2016	19	52	4	21	4
2017	21	48	2	27	2

(a) Bestimmen Sie für das Jahr 2017 die Konzentrationsraten und die Lorenz-Kurve.

(b) Es wird behauptet, dass es zu einer zunehmenden Konzentration der Bevölkerung gekommen ist, da die Städte C und E eine wesentliche Abwanderung erfahren. Ermitteln Sie für alle Jahre den Herfindahl-Index und äußern Sie sich auf dieser Grundlage zur vorliegenden Behauptung.

Aufgabe 26.4

In Aufgabe 26.1 wurde die Konzentration der Smartphone-Umsätze auf Länderbasis bestimmt. Aus Sicht der Unternehmen ist dagegen von Interesse, wie sich die Umsätze auf die einzelnen Länder verteilen.

(a) Bestimmen Sie in diesem Sinn alle Konzentrationsraten für den Hersteller H1.

(b) Nutzen Sie den Herfindahl-Index, um den Hersteller mit der höchsten Umsatzkonzentration zu ermitteln.

Aufgabe 26.5

Die folgende Tabelle zeigt die Anzahlen der im Jahr 2017 erhaltenen Aufträge von 4 Beratungsunternehmen einer Branche.

Unternehmen	Aufträge
A	38
B	25
C	112
D	75

(a) Berechnen Sie die Konzentrationsraten und den Herfindahl-Index für die Auftragszahlen.

(b) Ermitteln Sie die Lorenz-Kurve und bestimmen Sie das Konzentrationsmaß nach Lorenz-Münzner.

Lösungen

Lösung zu Aufgabe 26.1

(a) relative Umsatzanteile für Land A (Hersteller nach Umsatzgrößen absteigend sortiert):

Hersteller	Umsatz	rel. Anteil
H1	60	0,60
H2	20	0,20
H3	14	0,14
H4	6	0,06

Die Konzentrationsraten ergeben sich allgemein als

$$C_m = \frac{\sum_{i=N-m+1}^{N} a_{[i]}}{\sum_{i=1}^{N} a_{[i]}},$$

wobei $a_{[i]}$ den i-ten Wert aller aufsteigend sortierten Elemente bezeichnet:

$$a_{[1]} = 6 \;\leq\; a_{[2]} = 14 \;\leq\; a_{[3]} = 20 \;\leq\; a_{[4]} = 60$$

Für Land A lauten die Konzentrationsraten:

$$\begin{aligned} C_1 &= 0{,}6 \\ C_2 &= 0{,}6 + 0{,}2 = 0{,}8 \\ C_3 &= 0{,}6 + 0{,}2 + 0{,}14 = 0{,}94 \\ C_4 &= 0{,}6 + 0{,}2 + 0{,}14 + 0{,}06 = 1{,}00 \end{aligned}$$

(b) Die Konzentrationsrate C_2 für Land A ist bereits berechnet und beträgt 0,8. Für die Länder B und C beträgt sie

$$C_2^{\mathrm{B}} = \frac{10+10}{10+10+10+10} = 0{,}5 \qquad \text{und} \qquad C_2^{\mathrm{C}} = \frac{15+10}{15+10+0+0} = 1.$$

Die Konzentrationsrate C_2 gibt an, welcher Anteil der gesamten Merkmalssumme auf die zwei größten Merkmalsträger entfällt. Somit liegt gemessen an diesem Kriterium in Land C die größte Konzentration vor, die zweitgrößte Konzentration in Land A und die geringste Konzentration in Land B.

(c) Der Herfindahl-Index ist definiert als die Summe der quadrierten relativen Anteile p_i der Merkmalsbeträge der Merkmalsträger an der Gesamtsumme. Für Land A hat dieser den Wert

$$H = \sum_{i=1}^{4} p_i^2 = (0{,}60)^2 + (0{,}20)^2 + (0{,}14)^2 + (0{,}06)^2 = 0{,}4232.$$

Für Land B beträgt der Herfindahl-Index $1/N = 1/4 = 0{,}25$, da in diesem Land minimale Konzentration vorliegt und im Allgemeinen $1/N$ der minimale Wert des Herfindahl-Index ist.

Lösung zu Aufgabe 26.2

(a) Die Gesamtzahl der Goldmedaillen der 5 erfolgreichsten Nationen beträgt 146. Die Konzentrationsraten ergeben sich somit zu:

$$C_1 = \frac{46}{146} \approx 0{,}32 \qquad C_2 = \frac{46+38}{146} \approx 0{,}58 \qquad C_3 = \frac{46+38+29}{146} \approx 0{,}77$$

Die erfolgreichste Nation hat 32 % aller Goldmedaillen erhalten, während sich 58 % der Goldmedaillen auf die zwei erfolgreichsten Nationen konzentrieren. Die 3 erfolgreichsten Nationen gewannen 77 % aller Goldmedaillen.

(b) Der Herfindahl-Index für die Verteilungen der Gold- und Silbermedaillen beträgt:

$$H_{\text{Gold}} = \sum_{i=1}^{5} p_i^2 \approx (0{,}268)^2 + (0{,}196)^2 + (0{,}170)^2 + (0{,}286)^2 + (0{,}080)^2 \approx 0{,}227$$

$$H_{\text{Silber}} = \sum_{i=1}^{5} p_i^2 \approx (0{,}277)^2 + (0{,}307)^2 + (0{,}168)^2 + (0{,}168)^2 + (0{,}079)^2 \approx 0{,}234$$

Gemessen am Herfindahl-Index ist kein wesentlicher Unterschied der Konzentration der betrachteten Verteilungen festzustellen.

(c) Grundlage der Lorenz-Kurve bilden die kumulierten relativen Häufigkeiten der Merkmalsausprägungen. Auf der horizontalen Achse werden in gleichen Abständen die Merkmalsträger in aufsteigender Reihenfolge markiert, während auf der vertikalen Achse die zugehörigen kumulierten relativen Häufigkeiten abgetragen sind. Für die vorliegende Verteilung der Bronzemedaillen ergibt sich:

h_i	f_i	F_i
9	0,080	0,080
19	0,170	0,250
22	0,196	0,446
30	0,268	0,714
32	0,286	1,000

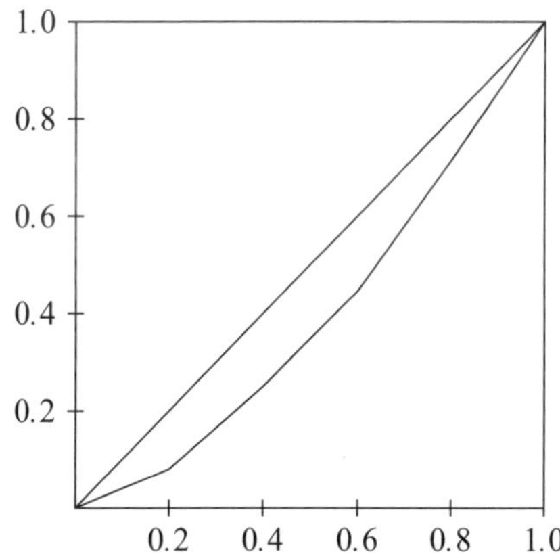

Lösung zu Aufgabe 26.3

(a) Die aufsteigend sortierten Werte für das Jahr 2017 sind $2 \leq 2 \leq 21 \leq 27 \leq 48$ und entsprechen den relativen Anteilen $0{,}02 \leq 0{,}02 \leq 0{,}21 \leq 0{,}27 \leq 0{,}48$. Die Konzentrationsraten betragen somit

$$\begin{aligned}
C_1 &= 0{,}48 \\
C_2 &= 0{,}48 + 0{,}27 = 0{,}75 \\
C_3 &= 0{,}48 + 0{,}27 + 0{,}21 = 0{,}96 \\
C_4 &= 0{,}48 + 0{,}27 + 0{,}21 + 0{,}02 = 0{,}98 \\
C_5 &= 0{,}48 + 0{,}27 + 0{,}21 + 0{,}02 + 0{,}02 = 1
\end{aligned}$$

Die Lorenz-Kurve wird mittels der kumulierten relativen Anteile der aufsteigend sortierten Merkmalsbeträge ermittelt:

$v_1 = 0{,}02$ $\quad v_2 = v_1 + 0{,}02 = 0{,}04$ $\quad v_3 = v_2 + 0{,}21 = 0{,}25$

$v_4 = v_3 + 0{,}27 = 0{,}52$ $\quad v_5 = v_4 + 0{,}48 = 1$

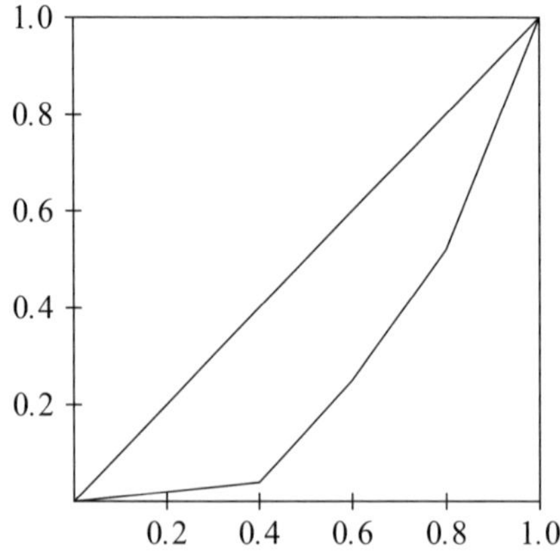

(b) Der Herfindahl-Index ist definiert als die Summe der quadrierten relativen Anteile p_i der Merkmalsbeträge der Merkmalsträger an der Gesamtsumme. Es wird so der Herfindahl-Index separat für jedes aufgeführte Jahr bestimmt:

$$\begin{aligned}
H_{2015} &= \sum_{i=1}^{5} p_i^2 = (0{,}20)^2 + (0{,}50)^2 + (0{,}05)^2 + (0{,}20)^2 + (0{,}05)^2 = 0{,}335 \\
H_{2016} &= 0{,}3538 \\
H_{2017} &= 0{,}3482
\end{aligned}$$

(c) Es ist zwar zu beobachten, dass die Einwohnerzahlen von C und E in den betrachteten Jahren zurückgegangen sind, jedoch kann auf Grundlage des Herfindahl-Index nicht auf eine Zunahme der Konzentration geschlossen werden, da dieser von 2015 zu 2016 steigt, zum Jahr 2017 jedoch wieder sinkt.

Analog kann der Konzentrationsprozess mittels des Index der Veränderung der absoluten Konzentration betrachtet werden. Dieser besitzt die Werte

$$B_1 = \frac{H_{2016}}{H_{2015}} \approx 1{,}056 \qquad B_2 = \frac{H_{2016}}{H_{2017}} \approx 0{,}984$$

und liegt somit zunächst über 1 (Konzentrationszunahme) und anschließend unterhalb von 1 (Konzentrationsabnahme).

Lösung zu Aufgabe 26.4

(a) Konzentrationsraten für den Hersteller H1:

$$C_1 = \frac{60}{60+10+10} = 0{,}75 \qquad C_2 = \frac{60+10}{60+10+10} = 0{,}875 \qquad C_3 = 1$$

Der Umsatz von Hersteller H1 ist offenbar stark (auf Land A) konzentriert.

(b) Berechnung der Herfindahl-Indizes für alle betrachteten Hersteller:

$$H_1 = \left(\frac{60}{80}\right)^2 + \left(\frac{10}{80}\right)^2 + \left(\frac{10}{80}\right)^2 \approx 0{,}594$$

$$H_2 = \left(\frac{20}{30}\right)^2 + \left(\frac{10}{30}\right)^2 + \left(\frac{0}{30}\right)^2 \approx 0{,}556$$

$$H_3 = \left(\frac{14}{39}\right)^2 + \left(\frac{10}{39}\right)^2 + \left(\frac{15}{39}\right)^2 \approx 0{,}343$$

$$H_4 = \left(\frac{6}{16}\right)^2 + \left(\frac{10}{16}\right)^2 + \left(\frac{0}{16}\right)^2 \approx 0{,}531$$

Gemäß dem Herfindahl-Index weist Hersteller H1 die höchste Umsatz-Konzentration auf. Der Hersteller H3 besitzt im Vergleich die mit Abstand geringste Konzentration.

Lösung zu Aufgabe 26.5

(a) Berechnung der Konzentrationsraten:

$$C_1 = \frac{112}{250} = 0{,}448 \qquad C_2 = 0{,}448 + \frac{75}{250} = 0{,}748 \qquad C_3 = 0{,}748 + \frac{38}{250} = 0{,}900$$

$$C_4 = 1$$

Der Herfindahl-Index beträgt

$$H = \sum_{i=1}^{4} p_i^2 = 0{,}324.$$

(b) Lorenz-Kurve:

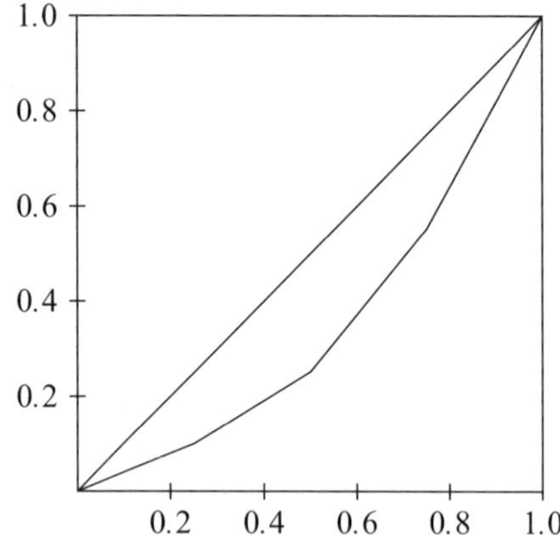

Für die Bestimmung des Konzentrationsmaßes nach Lorenz-Münzner werden zunächst die kumulierten relativen Häufigkeiten der aufsteigend sortierten Werte ermittelt:

$$v_i = \sum_{j=1}^{i} p_{[j]} \qquad v_1 = 0{,}100 \qquad v_2 = 0{,}252 \qquad v_3 = 0{,}552 \qquad v_4 = 1{,}000$$

Das Konzentrationsmaß κ nach Lorenz-Münzner kann mit dem Hilfswert V wie folgt berechnet werden:

$$V = \sum_{i=1}^{N} v_i - \frac{1}{2} = 1{,}404$$

$$\kappa = 1 - \frac{2V-1}{N-1} = 1 - \frac{1{,}808}{3} \approx 0{,}397$$

Das Konzentrationsmaß nach Lorenz-Münzner hat den Wertebereich $0 \leq \kappa \leq 1$ und deutet hier eine Konzentration mittlerer Stärke an.